T0151490

LA PULSION

THEMA Θέμα THEMA Θέμα THEMA Θέμα

LA PULSION

sous la direction de

Jean-Christophe GODDARD

PARIS

LIBRAIRIE PHILOSOPHIQUE J. VRIN

6, Place de la Sorbonne, V^e

—

2006

© *Librairie Philosophique J. VRIN*, 2006
Imprimé en France
ISBN 2-7116-1803-X

www.vrin.fr

AVANT-PROPOS

Chaque volume de la collection « Thema » propose une approche pluraliste d'une notion susceptible d'être mise au programme des enseignements de philosophie générale. Il consiste dans un ensemble limité de contributions vouées chacune à l'analyse et à l'interprétation d'un moment significatif de l'histoire philosophique de cette notion. Afin d'éviter la dispersion des connaissances et d'ouvrir un accès aux doctrines mêmes, aux questions originales qu'elles soulèvent et aux profondes transformations qu'elles font subir à la notion, chaque volume consacre à ces seuls moments forts de larges exposés rédigés par des historiens de la philosophie spécialisés dans l'étude d'une période ou d'un auteur.

Ce volume, consacré à « la pulsion », s'inscrit dans la continuité des travaux menés sur la notion de *Trieb* lors du séminaire de philosophie allemande organisé en 2003-2004 par Jean-Christophe Goddard à l'Université de Poitiers. Il rassemble les interventions à ce séminaire, remaniées pour la publication, de Bruce Bégout, Jocelyn Benoist, Jean-Christophe Goddard, Yves-Jean Harder, Vincent Stanek, Patrick Wotling. Les textes d'Arnaud François et Alexander Schnell prolongent ces travaux par deux études respectivement consacrées à Bergson et à Heidegger. Les articles publiés dans le présent volume sont inédits, à l'exception de l'article de Vincent Stanek paru dans *La raison dévoilée. Études sur Schopenhauer*, sous la direction de Christian Bonnet et Jean Salem, Paris, Vrin, 2005.

LA PULSION À PHILOSOPHER

La philosophie est le nom d'un désir avant d'être celui d'un objet. Est philosophe celui dont le désir est exclusivement tourné vers la vérité. Il ne suffit pas de dire que le philosophe désire la vérité ; tout homme en quête d'information désire la vérité. La philosophie n'est pas non plus la recherche insatiable de connaissances nouvelles. Le philosophe n'est pas le curieux, « celui qui consent volontiers à goûter à tout savoir, qui se porte gaiement vers l'étude, et qui est insatiable »[1], parce que la multiplication des objets de savoir ne répond pas à l'exigence de totalité qui définit le philosophe. Le philosophe « désire le savoir (la *sophia*) tout entier »[2], qui ne peut être atteint par l'accumulation progressive de savoirs partiels. L'âme tout entière est tournée vers la vérité tout entière[3]. Cette totalité n'est pas le résultat d'un processus d'apprentissage ; même si on ne sait pas tout immédiatement, on est d'emblée dans la totalité. L'entrée en philosophie est le franchissement d'une limite, à partir de laquelle le rapport de l'homme au monde, et le rapport à son propre désir, se trouvent modifiés. Pourtant cette limite est inassignable ; il est impossible de déterminer quand elle a été franchie. Aucune qualification technique ne peut définir le philosophe ; il n'est pas un spécialiste. Aucune preuve ne peut attester la présence de la philosophie. On n'est pas certain qu'il

1. Platon, *République*, V, 475c, trad. fr. P. Pachet, « Folio », Paris, Gallimard, 1993, p. 296.
2. *Ibid.*, 475b.
3. *Ibid.*, 518c.

y eût jamais un homme dont le désir fût entièrement tourné vers la vérité tout entière ; pas plus qu'on ne peut être certain qu'il y eût jamais une action accomplie en conformité avec la loi morale. Mais le franchissement de la ligne fait basculer le sujet dans une disposition telle que le familier devient étranger, le visible perd de sa clarté habituelle, et, peut-être, des formes le plus souvent invisibles deviennent accessibles à un regard purement intérieur.

Sans doute cette anomalie foncière, cette atopie de la philosophie sont-elles étrangères à une pratique philosophique recouverte par la méthodologie scolaire, policée par les règles de bienséance universitaire, mais il suffit de se souvenir de la grande figure du philosophe, celle de Socrate, pour se représenter les états singuliers auxquels conduit la vie en philosophie. Un exemple, parmi d'autres : Socrate, alors qu'il se rend au banquet d'Agathon, reste planté dans le vestibule des voisins de ce dernier. « C'est en effet une habitude qu'il a, de s'isoler parfois ainsi et de rester planté à l'endroit où il lui arrive de se trouver » [1]. Aucune explication n'est donnée de cette attitude étrange, qui a pour conséquence, en l'occurrence, que Socrate manque la moitié du repas. Platon souligne à plusieurs reprises combien cette transgression des normes du bon sens et de l'intérêt personnel est incomprise par le grand nombre, pour qui le philosophe est ridicule [2].

Mais le clivage externe, entre le philosophie et la foule, se redouble d'un clivage intérieur à la philosophie : d'un côté la vie philosophique est entièrement guidée par la raison, de l'autre elle procède de forces irrationnelles. En effet, si l'on reprend la distinction faite dans la *République* entre un élément raisonnable de l'âme et un élément dépourvu de raison (*alogiston*, associé à *épithumètikon*), « par lequel elle aime, a faim, a soif, et se laisse agiter par les autres désirs » [3] (éléments auxquels est immédiatement adjoint l'irascible), il est impossible d'identifier le philosophique uniquement à la raison. Certes la *sophia* correspond à la partie rationnelle de l'âme ; mais le philosophe n'est précisément pas le *sophos*, un homme qui a acquis un

1. *Banquet*, 175b (trad. fr. L. Robin, Paris, Les Belles-Lettres, 1976, p. 6).

2. Comme l'est Thalès aux yeux des femmes de Thrace, *Théétète* 174c. Un des buts de l'Allégorie de la Caverne est d'expliquer pourquoi le philosophe, ébloui par la lumière de l'Idée du Bien, apparaît toujours ridicule dans l'obscurité.

3. *République*, IV, 439d.

savoir lui permettant de régler ses mœurs. «Aucun des dieux ne philosophe, ni ne désire devenir *sophos* (car il l'est déjà), pas davantage quiconque d'autre est *sophos* ne philosophe»[1]. C'est ce qui permet d'associer étroitement Eros et philosophie : «La *sophia* fait partie des belles choses, or Eros est désir pour le beau ; par conséquent il est nécessaire qu'Eros soit philosophe et, en tant que philosophe, intermédiaire entre l'ignorant et le *sophos*»[2]. On commet donc la même erreur au sujet de la philosophie qu'au sujet d'Eros, lorsqu'on lui prête toutes les qualités de l'objet recherché : ce n'est pas la vie en philosophie qui est parfaite, c'est celle du *sophos*, ou, ce qui revient au même, du dieu. Mais une autre erreur est encore possible : croire que «l'entre-deux» philosophique est un degré dans une progression qui aboutit à la sagesse, comme si le désir devait se supprimer dans sa satisfaction, comme si la perfection était un état accessible à l'homme. Certes Socrate n'est pas *sophos* au sens où seul un dieu peut l'être, mais, dans le savoir de son ignorance, il est le plus *sophos* des hommes[3]. Il l'emporte donc en particulier sur tous les hommes qui se disent sages parce qu'ils savent tenir leurs désirs à distance, et maîtriser leur vie affective en la conformant aux normes d'une satisfaction raisonnable. La régulation des appétits et des instincts, maintenus dans les limites des besoins nécessaires n'est qu'un simulacre de sagesse. Il ne faut pas confondre la *sophia*, raison s'accomplissant dans l'être, et la *sophrosunè*, modération réglée par la norme morale et politique de l'opinion droite. Le philosophe n'appartient ni à l'une à l'autre ; sage ne puis, tempérant ne daigne.

On objectera que dans la *République*, Platon propose une autre conception du désir, et fait de la tempérance une vertu cardinale. Les désirs sauvages et déréglés caractérisent le pire ennemi de la cité, le tyran, et la «troupe véhémente des désirs» est menée par l'aiguillon d'Eros, «qui mène tous les autres comme s'ils étaient ses exécutants», et les fait «délirer comme sous la piqûre d'un taon»[4]. Sous la conduite d'Eros, le tyran se comporte dans la veille comme l'homme

1. *Banquet*, 204a.
2. *Ibid.*, 204b.
3. *Apologie de Socrate*, 20d-21a.
4. *République*, IX, 573e.

démocratique le fait en rêve [1], il donne libre cours aux actions les plus criminelles et les plus sacrilèges, il devient l'actualisation de Gygès le Pamphilien, qui, protégé par l'invisibilité, s'unit à la reine et complote avec elle pour tuer le roi [2]. La justice ne peut donc régner dans la cité que si Eros en est proscrit (ce que signifie la communauté des femmes et des enfants) ou du moins tenu en lisière. La cité et les valeurs qu'elle promeut grâce à l'éducation, la culture, la civilisation, ne peuvent s'imposer que si l'homme renonce à la satisfaction d'appétits qui agissent en lui malgré lui comme des forces naturelles dont il est le jouet. C'est pourquoi la vertu politique par excellence, le courage, dont l'objet est de préserver l'opinion engendrée par la loi, consiste pour l'essentiel à empêcher l'action dissolvante des passions en général, du plaisir, de la tristesse, de la peur et de l'appétit [3]. Or le tyran soumis à Eros s'oppose au philosophe, comme l'homme injuste à l'homme juste. Ne peut-on pas attendre du philosophe qu'il fasse preuve de modération? S'il faut montrer que la justice est un bien en elle-même, qu'elle n'est pas une contrainte extérieure imposée par l'ordre légal et politique, qu'elle suffit à rendre l'homme juste heureux, n'est-ce pas en mettant en lumière le lien entre la justice et la modération? L'obéissance à la loi, qui caractérise la justice, comporte en elle-même une régulation des désirs, qui conduit à un état de paix intérieure. Mais si, de plus, Eros, le tyran par excellence [4], est la source de l'*hybris*, la tempérance consiste pour l'essentiel à éviter tout ce qui, dans le désir, n'est pas nécessaire, et donc à le ramener à la norme du besoin. Comment le même Eros pourrait-il être assimilé dans un cas au philosophe, dans l'autre au tyran? Faut-il distinguer un bon et un mauvais Eros, comme si l'excès, la transgression des lois, pouvaient dans un cas engendrer dans le beau, dans l'autre conduire aux pires abominations? Sur quoi une telle distinction est-elle fondée? En quoi

---

1. *République*, IX, 574d-e.

2. *Ibid.*, II, 360b.

3. *Ibid.*, IV 430b.

4. *Ibid.*, IX, 573b. «Je crois qu'après cela il y a des fêtes, des cortèges, des réjouissances, des courtisanes, et tout ce qui s'ensuit, chez ceux dont Eros, qui administre leurs affaires internes en tyran, gouverne toutes les parties de l'âme », 573d. Les faiseurs de tyran « trouvent le moyen de créer en lui [en l'homme tyrannique] un certain *éros*, qu'ils instituent chef des désirs paresseux, ceux qui accaparent les ressources disponibles; il s'agit d'un faux bourdon puissant et muni d'ailes » (572e-573a).

permet-elle d'éclairer la nature du désir avec lequel se confond la philosophie ? L'enjeu de ces questions n'est pas seulement de définir le statut du philosophe dans la cité – est-il, comme le tyran, animé de motions anti-sociales, corruptrices de la jeunesse, ou bien est-il le défenseur des lois, qui préfère mourir que de les abandonner ? Il s'agit du statut du désir philosophique : est-il une forme supérieure de désir, sublimé par l'exercice de la raison et de la pensée, et distingué des formes communes qui ne visent qu'à l'union des corps ; ou bien faut-il lui reconnaître la même violence, la même sauvagerie, que celle qui caractérise les manifestations habituelles d'Eros ? Y aurait-il, par conséquent deux Eros (ou deux Aphrodite) : l'un purement physique, apparenté à l'instinct le plus bestial, l'autre purement spirituel, qui dirigerait l'âme vers les réalités authentiques et conduirait vers une vie parfaite, comblée par la contemplation du beau en lui-même ?

Le discours de Diotime, dans le *Banquet*, décrit une ascension qui semble justifier l'idée d'une rupture entre les degrés inférieurs du désir, attaché aux beaux corps, et les degrés supérieurs. On peut toutefois remarquer que, dans *le Banquet*, la distinction des deux Aphrodite, dans un discours (celui de Pausanias) qui est une justification de la fonction éducative de la pédérastie, est fondée sur la supériorité *socialement reconnue* d'une forme de pratique sexuelle sur une autre[1] : d'un côté un amour électif, fondé sur l'excellence du jeune homme destiné à occuper la première place dans la cité, de l'autre une relation épisodique et indifférenciée avec n'importe quel partenaire, de n'importe quel sexe. L'Eros tyrannique se satisfait de n'importe quelle rencontre de fortune, en particulier celle de la courtisane[2], il ne

---

1. Si le critère qui permet de distinguer le bon et le mauvais Eros, est une norme sociale, la question se pose de savoir dans quelle mesure la philosophie participe de cette valorisation sociale, donc dans quelle mesure elle a une fonction pédagogique ou idéologique. On verra que la conception de Socrate est très éloignée de celle de Pausanias.

2. « Ils ne regardent en effet qu'à la réalisation de l'acte, sans se soucier que ce soit ou non de la belle manière ; d'où il résulte qu'ils s'en acquittent au petit bonheur, en mettant sur le même plan le bien et son contraire » (*Banquet*, 181b) Le tyran a recours à des courtisanes, *République*, VIII, 568e, IX, 573d ; le comble pour lui est de violer les liens les plus sacrés de la famille, pour une fille de rencontre : « c'est à une courtisane qu'il chérit depuis peu, et qui ne lui est pas liée par un lien nécessaire, qu'il sacrifie sa mère, qui lui est chère depuis longtemps et qui lui est liée par un lien nécessaire » (IX, 574b-c) Les courtisanes font partie du luxe, de l'excès, dont est préservée la cité décrite dans les premiers livres de la *République* (*cf.* 373a, 420a).

se soucie pas de l'âme, c'est-à-dire de l'identité personnelle, de son partenaire. L'objet lui est indifférent. Cette distinction peut également être thématisée en termes psychologiques, à partir de la différence entre d'une part la *pulsion* – en l'occurrence la pulsion sexuelle, ou libido, qui est la forme la plus indifférenciée, parce que la plus originaire, d'une énergie biologique qui exerce sa pression dans le psychique, et *l'amour d'objet*, qui apparaît, sous l'influence du développement interne et de l'éducation, lorsque l'investissement libidinal se fixe sur un objet, et, de ce fait, se définit à partir de lui.

Le tyran, ou plutôt l'homme tyrannique[1], est l'homme des pulsions, en ce sens qu'en lui, celles-ci n'ont pas été soumises à une discipline organisatrice et unificatrice, et se manifestent dans leur multiplicité première[2]. Il peut être rapproché de l'enfant, dont la sexualité, n'ayant pas encore été rassemblée sous la direction de la génitalité, se manifeste dans la pluralité des pulsions partielles. Cependant la différence entre un Eros pulsionnel et un Eros amoureux n'est pas une différence de nature, puisque le second n'est qu'une forme dérivée du premier, qui a été transformé et raffiné – voire sublimé – mais jamais totalement aboli, sous l'influence, en partie, de l'éducation[3]. Par conséquent le tyran est l'enfant qui sommeille en nous, et qui ne demande qu'à se manifester, lorsque, précisément, l'ensemble des dispositifs de contrôle et de censure de la conscience est neutralisé par le sommeil. L'homme tyrannique accomplit dans la

---

1. Distinction qui permet, dans la visée même de la *République*, de faire de la tyrannie une catégorie psychologique.

2. « Touchant la caractéristique générale des pulsions sexuelles, voici ce que l'on peut dire : elles sont nombreuses, issues de sources organiques multiples, elles se manifestent d'abord indépendamment les unes des autres et ne sont rassemblées en une synthèse plus ou moins complète que tardivement » (Freud, « Pulsions et destins des pulsions » (1915), *Gesammelte Werke chronologisch geordnet*, Frankfurt am Main, Fischer Verlag, 1946, [désormais cité GW] t. X, p. 218 ; trad. fr. J. Laplanche et J.-B. Pontalis, *Métapsychologie*, « Folio », Paris, Gallimard, 1986, p. 23).

3. « Ils risquent certes de surgir en chacun, mais quand on les réprime aussi bien par les lois que par les désirs meilleurs, et avec l'aide de la raison, on peut les éliminer complètement chez certains hommes, ou bien il n'en reste que peu, et ils sont faibles ; tandis que chez les autres hommes ils restent plus vigoureux et plus nombreux » (*République*, IX, 571a).

réalité ce dont l'homme démocratique rêve[1] ; par conséquent pour savoir quelle est la nature des désirs tyranniques, ou de l'Eros pulsionnel, il suffit de relever les souhaits dont les rêves sont les accomplissements, lorsque la «partie bestiale et sauvage» de l'âme[2], qui n'est autre que la partie désirante, n'est plus soumise à la censure de la conscience, ni, par l'intermédiaire de cette dernière, à celle des lois. Le rêve joue le même rôle que la bague d'invisibilité : il révèle à l'homme non pas ce qu'il est, mais ce qu'il pourrait être, si les rêves devenaient réalité. Or le propre de tels rêves, et donc de la pulsion sexuelle qui les anime, et que Platon identifie avant Freud, est qu'ils transgressent toutes les lois – même celles qui semblent les plus inviolables, comme la prohibition de l'inceste[3]. L'homme le plus juste doit pouvoir se confronter à cette contradiction : ce qui est son désir le plus secret est aussi ce qui est le plus criminel; il importe qu'il reconnaisse à la fois que c'est bien son désir, et que l'action qu'il souhaite accomplir est contraire à la loi.

L'introduction de la thématique des pulsions permet de reformuler la question de la nature du désir philosophique. La distinction entre un désir pulsionnel, directement sexuel dans son but, et un amour sublimé, capable de s'élever jusqu'au beau en soi, n'est pas pertinente car quand bien même la philosophie serait identifiée à une forme de sublimation, demeurerait encore à élucider la nature de son rapport à la pulsion même qui a été transformée. Faut-il considérer que le choix de la philosophie, la conversion, intervient dans le destin secondaire de la pulsion, dans le passage entre la pulsion originaire et la détermination d'objet, ou faut-il au contraire poser une disposition pulsionnelle originaire à la philosophie? Dans le premier cas, la philosophie est une production culturelle parmi d'autres, et son objet est limité à la sphère supérieure des représentations; dans le second cas en revanche,

---

1. «Une fois soumis à la tyrannie d'Eros, il est devenu constamment, en état de veille, tel qu'il était quelquefois en rêve» (*République*, IX, 574e). Sur la conception du rêve au début du Livre IX de la *République*, *cf.* J.-L. Chrétien, *La Voix nue*, Paris, Minuit, 1990, p. 137-140.

2. *République*, IX, 571d.

3. La partie désirante à l'œuvre dans le rêve ne recule «ni devant l'idée de vouloir s'unir à sa mère, ou à n'importe qui, homme, divinité, bête; de se souiller de n'importe quel meurtre; de ne s'abstenir d'aucun aliment» (571c-d).

il faudrait pouvoir supposer une affinité particulière entre la philosophie, ou la « vie en philosophie », et la nature même de la pulsion.

La question posée a pour enjeu de définir les limites de la philosophie, ce qui n'est possible que dans la mesure où on commence par expliciter ce qui est interne à la philosophie et ce qui lui est étranger. Les pulsions appartiennent-elles à une sphère infra-philosophique, à laquelle la philosophie, discipline de la pensée rationnelle, n'a pas accès ? Ou bien faut-il inclure « l'homme que l'on est » dans une totalité organique du sujet philosophant ? Dans ce cas, les positions métaphysiques, les thèses explicites et conscientes, ne sont-elles qu'une expression secondaire, une rationalisation, des motivations pulsionnelles inconscientes ? Chacune des deux positions met à l'épreuve la définition de la philosophie. Si les pensées philosophiques sont indépendantes du dispositif pulsionnel, la philosophie est une activité purement intellectuelle qui, contrairement à la définition platonicienne de la conversion [1], n'engage pas la totalité de l'âme, et on ne peut plus définir de *praxis* philosophique. Si au contraire la philosophie dépend directement de la nature de la pulsion, elle perd sa spécificité et sa valeur propre. La question ne porte donc pas tant sur la validité intrinsèque des énoncés philosophiques, dans leur prétention à la vérité, que sur le sens du choix de vie qui accompagne la conversion philosophique. L'éthique de la philosophie n'est pas une doctrine qui règlerait les conduites humaines, elle définit la nature de l'exigence propre à l'activité philosophique. Si cette exigence est fondée sur un désir, n'y a-t-il pas contradiction entre la tyrannie anomique d'Eros et la vocation éthique de la philosophie ? La philosophie ne doit-elle pas être policée par des règles modération, qui appartiennent à l'ordre de la culture et de la *paideia* ? Il convient, pour répondre à ces questions, de déterminer le rapport entre le désir, la culture et la philosophie.

Nous aborderons ce problème en partant du premier terme de la contradiction, à savoir l'opposition entre *Eros* et la *paideia*. La définition psychanalytique de la pulsion sexuelle ne contredit pas la manière dont Platon définit les rapports entre Eros et la cité, c'est-à-dire entre la pulsion sexuelle et la *Kultur* (ensemble des processus de formation

---

1. *République*, VII, 518c.

normative des conduites): le conflit culturel, tel qu'il est posé de manière analogue par Platon et Freud, rejoint le conflit névrotique, d'où est tirée l'observation psychanalytique, et que Freud définit comme conflit entre le moi et la sexualité, entre l'individualité et Eros. C'est cette convergence entre les deux conflits, que nous allons tenter de mettre en évidence à présent.

Quelques rappels sont nécessaires pour introduire la notion même de pulsion dans une thématique qui lui est à première vue étrangère. Nous nous fonderons d'abord sur le premier moment de l'élaboration freudienne de cette notion, celle qu'on trouve dans les *Trois Essais sur la sexualité*. L'ensemble des appétits qui ont leur origine dans une tendance naturelle inaccessible à la raison (l'*alogiston* de Platon) répondent au terme allemand de *Trieb*, qui est souvent traduit par *instinct*, mais, dans le contexte freudien, par *pulsion*. Comme le fait remarquer Freud, le concept est « assez confus »[1], dans la mesure où il se trouve à la frontière de la psychologie et de la biologie[2], frontière impossible à définir du côté psychologique, qui n'a affaire qu'à des actes psychiques, et donc à des pensées, alors que la pulsion a une origine purement énergétique, en dehors du champ des représentations (conscientes ou inconscientes). C'est pourquoi la pulsion ne doit pas être confondue avec sa source énergétique, mais constitue seulement, sur le versant psychologique, « le représentant (*Repräsentanz*) psychique d'une source d'excitation provenant de l'intérieur du corps et agissant en flux continu »[3]. Ce mélange de psychique et de physiologique permet de différencier la pulsion de l'instinct, qui reste du ressort d'une téléologie purement biologique. L'instinct règle le comportement de l'être vivant en établissant une corrélation figée entre une fonction vitale et l'usage d'un organe. La pulsion en

---

1. Freud, « Pulsions et destins de pulsions », *Métapsychologie*, trad. cit. p. 12.

2. « La pulsion est donc à la limite des domaines psychiques et physiques » (*Trois Essais sur la théorie de la sexualité*, GW V, 67, trad. fr. B. Rechervon-Jouve, Laplanche et Pontalis, « Folio », Gallimard, Paris, 1962, p. 57). « Si, en nous plaçant d'un point de vue biologique, nous considérons la vie psychique, le concept de "pulsion" nous apparaît comme un concept limite entre le psychique et le somatique, comme le représentant psychique des excitations, issues de l'intérieur du corps et parvenant au psychisme, comme une mesure de l'exigence de travail qui est imposée au psychique du fait de sa liaison avec le corporel » (« Pulsions et destins des pulsions » (1915), *Métapsychologie*, p. 17-18).

3. *Trois Essais*, trad. cit., p. 57.

revanche se prête à toutes sortes de transformations parce que son but peut être dissocié de son énergie. Or cette différence entre rigidité et plasticité permet également de distinguer les deux grandes catégories de pulsion, que sont les pulsions d'auto-conservation (plus proches de l'instinct : la faim en est le prototype), et les pulsions sexuelles, dont la finalité purement biologique (la reproduction de l'espèce) est sans cesse entravée, non seulement par les revendications de l'individu visant son propre plaisir et sa propre conservation, mais par l'organisation sociale, qui limite la sexualité à des relations codifiées.

On peut se demander si la plasticité caractéristique des pulsions sexuelles[1] appartient à la nature propre de leur énergie primitive, ou si elle résulte de l'adaptation à des situations de répression, qui les obligent à choisir des voies détournées pour continuer à exercer leurs pressions sur l'individu; dans cette dernière hypothèse, la culture (entendue au sens large, c'est-à-dire comprenant toute la dimension politique, à la fois *nomos* et *paideia*) jouerait un rôle dans la formation des pulsions sexuelles proprement humaines, ainsi distinguées de la naturalité de l'instinct. La relation d'antagonisme entre Eros et la cité est constitutive de l'un comme de l'autre : c'est dans la réglementation d'Eros que la cité se donne une structure déterminée notamment en fixant les règles du mariage et de la parenté; inversement, Eros est structurellement confronté à la loi, avec laquelle il doit sans cesse composer ou ruser[2].

---

1. « […] nous devons prendre en considération que les motions pulsionnelles sexuelles, en particulier, sont extraordinairement plastiques, si j'ose dire » (Freud, *Leçons d'introduction à la psychanalyse*, XXII, GW XI, 358; trad. fr. *Œuvres complètes*, t. XIV, Paris, PUF, 2000, p. 357) Si la pulsion sexuelle, dont la finalité purement instinctuelle est limitée à l'activité génitale, se voit attribuer un sens élargi, qui s'étend à un domaine indéfiniment extensible de motions et d'affects, c'est en raison de son rôle unificateur à l'égard d'autres pulsions, qui, prises en elles-mêmes pourraient bien appartenir à l'autre espèce, à savoir aux pulsions d'auto-conservation, mais ont été revêtu d'une orientation sexuelle par substitution et étayage.

2. « […] notre civilisation est construite sur la répression des pulsions » (Freud, « La morale sexuelle "civilisée" et la maladie nerveuse des temps modernes » (1908), GW VII, 149, trad. fr. J. Laplanche, *La vie sexuelle* Paris, PUF, 1969, p.33). « L'examen de notre développement culturel à la lumière de la psychologie nous a appris que l'apparition de la civilisation se fait essentiellement aux frais des pulsions sexuelles partielles et que celles-ci doivent être réprimées, remaniées, transformées, tournées vers des buts plus élevés pour ériger les constructions psychiques culturelles » (Freud, « Le trouble psychogène de

Le conflit dont les pulsions sexuelles sont parties prenantes met en présence non pas deux, mais trois termes. Eros ne s'oppose pas seulement à la cité et à la *paideia*, mais aussi aux pulsions de conservation du moi. Il est donc également justifié de chercher l'origine du destin des pulsions, notamment le détournement de leur but premier vers la perversion, la névrose et la sublimation, dans un conflit entre les deux types de pulsions [1]. Il faut noter que cette opposition sans être en quoi que ce soit remise en question (contrairement à l'hypothèse jungienne d'une unité de la libido) par l'introduction du narcissisme (1914), se complexifie du fait que le moi se voit reconnaître une libido spécifique, plus originaire que la libido d'objet. Le clivage libido/intérêt [2] n'est donc pas réductible à l'opposition d'origine biologique entre l'espèce et l'individu, entre le moi et la sexualité, mais le moi lui-même est clivé entre la part qui vise sa propre satisfaction, laquelle peut être placée sous le chef de la conservation de son existence et celle qui vise, dans le plaisir lui-même, une extériorité qui le dépasse [3].

La relation conflictuelle entre les trois termes que sont le Moi, Eros, la *paideia*, peut donc bien se ramener au conflit entre la *paideia* et Eros. La loi permet à l'individu de s'adapter à la réalité et de satisfaire ainsi ses fins d'auto-conservation. Le Moi est l'instance la plus directement accessible à l'action éducatrice de la loi, parce que son intérêt est de se soumettre à la réalité. La loi sert de médiation entre le

la vision» (1910), GW VIII, 98, trad. fr. J. Laplanche (dir.), *Névrose, psychose, perversion*, Paris, PUF, 1973, p. 170).

1. Quelques références chez Freud : «Le trouble psychogène de la vision» (1910), trad. cit. p. 170; «Pulsions et destins des pulsions» (1915), trad. cit. *Métapsychologie*, p. 21; *Leçons d'introduction à la psychanalyse* (1916-1917), Leçon XXII, GW XI, 363, trad. cit. *Œuvres complètes*, p. 363; Leçon XXVI, GW XI, 428-429, trad. cit. *Œuvres complètes*, p. 428).

2. «Nous avons nommé "libido" les investissements d'énergie que le moi adresse aux objets de ses tendances sexuelles, "intérêt" tous les autres investissements qui sont envoyés par les pulsions d'autoconservation» (Leçon XXVI, GW XI, 430, trad. cit. *Œuvres complètes*, p. 429).

3. Et que Freud définit en termes biologiques : «La biologie nous enseigne que la sexualité ne saurait être mise sur le même plan que les autres fonctions de l'individu car ses tendances dépassent l'individu et ont pour fin la production de nouveaux individus, c'est-à-dire la conservation de l'espèce» («Pulsions et destins des pulsions» (1915), *Métapsychologie*, p. 22).

Moi et la nécessité, qui est le principe ultime de toute éducation[1]; elle aide le Moi non seulement à accepter les exigences du principe de réalité, en renonçant à un plaisir immédiat pour une satisfaction plus stable quoique différée, mais à se protéger contre les motions perturbatrices émanant de la libido. Les pulsions d'autoconservation ont besoin de la discipline et s'y soumettent. «Les pulsions d'autoconservation et tout ce qui s'y rattache sont plus faciles à éduquer; elles apprennent de bonne heure à se plier à la nécessité et à aménager leurs développements selon les instructions de la réalité. Cela se comprend, car elles ne peuvent se procurer d'aucune autre manière les objets dont elles ont besoin; sans ces objets, l'individu ne peut que périr»[2].

Les pulsions sexuelles ne peuvent être soumises à la même discipline que les pulsions du moi[3]. Elles restent en dehors du pacte qui lie le Moi, la culture et la cité. C'est pourquoi les désirs propres à Eros et au tyran peuvent être dits bestiaux, sauvages, et rétifs à toute formation par la culture[4]. La seule influence que peut avoir sur eux la loi est purement négative: elle leur oppose un refus («*Kulturversagung*»[5]) qui les contraint à renoncer à leur satisfaction («*Triebverzicht*»), ou, du moins, à restreindre celle-ci à des formes limitées et réglementées. «La culture est édifiée sur le renoncement <imposé> aux pulsions, […] elle a directement pour présupposition la non-satisfaction (répression, refoulement, que sais-je encore?) de puissantes pulsions»[6]. Plus précisément: le développement de la sphère de la culture a pour condition la restriction de la vie sexuelle[7].

Le Moi est mû par l'intérêt, qui est le souci de sa propre conservation, et cela le rend accessible à une certaine forme de raison, qui consiste à accepter la nécessité et à s'adapter à elle pour satisfaire

---

1. «La puissance qui a imposé à l'humanité ce développement nécessaire et qui maintient, aujourd'hui encore, sa pression dans la même direction, nous la connaissons; c'est à nouveau le renoncement (*Versagung*) de la réalité, ou si nous lui donnons le grand nom qui lui revient, la *nécessité* (Not) de la vie: l'*Anankè*. Elle a été une éducatrice sévère et que n'a-t-elle pas fait de nous?» (Leçon XXII, GW XI, 368).

2. *Leçon* XXII, GW XI, 368-369.

3. *Ibid.*

4. *République*, IX, 571c; *Gorgias* 510b.

5. *Malaise dans la culture*, GW XIV, 457.

6. *Ibid.*

7. *Ibid.*, GW XIV, 463.

ses besoins. La discipline de la culture favorise cette soumission à la nécessité, cette manière d'être raisonnable, qu'on appelle la tempérance. Eros et Dionysos sont au contraire caractérisés par l'excès ; c'est pourquoi les formes culturellement admises de satisfactions sexuelles, dans la mesure même où elles définissent des normes et des limites, restreignent le partenaire sexuel à l'individu de sexe opposé dans le cadre d'une union monogamique et condamnent les unions extragénitales comme des perversions, sont directement contraires à Eros[1]. Si on compare les pulsions sexuelles aux pulsions du moi, on constate qu'elles sont dans un rapport très différent à la tempérance. On peut comprendre qu'il soit dans l'intérêt des hommes de s'unir pour favoriser la satisfaction de leurs divers besoins vitaux, en organisant économiquement une société par la distribution des tâches et des compétences[2]. Mais Eros n'est pas mû par l'intérêt ; il est étranger au calcul qui fait préférer une satisfaction partielle possible à une satisfaction totale impossible. Il veut toujours plus. Par conséquent il n'y a aucune limite qui puisse être jugée raisonnable dans le domaine érotique. On peut critiquer, pour des raisons techniques, un mode de gestion économique, parce qu'il n'est pas productif, qu'il conduit à l'appauvrissement des individus, qu'il engendre la pénurie et la famine. Mais la définition de ce qu'une société accepte ou n'accepte pas comme pratique sexuelle ne peut être tirée de la nature d'Eros, et comporte donc toujours, pour Eros, une part d'arbitraire, voire d'injustice. Les normes culturelles sont très diverses en matière de sexualité ; et, si la monogamie occidentale est, sans doute, peu érotique, il ne faut pas croire que le concubinat chinois ou la promiscuité sexuelle le soient plus. Ce qu'on a appelé libération sexuelle a été le remplacement d'une norme par une autre, qui s'est révélée un désastre érotique.

On peut régler l'économie des besoins, on ne peut pas soumettre à une règle les pulsions sexuelles. Il n'y a pas d'économie libidinale, pas de rationalité économique qui s'applique à Eros. L'économique et l'érotique sont incompatibles. C'est pourquoi une cité qui s'édifie sur la base de la satisfaction des besoins (comme l'est celle de la

---

1. Cf. *Malaise dans la culture*, GW XIV, 464.
2. *République*, II, 369a-370c.

République de Platon[1]) exclut purement et simplement Eros, comme en témoigne la communauté des femmes, qui signifie l'entière soumission de la sexualité aux besoins démographiques de la cité. La *République* supprime tout risque de tyrannie, et donc d'injustice, en éradiquant tous les germes d'érotisme. Personne ne peut croire qu'une telle solution soit possible. C'est pourquoi dans une cité qu'on fonderait non pas seulement pour des raisons spéculatives et méthodologiques (pour donner une image agrandie de la justice[2]), mais pour que des hommes y vivent, une des premières tâches serait de définir la tempérance dans le domaine érotique – au sens élargi, comprenant toutes les pulsions de l'excès, comme celle de l'ivresse. La tempérance ne consiste plus alors à éviter l'excès, mais à le supporter. On peut en conclure que le problème politique, qui consiste à considérer l'homme tout entier, sans le réduire à l'ensemble de ses besoins, ne peut se ramener au problème économique; et que, par conséquent, la définition du bien dans la cité ne peut être déduite de la satisfaction des besoins. Non seulement la cité comme telle est fondée par un certain usage du discours qui constitue la pratique spécifique de l'homme[3], mais elle suppose une prise en compte de la dimension proprement érotique de l'homme, qui demeure étrangère à l'économie familiale. Nous aboutissons ainsi à une conclusion contrastée, voire contradictoire, sur les rapports entre Eros et la culture : d'un côté la culture est directement, en tant qu'instauratrice de normes et de limites, opposée à l'excès qui caractérise Eros et Dionysos; mais, d'un autre côté, la cité elle-même est érotique : elle étend les relations entre les hommes au-delà des nécessités de la survie et suscite entre eux une union indépendante des liens naturels de la famille et du sentiment[4]. Cette prise en compte des pulsions sexuelles transforme une «cité de porcs»[5] en une cité d'hommes.

---

1. *République*, 369b.

2. *Ibid.*, 368d-e.

3. Aristote, *Politique*, I, 1253 a 9-15.

4. «[…] la culture ne se contente pas des liaisons qui lui ont été accordées jusqu'ici, elle veut aussi lier libidinalement les uns aux autres les membres de la communauté […]» (*Le malaise dans la culture*, GW XIV, 467; trad. fr. *Œuvres complètes*, vol. XVIII, Paris, PUF, 1994, p. 294).

5. *République*, II, 372d.

L'examen des rapports entre la culture et l'ordre pulsionnel permet de préciser la question qui touche à la nature de la pulsion à philosopher, ou, plus exactement, puisqu'il n'y a pas de doute sur l'origine sexuelle de celle-ci, à la nature de la transformation opérée par la sublimation. La question se ramène au rapport entre la philosophie et la culture. Freud analyse en effet la sublimation comme une des influences possibles de la culture sur les pulsions[1]. C'est même cette plasticité, cette capacité de changer de buts tout en conservant la même puissance énergétique qui constitue la « valeur culturelle » de la pulsion[2]. La question est ici de savoir si la théorie freudienne de la sublimation, et de son « effet de culture » s'applique de manière adéquate à la forme de pulsion qui est à l'œuvre en philosophie.

La sublimation, contrairement au refoulement, conserve et libère l'énergie pulsionnelle, même si elle la détourne du but sexuel, pour l'orienter vers un but « plus élevé ». Cependant ce détournement procède, comme dans le cas de refoulement, d'un conflit psychique entre le désir sexuel et la loi – c'est-à-dire l'ensemble des valeurs admises par un sujet, qu'elles aient ou non été explicitement énoncées par une culture donnée. Dans le cas de Léonard, paradigmatique de la sublimation, la transformation de l'énergie pulsionnelle en « pulsion de recherche » (« Forschertrieb »), « poussée vers le savoir » (« Wissensdrang »), « poussée vers la recherche » (« Forscherdrang »)[3] s'opère à la suite d'une répugnance pour tout ce qui est sexuel. Le but culturellement élevé est substitué au but naturel de la pulsion sexuelle, parce que celui-ci a été inhibé, pour des raisons liées à sa structure infantile propre. La sublimation n'intervient donc qu'à la suite d'un refoulement, celui de l'amour pour la mère[4]. C'est parce

---

1. « La sublimation des pulsions est un trait particulièrement saillant du développement de la culture, elle permet que des activités psychiques supérieures, scientifiques, artistiques, idéologiques, jouent dans la vie de culture un rôle si important » (*Malaise dans la culture*, XIV, 457 ; traduction modifiée, p. 284).

2. Freud, *Die « kulturelle » Sexualmoral und die moderne Nervosität*, GW VII, 150. *Cf.* aussi *De la psychanalyse*, GW VIII, 59, trad. fr. *Œuvres complètes*, vol. X, Paris, PUF, 1993, p. 54 : « La plasticité des composantes sexuelles, qui se révèle dans leur capacité de sublimation, peut bien sûr produire une grande tentation : celle d'obtenir, par leur sublimation toujours plus poussée, de plus grands effets de culture ».

3. Freud, *Eine Kindheitserinnerung des Leonardo da Vinci*, GW VIII, 141-142.

4. *Ibid.*, GW VIII, 170.

que la pulsion a été d'abord détournée de son but, qu'elle est ensuite réorientée vers les buts culturels. Elle suppose donc une dévaluation radicale de la sexualité comme telle, prise dans la totalité de son processus. C'est pourquoi elle est si bien accordée au « refus culturel » (« *Kulturversagung* ») à l'égard de la sexualité. Par le biais de la sublimation, qui n'a lieu que chez une minorité d'individus exceptionnels, et, souvent, pathologiquement constitués, la culture se réapproprie des énergies qu'elle a contribué à détourner.

Si on compare le personnage de Socrate au type de la sublimation freudienne, on constate, malgré quelques similitudes, des différences notables. La « pulsion de recherche » socratique ne se substitue manifestement pas à une sexualité qui aurait été inhibée. La tempérance de Socrate ne se traduit pas en effet par l'abstinence, mais par ce paradoxe, mis en évidence par sa capacité à boire sans s'enivrer : l'excès est traversé sans excès. Le philosophe, bien loin d'incarner le point de vue de la norme culturelle face au débordement pulsionnel, prouve qu'il n'a précisément pas besoin de la loi pour trouver son propre équilibre. Les restrictions dans les beuveries ne s'appliquent pas à lui. Il ne risque pas de se laisser submerger par la pulsion puisqu'il trouve sa limite dans l'excès même. Par conséquent le désir de vérité n'est nullement un compromis entre une pulsion scopique inhibée et une valeur culturellement attribuée à la science – un tel rapport à la vérité serait bien plutôt celui du sophiste, qui ne la recherche que pour les bénéfices qu'il tire de la valorisation sociale du savoir (sous forme de rémunération ou de pouvoir). Le désir n'est philosophique que lorsque la vérité est recherchée pour elle-même, à l'exclusion de toute autre forme de satisfaction qui y serait cachée. Contrairement à la sublimation, qui touche essentiellement les pulsions partielles[1], le désir philosophique meut l'âme tout entière. La philosophie ne reconnaît aucune valeur à l'opinion dans la définition du juste ou du bien, elle n'est pas normée par les valeurs culturelles

---

1. « L'éclairage psychologique de notre développement culturel nous a enseigné que l'apparition de la culture se fait essentiellement aux dépens des pulsions partielles sexuelles, que celles-ci doivent nécessairement être réprimées, restreintes, remodelées, dirigées vers des buts plus élevés pour instaurer les constructions animiques culturelles » (« Trouble de la vision psychogène dans la conception psychanalytique », GW VIII, 97 ; trad. cit. *Œuvres complètes*, X, p. 182).

transmises par l'éducation. C'est pourquoi l'éducation du philosophe, telle qu'elle est décrite dans *la République*, ne comprend pas, à la différence de celle des simples gardiens, la musique, dont le rôle est d'instituer la tempérance par l'incantation des pulsions.

L'assimilation du philosophe à Eros[1] ne repose pas sur la valorisation culturelle du rapport érotique, telle qu'elle est en particulier véhiculée par l'institution pédérastique grecque – valorisation qui est justifiée par l'intérêt bien compris du jeune homme qui, cédant aux avances d'un aîné, en tirera le meilleur profit pour sa formation et sa carrière[2]. Le socratisme opère une rupture avec cette forme culturelle de la philosophie, assimilable à la pédérastie[3]; non pas au nom d'un « renoncement culturel » qui prônerait la tempérance, mais pour une raison diamétralement opposée : pour préserver Eros du calcul raisonnable qui conduit à se soumettre à la norme sociale, à l'opinion, à la hiérarchie des puissances mondaines. La valeur incomparable d'Eros vient de ce qu'il brise les certitudes établies, qu'il est folie pour la raison tempérante, et pour l'opinion du plus grand nombre : aimer est la forme la plus belle de délire[4], or « le délire, au témoignage des Anciens, est une chose plus belle que la tempérance : le délire vient de Dieu, la tempérance vient des hommes »[5].

La pulsion philosophique est identique au transport amoureux, elle saisit le sujet sans qu'il puisse évaluer les bénéfices ou les pertes qui peuvent résulter de sa conversion. Le terme grec qui exprime cet élan est *ormè*, qui, chez les Stoïciens, signifie plus précisément instinct ou pulsion[6]. Or, selon les paroles de Parménide, c'est bien un tel élan, ou une telle pulsion qui pousse Socrate vers les discours[7].

---

1. *Phèdre*, 249e ; *Banquet*, 203d.

2. Une telle conception de l'amour est développée dans le discours de Lysias du *Phèdre*, et par Pausanias dans le *Banquet*.

3. Cf. *Banquet*, 184d : « Il faut réunir en une seule ces deux lois, celle qui concerne la pédérastie et celle qui concerne la philosophie ou toute autre forme de vertu pour que le mignon qui accorde ses faveurs à un amant en tire un profit » (c'est Pausanias qui parle).

4. *Phèdre*, 249e.

5. *Ibid.*, 244d.

6. Cicéron, *De natura deorum*, II, XXII, 58 ; *De finibus*, III, VII, 23.

7. « Comme est digne d'éloge l'élan [la pulsion] qui te pousse vers les discours » (*Parménide*, 130a). « Comme est beau et divin l'élan [la pulsion] qui te pousse vers les discours » (*Parménide*, 130a). Usage comparable dans la *République*, à propos du philosophe : « l'élan qui pousse, par le discours et sans aucune sensation, vers ce que chaque

L'ébranlement philosophique conduit à un exercice de la raison et une pratique du discours, mais il n'appartient pas lui-même à cet ordre; il est divin parce que l'origine de l'ordre rationnel est inassignable dans cet ordre même; elle est anhypothétique. La raison discursive et dialectique se fonde dans ce qui l'excède, et qui ne peut être atteint par l'acte réfléchi d'une volonté éclairée par l'entendement, mais par une élection impulsive et soudaine, correspondant à la saisie amoureuse, forme supérieure d'enthousiasme [1]. Le philosophe est en prise avec le démonique [2], il est possédé par le dieu [3]. La distinction entre « ceux qui philosophent vraiment » et ceux qui produisent des beaux discours – beaux au sens de culturellement corrects, conformes à l'échelle de valeur définie par l'opinion dominante – tient à la nature de l'élan qui pousse vers les discours. Elle est analogue à la distinction nietzschéenne entre les véritables philosophes, dont la volonté de savoir, animée par une pulsion créatrice de valeur, est en réalité volonté de puissance, et les « travailleurs scientifiques de la philosophie » [4] qui se contentent de mettre en formule les valeurs établies – distinction déjà faite d'ailleurs par Platon :

> La vertu de ce qui est démonique est de donner l'essor, aussi bien à la divination tout entière qu'à l'art de prêtres pour ce qui concerne sacrifices et initiations, tout comme incantations, vaticination en général et magie. [...] Et celui qui est savant en ces matières est un homme démonique, tandis que celui qui est savant en toute autre, qu'elle se rapporte à des arts ou à des métiers, n'est qu'un ouvrier [5].

Le rapport au divin, le démonique, la « part divine » [6] qui suscite la vocation philosophique, n'impliquent aucune révélation mystérieuse. Ils singularisent une forme de désir qui est assez rare pour se distinguer non seulement de l'appétit grossier mais surtout de la forme subtile et raffinée du goût pour les choses de l'esprit. Les ouvriers de la

chose est en elle-même » (Livre VII, 532a); ou encore *Philèbe*, 57c : « l'élan de ceux qui philosophent vraiment ».

1. Cf. *Phèdre*, 249e.
2. Le démon de Socrate l'assimile à Eros (cf. *Banquet*, 202d).
3. *Phèdre*, 249d.
4. Nietzsche, *Par delà bien et mal*, § 211.
5. *Banquet*, 202e-203a, trad. L. Robin, Paris, Les Belles Lettres, 1929, p. 54-55.
6. « [...] c'est peut-être par le fait d'un lot divin que tu as été poussé en cette direction » (*Lettres*, II, 313b). *Cf.* également, entre autres références, *Phèdre*, 244c.

philosophie, les intellectuels, tous ceux qui contribuent au progrès des connaissances, à leur élaboration systématique, à leur valorisation sociale, participent eux aussi d'une pulsion de recherche[1]. Mais cette pulsion n'est pas divine, d'abord parce qu'elle est employée dans l'ordre immanent de l'enchaînement rationnel des énoncés, sans pouvoir remonter plus haut que les « hypothèses »[2]; ensuite parce qu'elle se prête à une réappropriation culturelle. La pulsion philosophique au contraire propulse vers l'anhypothétique, vers le principe du tout[3]; elle excède l'ordre de la déduction, et accomplit un saut qualitatif qui ne peut être déduit d'aucune étape antérieure. On sort de l'usage purement théorique de la raison pour mettre en acte la liberté. Est divin un transport qui vise directement l'objet du désir, l'Idée du bien; la pulsion n'est plus alors entravée par la représentation de ce qui est acceptable, convenable, déductible.

La théorie freudienne de la sublimation convient sans doute à l'explication du travail scientifique – ce qu'on appelle aujourd'hui la recherche: la patiente collecte de connaissances, la rigoureuse déduction rationnelle. Les « ouvriers de la philosophie » détournent une partie de l'énergie de la pulsion sexuelle (ou d'une pulsion partielle, en particulier la pulsion scopique) et l'emploient à des travaux de recherche pour lesquels la culture leur accorde, sous une forme ou sous une autre, une rétribution. Mais la pulsion philosophique n'est pas une pulsion partielle inhibée quant au but: elle est une pulsion à l'état pur, libérée de toute représentation qui en orienterait le sens. Elle n'est pas un soubassement occulte, ni occulté, de la rationalité philosophique. Elle est l'énergie pure à laquelle la pensée est directement confrontée dès qu'elle a affaire à l'être pris en totalité. Si la pensée

---

1. À propos de la « pulsion pour la vérité », *Cf.* Nietzsche, *Considération inactuelles*, III, Schopenhauer éducateur, trad. fr. H.-A. Baatsch, *Œuvres philosophiques complètes*, t. II, 2, Paris, Gallimard, p. 67 *sq.* Quelques pages plus loin, Nietzsche fait la synthèse des éléments pulsionnels nécessaires à la « naissance du serviteur de la vérité »: « C'est une chose très surprenante que de voir comme ici, au profit d'une affaire au fond extra-humaine et surhumaine – la connaissance pure, indifférente au résultat, et partant aussi dépourvue d'instincts –, quantité de petites pulsions et micro pulsions très humaines (*eine Menge kleiner sehr menschlicher Triebe und Triebchen zusammengegossen wird*) sont fondus ensemble pour former un composé chimique [...] » (p. 71, traduction modifiée).

2. *République*, VI, 511a.

3. *Ibid.*, 511b. C'est à nouveau le terme *ormè*, utilisé au pluriel (*ormas*, les motions pulsionnelles), qui indique le mouvement de remontée (*epibasis*) vers le principe du tout.

n'était pas tendue par un désir qui la pousse à saisir ce que chaque chose est en elle-même, elle ne serait qu'un jeu verbal sans prise sur le réel. C'est en effet par le désir que nous communiquons à l'être. Or Freud, dans un des rares textes où il s'efforce de caractériser précisément l'activité philosophique[1], reconnaît la singularité du complexe pulsionnel (*« die von Trieben abhängigen Komplexe »*[2]) propre à celle-ci : « dans aucune science, la personnalité du travailleur scientifique ne joue approximativement un si grand rôle, plus que précisément dans la philosophie »[3]. Mais cette originalité est comprise comme une idiosyncrasie de l'individu philosophant, qui serait latente et inaperçue dans l'activité proprement consciente de celui-ci, activité elle-même assimilée à un « travail logique impartial »[4]. Même si la personnalité du philosophe se distingue des autres travailleurs intellectuels, la philosophie elle-même n'est qu'une forme parmi d'autres de recherche ; elle est réduite par Freud à son « concept scolaire »[5].

Si toutefois la conception freudienne du philosophe comprend seulement « l'ouvrier de la philosophie », le procédé d'évaluation qu'il propose, pour mettre à l'épreuve le philosophique comme tel, reste valable pour les « philosophes véritables » (pour reprendre la distinction nietzschéenne). En effet la psychanalyse permet d'élaborer une « psychographie de la personnalité » qui met en lumière « la motivation subjective et individuelle de doctrines philosophiques »[6]. Or la confrontation entre cette motivation subjective et le travail objectif est le support d'une critique des « points faibles du système ». Freud n'explicite pas ce qu'il faut entendre par la faiblesse d'un système philosophique, mais on peut aisément reconstituer sa conception[7] : est faible une assertion qui, malgré les apparences de cohérence logique, trouve son véritable fondement dans une détermination

---

1. Cf. *Das Interesse an der Psychoanalyse*, GW VIII, 406-407 ; trad. fr. P.-L. Assoun, *Résultats, idées, problèmes*, Paris, PUF, 1984, p. 201-202.

2. GW VIII, 407.

3. *Ibid.* ; trad. cit., p. 201.

4. *Ibid.*

5. Kant, *Critique de la Raison pure*, Ak III, 542.

6. Freud, *op. cit.*, GW VIII, 407, trad. cit., p. 201.

7. *Cf.* P.-L. Assoun, *Freud, la philosophie et les philosophes*, Paris, PUF, 1976, édition revue et augmentée, « Quadrige », 1995, p. 132-138.

subjective inconsciente, qui se manifesterait sous une forme symptomatique et pathologique. Comme l'écrit Paul-Laurent Assoun : « La psychanalyse [...] prétend discerner, au sein des énoncés dont l'ensemble constitue le système philosophique, ceux qui sont récusables, en exhibant les motifs subjectifs qui invalident leur prétention à l'objectivité »[1]. L'origine pulsionnelle de la systématicité philosophique réduit la cohérence logique de sa formation à un masque, une rationalisation secondaire, une « preuve logique »[2].

Le tri opéré par la psychanalyse entre les énoncés entièrement fondés dans l'ordre rationnel interne et les énoncés émanant d'une motivation pulsionnelle inconsciente pourrait laisser penser que l'intervention subjective dans la sphère logique est uniquement pathologique ; que la pulsion prend possession d'un contenu de représentation pour le détourner de sa signification propre et le prive d'authenticité. Cependant ce qui invalide un tel énoncé, ce n'est pas le seul fait d'avoir une origine pulsionnelle, car, comme l'écrit Paul-Laurent Assoun, « l'origine subjective qualifie l'intégralité de la démarche philosophique et en conséquence des motions philosophiques »[3]. Si tel est bien le cas, ce n'est pas la seule trace de motivation subjective qui suffit à faire apparaître la faiblesse d'un énoncé : l'action décisive de la critique ne consiste pas à débusquer le subjectif, présent partout, mais à établir la nature du lien entre la sphère rationnelle objective et la sphère pulsionnelle subjective. Selon que la première est un masque qui cherche à dissimuler la vérité de la seconde, ou bien un reflet dans lequel celle-ci est portée à la lumière de la représentation. Le critère est donc l'accord avec soi-même, la cohérence de la raison et du désir, qui caractérise un certain ton du discours plus que son contenu objectif[4]. Un sujet qui parle en accord avec ses motifs pulsionnels, peut être dit franc ou probe, plutôt que véridique. La probité est donc la vertu qui donne sa force aux systèmes philosophiques. Par conséquent il faut inverser le rapport précédemment établi entre le subjectif et

---

1. Assoun, *Freud, la philosophie et les philosophes*, *op. cit.*, p. 134.

2. *Ibid.*, p. 135.

3. *Ibid.*, p. 138.

4. Sur la différence entre le *ton* et la *chose* même, *cf.* Kant, *Critique de la Raison pure*, Ak III, 487 ; Kierkegaard, *Post-scriptum définitif et non scientifique aux Miettes philosophiques*, chap. II.

l'objectif : ce n'est pas l'élimination du subjectif qui permet de fonder en vérité l'objectivité du discours ; c'est au contraire l'accord avec le désir qui est la condition initiale de la philosophie, par laquelle elle se distingue notamment de la simple rhétorique.

Le primat accordé à la probité sur la vérité elle-même, n'est pas sans présenter un danger pour la philosophie : celui de verser dans l'arbitraire et l'irrationnel. Si la philosophie est évaluée non par la cohérence interne des énoncés entre eux, mais par leur inspiration pulsionnelle, aucun critère objectif ne permet de donner à cette évaluation une légitimité acceptable par tous ; ou bien, si cette légitimité doit être acquise par un détour sur le divan de l'analyse, la philosophie se trouve subordonnée, dans la détermination de son authenticité, à une discipline extérieure. Comment reconnaître un ton de la conviction intime, sans faire appel à une intuition non universalisable ? Ne risque-t-on pas d'attribuer une force philosophique à des discours qui relèvent de la vaticination et de l'incantation, en bref du délire (mania) ou de la mantique [1] ?

La pulsion, contrairement à une contradiction logique ou à un paralogisme, n'est pas visible à même le discours. Il n'existe aucun critère objectif qui puisse authentifier la philosophie dans des énoncés, qui n'ont de valeur que dans la mesure où ils sont ressaisis de manière vivante dans le processus de pensée – dialogue que l'âme tient avec elle-même par la médiation des mots. L'apparition de la philosophie ne dépend pas de la nature du discours en lui-même, mais de la manière dont se rapporte à lui le désir de celui qui le tient ou de celui qui le reçoit. Sans cet « élan vers les discours » que Parménide décèle en Socrate, et que Socrate lui-même suscite chez certains de ses auditeurs, il ne se passe rien, la philosophie n'a pas lieu ; car elle est un événement, comme une rencontre amoureuse. Plus profondément que l'entendement qui déchiffre le sens des énoncés, le désir est à l'œuvre dans la compréhension, dans cet acte par lequel non seulement on entend ce qui est dit, mais on y consent. L'herméneutique indispensable à la philosophie est l'œuvre d'une raison qui se reconnaît dans le

---

1. Socrate portait une attention particulière aux diverses formes d'avertissements divins, notamment ceux qui viennent des songes (*Apologie*, 33c ; *Criton*, 44a-b ; *Phédon*, 60e-61b).

discours. Mais cette raison est un désir qui cherche un autre désir. La justesse de l'interprétation vient de la fidélité à son propre désir, à cette « part divine » qui échoit à chacun comme un destin et comme une exigence[1].

Si la pulsion à philosopher n'est pas la dérivation intellectuelle d'une pulsion partielle, si elle est la pulsion même, dans son énergie primitive, le point de communication du sujet et de l'être, il reste à comprendre ce qui fait l'originalité de l'investissement pulsionnel du philosophe. Si celui-ci « affirme ne rien savoir d'autre que les choses de l'amour »[2], il n'est inversement pas le seul à faire l'expérience de la pulsion érotique. Tout amoureux n'est pas philosophe, et le philosophe n'est pas un amoureux comme les autres, puisque ce qu'il est aime est inaccessible. Il convient donc de souligner la singularité de l'érotisme philosophique, ce qui permettra de revenir sur la nature de la pulsion et de vérifier qu'elle est bien à l'œuvre dans la philosophie.

Le comportement érotique de Socrate, tel qu'il est raconté par Alcibiade[3], est pour le moins étrange. Alcibiade, jeune homme d'une grande beauté, offre ses faveurs à un vieil homme, dans l'espoir de profiter du savoir de ce dernier. Cet échange est conforme à l'institution pédérastique grecque[4], dont Alcibiade reproduit les arguments de séduction[5]. Par ailleurs tout laisse à penser que la beauté d'Alcibiade ne laissait pas Socrate insensible[6]. Par conséquent ce dernier avait toutes les bonnes raisons, culturelles ou érotiques, de satisfaire sa pulsion. Pourquoi ne cède-t-il par aux avances insistantes et suggestives d'Alcibiade ? Faut-il supposer une baisse soudaine du désir ? Mais comment expliquer ce fiasco ? Faut-il plutôt penser que la raison de Socrate l'a détourné d'accomplir l'acte que réclamait la pulsion ? Socrate, pour se justifier, prétend qu'il ne consent pas à un marché de dupes : Alcibiade voudrait « troquer du cuivre contre de l'or »[7], c'est-à-dire sa beauté purement physique contre la beauté intérieure de Socrate. L'ironie est ici manifeste. Premier degré

---

1. *Cf.* Platon, *Apologie de Socrate*, 33c.
2. Platon, *Banquet*, 177d.
3. *Ibid.*, 217a-219d.
4. *Cf.* le discours de Pausanias, en particulier 183b-185c.
5. *Banquet*, 218c-d.
6. *Ibid.*, 217a. *Cf.* le début du premier *Alcibiade*.
7. *Ibid.*, 218e.

d'ironie : Socrate, vieillard connu pour sa laideur, serait, dans l'union physique avec le plus beau jeune homme d'Athènes, le perdant !

Deuxième degré d'ironie : l'échelle de valeur à laquelle se réfère Socrate met la beauté de l'âme bien avant la beauté du corps, qui n'est qu'une opinion de beauté ; mais Socrate ne cesse de répéter qu'il ne sait rien. Il va même plus loin dans le *Banquet* : « Je ne suis rien »[1]. En quoi consiste alors sa beauté, ce trésor caché ? En réalité Socrate n'affirme nullement posséder une quelconque beauté ; il se contente de faire état de l'opinion d'Alcibiade à ce sujet, qui, ayant été « mordu »[2], croit avoir décelé des trésors en Socrate. Alcibiade serait alors la dupe de l'échange qu'il propose. On pourrait donc penser que Socrate refuse de tromper Alcibiade, et, par un surcroît de délicatesse, déguise son honnêteté par l'ironie de son excuse. L'union sexuelle n'a pas de sens puisqu'elle est fondée sur des bases erronées, et que, en s'offrant à Socrate, Alcibiade cherche à attendre des réalités qui n'existent pas. Dans ce cas, Socrate, précisément à cause de l'amour qu'il éprouve pour Alcibiade, refuse d'avoir avec lui des relations intimes dans une situation fausse. Toutefois cette explication implique que Socrate, obéissant à sa raison plus qu'à sa pulsion, se montre tempérant, et maîtrise le mouvement spontané de son désir. C'est bien d'ailleurs comme une illustration de la tempérance de Socrate – vertu cardinale associée aux autres dans le portrait fait par Alcibiade – que ce dernier raconte l'anecdote. Mais comment maintenir alors la définition pulsionnelle de la philosophie ? N'assistons-nous pas à une dissociation de la raison et de la pulsion, et une préférence accordée à la première contre la seconde ? Le risque d'irrationalisme serait surmonté au prix d'une maîtrise de la motivation subjective.

En réalité il n'en est rien. Ce que signifie le personnage de Socrate, le type du philosophe – auquel personne ne correspond peut-être dans la réalité sensible – c'est l'identité de la pulsion et de la raison : pas plus que la raison n'est submergée par la pulsion, pas plus la pulsion n'est détournée par une rationalisation secondaire. Par conséquent,

---

1. *Banquet*, 219a ; c'est ce qu'Alcibiade ne voit pas.
2. *Ibid.*, 217e-218a. Toutefois, dans le premier *Alcibiade*, Socrate, se conformant au modèle traditionnel de l'éraste grec, tente de persuader Alcibiade qu'il a pour ce dernier une valeur exceptionnelle (« je suis pour toi de la valeur du tout », 105e) et que, par son intermédiaire, le jeune homme pourra disposer de la puissance qu'il désire.

lors de la nuit étrange qu'il passe aux côtés d'Alcibiade, Socrate est certes tout à fait raisonnable, mais il est en même temps entièrement fidèle au démonique. La raison ne fait pas violence au démon. En effet c'est toujours de manière négative que le démon de Socrate se manifeste: il l'arrête au moment où il s'apprêtait à agir, mais ne le pousse jamais à agir[1]. Mais s'il ne le pousse pas, est-il encore une pulsion? La force inhibitrice du démon semble contredire son assimilation avec la motion pulsionnelle. À moins de comprendre la pulsion socratique comme une pulsion pathologique[2], ou inversée. Nietzsche, soulignant l'importance du démon pour l'interprétation de Socrate, voit en lui une manifestation d'un instinct purement négatif[3]. Cette négativité pourtant n'est pas exempte d'une « énergie débridée », mais elle est tournée contre la vie; une pulsion est bien à l'œuvre chez Socrate, mais elle est purement « logique »[4]. La pulsion est donc bien directement associée à la raison – et Nietzsche y voit une monstruosité, une inversion des instincts grecs.

La pulsion de Socrate vise l'anéantissement. Dès lors Eros ne suffit plus à l'expliquer. Il faut ici revenir à l'analyse freudienne, pour faire apparaître une nouvelle dimension de la pulsion. En effet Freud, s'appuyant à l'occasion sur des textes de Platon[5], en est venu à relativiser l'antagonisme, initialement dominant, entre les pulsions d'auto-conservation et les pulsions sexuelles, pour les rassembler sous le nom d'Eros, et les opposer ensemble à une forme de pulsion

---

1. *Apologie de Socrate*, 31d; *Phèdre*, 242c. *Théagès*, 128d. *Cf.* aussi l'arrêt extatique devant la maison du voisin d'Agathon (*Banquet*, 175b), ou à la bataille de Potidée (*Banquet*, 220c-d).

2. *Cf.* Lélut, *Du démon de Socrate, specimen d'une application de la science psychologique à celle de l'histoire*, Paris, Trinquart, 1836.

3. « Alors que chez tous les hommes productifs l'instinct (*Instinct*) est une force affirmative et créatrice, et la conscience prend une allure critique et dissuasive, l'instinct, chez Socrate, se fait critique, et la conscience créatrice – une véritable monstruosité *per defectum*! » (*Naissance de la tragédie*, 13, trad. fr. Ph. Lacoue-Labarthe, Paris, Gallimard, 1977, p. 99).

4. *Ibid.*

5. On ne peut pas pour autant affirmer que Freud adhère à une conception socratique ou platonicienne de l'amour, car le texte sollicité est le discours d'Aristophane. Cette conception à la fois mystique (fusion), tragique (séparation) et romantique (réciprocité) de l'amour, s'oppose point par point à celle qui est développée par Socrate-Diotime. Elle est plus proche d'Empédocle ou de Schopenhauer que de Platon.

nouvellement découverte, qu'il appelle la pulsion de mort[1]. Or la mort joue un rôle essentiel dans la détermination du désir de Socrate. Elle signifie la transcendance. L'objet du désir n'est pas là, il ne peut être atteint dans l'immanence de la présence. Socrate lui-même, précisément en tant qu'il est objet du désir d'Alcibiade, n'est rien[2]. Il appartient déjà au non être. Cette négation n'est pas purement nihiliste. Elle désigne autre chose : là-bas, le lieu où « fuir »[3]. Le motif le plus fort de l'expérience de la pensée est le consentement à cette fuite, qui est tout le contraire d'un abandon de poste ou d'une lâcheté. Il n'y a pas de désir plus fort que celui qui est orienté vers cet ailleurs. La pensée rationnelle, les idées, en sont la thématisation consciente.

Cette énergie n'est pas, selon Freud, dirigée contre la vie, mais l'accomplit parce que « le but de toute vie est la mort »[4]. C'est ce retour à la condition inorganique qui donne à la pulsion de mort une fonction conservatrice. La vie n'est qu'un accident de l'inorganique. Toute vie aspire donc à revenir d'où elle vient. Or la conservation est le caractère fondamental et essentiel de la pulsion en général : la pulsion « exprime la nature conservatrice du vivant »[5] ; « toutes les pulsions veulent répéter ce qui était avant »[6]. Eros lui aussi conduit à la répétition puisque par son action l'individu engendre l'individu. Mais cette continuation donne l'illusion d'une sorte d'immortalité. C'est d'ailleurs sur cette illusion que s'appuie la culture pour accomplir son œuvre unificatrice. En revanche la pulsion de mort accomplit la pure répétition, elle annule le progrès, pour reconduire au primordial, qui est ainsi conservé. La pulsion de mort apparaît donc comme la pulsion

---

1. *Au-delà du principe de plaisir*, chap. V et VI, GW XIII, 35-66. Le terme de *Todestriebe* est utilisé pour la première fois GW XIII, 46. On notera que, dans une première formulation, l'opposition entre les *Lebenstriebe* et les *Todestriebe* découle de l'opposition antérieurement développée dans la théorie de Freud entre la pulsion sexuelle ou libido et les pulsions du moi. La pulsion du moi tend (paradoxalement pour une pulsion conservatrice) à la mort, tandis que la pulsion sexuelle tend à la perpétuation au-delà de soi. Le but de toute vie est de retrouver un état initial que l'être vivant a dû abandonner, à savoir l'état inorganique (*cf.* GW XIII, 40).

2. *Banquet*, 219a.

3. *Théétète*, 176b.

4. *Au-delà du principe de plaisir*, GW XIII, 40.

5. *Ibid.* GW XIII, 37.

6. *Ibid.* GW XIII, 38.

par excellence. Or le philosophe est, plus que tout autre homme, mû par cette pulsion.

Faut-il en conclure que la philosophie est plus au service de Thanatos que d'Eros? En un sens, oui. Le philosophe prend ses distances à l'égard des synthèses qui donnent une cohérence idéologique à la cité. Il ne met pas au-dessus de tout bien l'instauration de l'ordre politique [1]; il n'a pas non plus souci de la survie de son corps. Il sait que toute cohésion dans l'ordre sensible n'est qu'une copie imparfaite, temporaire, illusoire. La pulsion de mort le rend dangereux pour la cité. Il est pour elle un agent de dissolution [2]. La « vie en philosophie » semble, par son indifférence à l'égard de la dissolution du corps et de l'âme, et par son aspiration à l'ailleurs, accomplir l'œuvre de Thanatos. Une telle interprétation rend compte de l'aspect nihiliste de la *praxis* philosophique; mais elle porte sur celle-ci un regard extérieur, et ne considère que ses effets apparents. C'est l'interprétation du plus grand nombre : lorsque Socrate affirme que les philosophes « n'ont d'autre occupation que de mourir et d'être morts » [3], la foule comprend que « les philosophes ont envie de mourir » [4] – d'où elle conclut que la mort est précisément ce qu'ils méritent. La foule n'a pas tout à fait tort, mais elle ne sait pas en quoi elle a raison; on a affaire ici à un malentendu typique du rapport entre le philosophe et les autres hommes. Ils disent la même chose, mais ils ne s'entendent pas. Car la foule ne comprend pas ce que signifie « être mort », ou « être rien », pour le philosophe. Elle croit que cela désigne seulement ce qui, de ce « ne pas être » est immédiatement constatable, présentable, à savoir, précisément : rien ! Socrate est mort, il ne reste rien de lui.

Ce qui était visible n'est plus visible, et si l'être se traduit par être visible, alors, de ce qui était, il n'y a rien; rien à voir, rien à dire, rien à

---

1. D'où la nécessité d'user de violence pour le contraindre à redescendre dans la cité après qu'il a contemplé les choses mêmes (*République*, VII, 519c-d).

2. « Le principe du monde grec ne pouvait pas encore supporter le principe de la réflexion subjective; c'est pourquoi son apparition a été hostile et destructive. Le peuple athénien […] considérait ce principe comme un crime. […] Ce nouveau principe est en contradiction avec celui qui existait jusque là, il apparaît comme dissolvant » (Hegel, *Leçons sur l'histoire de la philosophie*, trad. fr. P. Garniron, Paris, Vrin, t. 2, 1971, p. 337).

3. *Phédon*, 64a.

4. *Ibid.*, 64b.

penser. Mais à cela Socrate ajoute que ce rien, il n'a pas été besoin de l'attendre d'un événement comme celui de la mort, le corps transformé en pierre sous l'effet de la ciguë. « Être rien », c'est ce qu'il était, pour autant qu'il a vécu en philosophie. Bien plus : c'est à cet « être rien » que s'articule son désir. Mais pas du tout parce que le philosophe veut le néant, l'attend, aspire à l'extinction de tout vouloir-vivre[1]. Ce qu'il désire, et qui peut se définir à partir du terme de pensée, n'est *rien* de ce qui appartient à l'ordre de l'être, en tant que celui-ci appartient à une immanence du sensible ou du déductible, il est « au-delà de tout ce qui relève de l'être »[2]. Ce terme excessif n'est pas la matière inerte, l'inorganique, auquel reconduit la pulsion de mort, il est cet au-delà de l'être que chacun vise dans l'autre lorsqu'il l'aime. Car Eros, selon Socrate, ne cherche pas le retour à l'unité perdue, donc la reconstitution du même qui conduirait les amants à se saisir comme les deux parties complémentaires et réciproquement ajustées d'un tout. Ce qui est visé dans l'autre est ce qui excède l'autre, et qu'il ne peut pas donner. La vie en philosophie est le choix d'accorder tout son désir à cet excès. Ce n'est pas un choix raisonnable, il répond à une pulsion à deux visages : extérieurement celui de Thanatos, mais intérieurement celui d'Eros.

Yves-Jean HARDER
Université de Strasbourg

---

1. Non seulement Platon n'est pas Schopenhauer, mais sa pensée du désir est diamétralement opposée à celle du philosophe allemand. Mais Schopenhauer a rendu un grand service à ceux qui ne veulent pas de la philosophie : il leur a ouvert la voie à un contresens sur Platon, qui les a détournés de la compréhension de la vie philosophique.

2. *République*, VI, 509b.

PULSION ET RÉFLEXION CHEZ FICHTE
UNE ÉTHIQUE PULSIONNELLE

PULSION ET TRANSPASSIBILITÉ

Dans un article intitulé *Pulsion et présence*, paru en 1976 dans *Psychanalyse à l'Université*[1], Henry Maldiney écrit que « la notion de pulsion intervient pour la première fois d'une manière décisive comme concept crucial de la compréhension de l'homme, à la fin du XVIIIe siècle en Allemagne, [...] dans deux œuvres publiées en 1795 : dans la troisième partie de *L'assise fondamentale de la Doctrine de la science* de Fichte et dans *Les lettres sur l'éducation esthétique de l'homme* de Schiller »[2]. Il ajoute en note que « la théorie des pulsions gagne considérablement en amplitude [chez Fichte] dans *das System der Sittenlehre nach den Principien der Wissenschaftslehre* (1798) », *Le système de l'éthique selon les principes de la doctrine de la science*, auquel il empruntera beaucoup, et qu'il cite d'ailleurs longuement et positivement au commencement de son article en traduisant notamment ce passage extrait de la « Déduction de la réalité et de l'applicabilité du principe de la moralité (ou éthicité : *Sittlichkeit*) » : « la constitution objective d'un moi n'est aucunement un être, une

---

1. H. Maldiney, « Pulsion et présence », *Psychanalyse à l'Université*, t. 2, n°5, décembre 1976; repris dans H. Maldiney, *Penser l'homme et la folie. À la lumière de l'analyse existentielle et de l'analyse du destin* (dorénavant cité PHF), Grenoble, Millon, 1991.

2. Maldiney, PHF, p. 146-147.

subsistance [*Bestehen*]; car ce serait faire de lui son opposé, la chose [*Ding*]. Son essence [*Wesen*] est absolue activité [*Thätigkeit*] et rien qu'activité: mais, prise objectivement, activité c'est pulsion [*Trieb*]»[1].

On relèvera pour commencer que ce à quoi Maldiney est d'emblée sensible dans cette première et cruciale intervention de la notion de pulsion en philosophie, c'est à cette objectivité, à ce caractère *objectif* de la pulsion: si le moi, l'*ego*, est heureusement désubstantialisé, dé-réifié, et d'abord compris en son essence, pour la première fois par Fichte, comme activité, cette reconduction du moi à l'activité n'en est pas moins reconduction à un élément *réel*. Cet élément réel – objectif, c'est-à-dire effectif – c'est précisément *la pulsion*. Certes, Maldiney, en paraphrasant Fichte[2] écrit que « ce serait réduire le moi à une chose que de prétendre l'atteindre dans la seule forme de l'objectivité », et il ajoute, traduisant cette fois directement Fichte: «une chose est quelque chose. Le moi jamais n'est tout simplement. Il n'est rien qu'il ne sache. […] Son être se rapporte immédiatement et nécessairement à sa conscience. Cette détermination simple qui se trouve dans l'être et la moïté (*Ichheit*) s'appelle sentiment. Si donc le moi est posé avec une pulsion constituant sa détermination objective, il est posé nécessairement avec un sentiment de cette pulsion»[3]. Le moi n'est donc pas réductible à la seule pulsion, à la seule activité en sa forme objective: il faut joindre à cet élément objectif un élément *subjectif*; cet élément subjectif, c'est le *sentiment* ou la conscience de la pulsion. On notera d'abord que – comme le précise Fichte dans la *Doctrine de la science nova methodo* (qui est presque contemporaine du *Système de l'éthique*) –, bien que le sentiment soit un état subjectif, « il ne peut être senti sans être rapporté à l'objet »[4] – il est conscience *de* –; on relèvera ensuite que le sentiment de la pulsion constitue «une conscience

1. Madiney, PHF, p. 147; et Fichte, *System der Sittenlehre nach den Principien der Wissenschaftslehre 1798*, dans *Fichtes sämmtliche Werke* (dorénavant cité SW), Berlin, de Gruyter, 1971, vol. IV, p. 105.

2. *Cf.* Fichte, SW, IV, p. 105 : « Or, le moi n'est absolument pas seulement objectif : car ce ne serait pas sinon un moi, mais une chose ».

3. *Cf.* Fichte, SW, IV, p. 106.

4. Fichte, *Wissenschaftslehre nova methodo*, Hambourg, Meiner Verlag, 1982, p. 120.

nécessaire et immédiate » [1] – qu'en lui le moi est entièrement *lié*, non-libre. C'est cette conscience *nécessaire* de la constitution *objective*, pulsionnelle du moi qui intéresse Maldiney ; c'est à ce sentiment pour ainsi dire originaire que « s'accroche » pour lui « le destin de la conscience » [2] ; c'est lui qui « prépare la mise en œuvre de la liberté » [3].

En quoi le sentiment de la pulsion engage-t-il ainsi le destin de la conscience, au point de pouvoir être établi – comme le suggère Maldiney – au principe de cette « *Schicksals*analyse » (analyse du destin) qu'il veut opposer à la « *psych*analyse » ? En quoi prépare t-il la mise en œuvre de la liberté ? La réponse à cette question passe évidemment par la détermination de ce à quoi je suis lié dans et par ce sentiment – de ce qui, par cette conscience originaire de la pulsion, m'est nécessairement donné d'essentiel et de propre à *fonder* ma liberté – c'est-à-dire à lui servir de *sous-bassement*.

Pour répondre à cette question, Maldiney se tourne vers *L'assise fondamentale de la Doctrine de la science* de 1794-1795. L'usage qu'il fait du texte fichtéen est alors très éclairant sur ses intentions, sur ce qu'il y cherche et y anticipe de sa propre pensée.

Dans le sentiment de la pulsion, « le moi se sent en tant que poussé vers quelque chose d'inconnu, sans avoir conscience de ce qui le pousse ni aucun sentiment de l'objet de la pulsion » [4], écrit Maldiney en citant (approximativement) Fichte. Le texte de l'*Assise fondamentale* parle bien en effet de la possibilité pour le moi de se sentir « en tant que poussé vers quoi que ce soit [*irgend etwas*] d'inconnu ». Mais en remontant plus haut dans la page de l'*Assise*, on trouve que, si la pulsion ou la poussée ressentie ne détermine pas l'activité *réelle* du moi – c'est-à-dire n'engendre pas une activité qui exercerait une causalité sur le non-moi –, elle en détermine cependant l'activité *idéale* – c'est-à-dire pousse le sujet à produire en lui la représentation de quelque chose [*etwas*] comme objet de la pulsion, à produire en lui la représentation de ce que celle-ci produirait si elle possédait une causalité. Or, c'est cette production idéale de l'objet de la pulsion qui, pour Fichte, « ne vient pas à la conscience », de sorte que « ne naît

---

1. Maldiney, PHF, p. 147. Fichte, SW, IV, p. 106.
2. *Ibid.*
3. *Ibid.*, p. 148.
4. *Ibid.*, p. 149.

encore ni aucun sentiment de l'objet ni aucune intuition de celui-ci »[1].
Il faut insister sur le « *ne pas encore* ». Le sentiment de la pulsion n'est
pas pour Fichte le sentiment d'une poussée vers l'inconnu *comme tel*,
il est le sentiment d'une poussée vers *un objet quelconque inconnu* qui
n'est *pas encore* senti ni intuitionné – n'est *pas encore* l'objet d'une
conscience d'objet –, mais est seulement produit idéalement, comme
une modification intérieure du moi. Ce que Maldiney veut par contre
seulement retenir – moyennant la torsion qu'il fait subir au texte
fichtéen – c'est que la pulsion est originairement ressentie comme une
poussée qui, indépendante de tout objet, non seulement n'est pas
fondée dans la présence préalable d'un objet – ce qu'admet aussi
Fichte –, mais surtout n'anticipe ou ne vise aucun objet; pour être
précis : que la constitution objective du moi est celle d'une poussée qui
va *au-delà* de tout objet.

Citant le point 4 du § 10 de la troisième partie de l'*Assise fondamentale*, en lequel il est pourtant précisé que le sentiment de la pulsion
est le sentiment d'une activité « *qui n'a absolument aucun objet*, mais
qui, *irrésistiblement poussée, se déploie* [*ausgeht*] *en direction d'un
objet* »[2], Maldiney interprète l'aspiration, le besoin, le « *Sehnen* »
(selon le terme même employé par Fichte) en lequel se manifeste
la pulsion, comme « coïncidant », en tant qu'aspiration, avec une
« nostalgie ». Il faut insister sur la façon dont Maldiney accentue et
interprète le texte fichtéen : là où Fichte parle d'une attente d'objet,
d'un besoin [*Bedürfnis*] de remplissement, d'un mouvement antici-
patif et prospectif entièrement orienté vers une nécessaire détermination de l'objet du désir, Maldiney comprend une attente qui va au-delà
de tout remplissement possible, une attente nostalgique, tournée vers
l'impossible. Là où Fichte parle d'une aspiration [*Sehnen*] « à quelque
chose d'autre [*etwas anderes*] »[3] (où c'est, une fois de plus le « *etwas* »,
le « quelque chose », même indéterminé, qui compte), Maldiney
comprend une aspiration, une « poussée vers l'altérité [au] double
sens d'une pulsion au changement et à la rencontre de l'autre »[4] – mais
de l'autre comme cette altérité singulière, peut-être la plus absolue,

---

1. Fichte, *Grundlage der gesammten Wissenschaftslehre*, SW, I, p. 296.
2. *Ibid.*, p. 302.
3. *Ibid.*, p. 320.
4. Maldiney, PHF, p. 150.

celle que Freud a pensé sous la catégorie de l'*Unheimliche*[1], et qui se définit par le double caractère d'être « à la fois nôtre et étrangère »[2], familière et inquiétante; et d'être en conséquence proprement inappropriable, toujours en retrait.

C'est en cette mesure que singulièrement, pour Maldiney, le sentiment originaire de la pulsion prépare l'œuvre de la liberté, qu'il revêt une signification profondément *éthique* : dans la mesure où, en ouvrant la perspective d'une transcendance pure, sans objet, toujours ouverte, il sollicite la liberté du moi, le met au défi d'*exister*[3] ou non ce « fond inconscient » et « immémorial » qu'est en lui l'énergie pulsion-nelle donnée et orientée au-delà de l'objet – de s'ouvrir lui-même librement à la rencontre d'une altérité irréductible et in-appropriable. Par ce sentiment, nous sommes ainsi originairement liés à l'inconnu et à l'altérité, originairement ouverts à la rencontre de l'étranger. Cet être-lié n'est pas alors l'opposé de la liberté, il n'est pas ce qui doit être dé-lié par elle, mais il est bien son *fond*, ce qu'elle présuppose elle-même à la fois comme sa condition et comme l'objet même de son choix si elle veut se maintenir comme liberté : être libre revient à choisir l'être-lié de ce sentiment singulier qu'est le sentiment de la pulsion comme sentiment de l'ouverture infinie à la rencontre.

Le sentiment fichtéen de la pulsion est ainsi, en 1976, pour Maldiney, une exacte anticipation de ce qu'il pensera plus tard sous le terme de « transpassibilité »[4] et qui définit à la fois une *capacité* – la « capacité infinie d'ouverture » de celui qui, comme Nietzsche à Sils Maria, est là « attendant, n'attendant rien »[5] – et une *impression* – l'*ursprüngliche Empfindung*[6] (l'impression originaire) que Hölderlin, dans un essai poétologique de la période d'Empédocle (*La démarche de l'esprit poétique*) place au commencement de tout art : la réception par le poète de tout son univers comme nouveau et inconnu, comme se

---

1. *Cf.* J.-Ch. Goddard, « Schelling ou Fichte. L'être comme angoisse ou l'être comme bonheur », dans *Le bonheur*, A. Schnell (dir.), « Thema », Paris, Vrin, 2006.

2. Maldiney, PHF, p. 150.

3. *Ibid.*, p. 155.

4. *Cf.* Maldiney, « De la transpassibilité », dans PHF. Ce dernier texte date de 1991.

5. Maldiney, PHF, p. 419.

6. *Ibid.*, p. 396.

présentant à travers un «élément inconnu et informulé»[1], ou encore le
sentiment ressenti par le poète que «tout se montre à lui *comme la
première fois*, c'est-à-dire que tout est *incompris*, indéterminé, à l'état
de pure matière et vie *diffuse*»[2].

Voilà ce qu'en fin de compte le sentiment fichtéen de la pulsion
offre qui soit susceptible de fonder la liberté, c'est-à-dire de faire fond
pour elle : la «transpassibilité», c'est-à-dire la capacité de pâtir (la
passibilité) de l'imprévisible, de l'excès dans la sur-prise de toute
prise et de tout comprendre, – la capacité de se faire réceptif au plus
surprenant[3], c'est-à-dire au *phainestai* qui est l'*Ur-phänomen*. Une
capacité d'accueil qui, parce qu'elle est capacité de pâtir de l'événement hors d'attente, est aussi «transpassibilité à l'égard du Rien
d'où l'événement surgit avant que d'être possible»[4]. Une passibilité,
enfin, qui n'étant limitée par aucun *a priori* subjectif, ne peut ramener
l'événement auquel elle s'ouvre à «aucune expression mienne»[5] et
implique un complet devenir autre, une complète transformation de
celui qui, ainsi, accueille l'événement[6].

Ces trois caractères : 1) ouvrir une crise dont le sens est d'exprimer
le rien en lequel s'abîme l'ontique[7] – ne rien attendre, 2) être réceptif à
la factualité, l'évidence d'une rencontre imprévisible, 3) être transformé dans et par cette apparition, au point que la crise ouverte par
la transpassibilité doit être dite une crise personnelle[8], – ces trois
caractères (être passible du rien, de la rencontre, de la métamorphose)
sont aussi les caractères du sentiment fichtéen de la pulsion d'après
Maldiney. Les caractères mêmes qui lui assurent sa signification
positive et libératrice – et qui motivent le vif intérêt porté par
Maldiney à la philosophie de Fichte.

1. Maldiney, PHF, p.396; Hölderlin, *Œuvres*, trad. fr. Ph. Jaccottet (dir.),
«Bibliothèque de la Pléiade», Paris, Gallimard, 1967, p.630.
2. Hölderlin, *Wink für die Darstellung und Sprache* (*Indices pour l'exposition et le
langage*), *op. cit.*, p.630.
3. Maldiney, PHF, p.418.
4. *Ibid.*, p.422.
5. *Ibid.*, p.424.
6. *Ibid.*, p.419.
7. *Ibid.*, p.383.
8. *Ibid.*, p.382.

Ces caractères sont également pour Maldiney, en 1991, dans *De la transpassibilité*, ceux-là mêmes par lesquels l'humain s'oppose à l'animal – par lesquels la possibilité humaine s'oppose à la possibilité du vivant. Or, pour traiter de cette opposition, et servir la compréhension de l'humain Maldiney délaisse le concept fichtéen de pulsion tel qu'il l'avait positivement élaboré en 1976, pour produire cette fois-ci une critique de la notion même de pulsion.

Il est remarquable en effet que la possibilité animale se comprend d'abord pour lui à partir de la conception heideggerienne de l'ouverture du vivant à son *Umwelt* en terme de *Trieb*, de pulsion, puis plus longuement, en mobilisant Weizsäcker, à partir de la notion de *Gestalt* (structure), comme lieu – lui-même auto-mouvant – de la rencontre d'un organisme et de son *Umwelt*[1] (milieu). Un lieu que dans *Le cycle de la structure* (*Der Gestaltkreis*) Weizsäcker désigne comme « moi »[2] – unissant ainsi dans l'identité biologique l'organisme et le milieu. Peu importe ici, toutefois, que l'organisme soit pensé en terme de pulsion ou de *Gestalt*. Le caractère de la possibilité organique est, pour Maldiney, dans les deux cas – alors même qu'il y a en elle ouverture à-, propulsion vers-, ou genèse, transformation constitutive, formation d'une forme de rencontre entre le vivant et son milieu et donc fondation perpétuelle[3] – *appropriation à soi*. La propulsion du vivant est, à l'inverse de la pulsion *humaine* telle que Maldiney la comprend donc à travers Fichte, d'abord propulsion vers ce dont la capacité est capable, c'est-à-dire propulsion vers soi-même[4]. Elle est, dit Maldiney, « essentiellement » appropriation à soi. La genèse d'une forme (comme forme de rencontre en formation) « ne fait [elle aussi] qu'un avec son appropriation »[5]. « Le vivant qui *se* veut », écrit Maldiney, « *se* meut selon lui-même. Il est auprès de soi ». Le *Trieb*, comme la *Gestalt*, échouent donc à fonder une rencontre qui soit « absolue de tout projet »[6], libre de tout *a priori*, et qui contraigne à l'impossible, c'est-à-dire à un total devenir autre – à un devenir tel que

1. Maldiney, PHF, p. 381.
2. V. von Weizsäcker, *Le cycle de la structure*, trad. fr. M. Foucault et D. Rocher, Paris, Desclée de Brouwer, 1958, p. 201.
3. Maldiney, PHF, p. 381.
4. *Ibid.*, p. 369.
5. *Ibid.*, p. 370.
6. *Ibid.*, p. 425.

je reçoive « mon propre visage » [1] de l'événement rencontré hors de toute appropriation.

Nous retiendrons de ces analyses l'opposition entre deux sens de la pulsion : celui de la pulsion comme propulsion vers soi et donc comme conservation de soi, celui de la pulsion comme ouverture au rien et à l'exigence *éthique* d'exister en propre à partir de rien – c'est-à-dire à l'exigence d'une invention perpétuelle de soi. Cette opposition entre les deux sens antinomiques de la notion de pulsion structure aussi, par exemple, la philosophie de la vie proposée par Renaud Barbaras dans *Le désir et la distance* [2] et dans *Vie et intentionnalité* [3].

À la philosophie de la vie qui comprend le dynamisme vital comme un processus d'auto-conservation et la pulsion en laquelle s'exprime ce dynamisme comme une charge ou une tension référée à un objet désinhibant, Barbaras oppose une approche alternative de la vie qui comprend le dynamisme vital comme auto-réalisation, actuali-sation de *soi*, et caractérise la « pulsionnalité » [4], l'impulsivité qui est au cœur de la vie, comme *désir* – dans une perspective telle qu'il conviendrait même, pour Barbaras, à la limite, de renoncer au terme de « pulsion » [5] pour lui préférer celui d'« intentionnalité », de retirer à la pulsion (*Trieb*) son sens de « poussée » pour la comprendre comme *ouverture* d'une transcendance pure, comme pur accueil d'une trans-cendance qui n'est pas la transcendance d'un transcendant et au sein de laquelle l'apparition peut prendre place. Quelque chose donc de très semblable à ce que Maldiney comprenait comme le caractère fondamental de la pulsion chez Fichte, et à ce qu'il comprend en 1991 sous le terme de « transpassibilité ».

La singularité de la proposition de Barbaras est de ne pas restreindre à l'humain l'ouverture propre à la transpassibilité maldi-neysienne mais d'en faire la propriété fondamentale du vivant, c'est-à-dire de ce qui proprement *vit*. À la philosophie qui appréhende la vie

---

1. Maldiney, PHF, p. 424.

2. R. Barbaras, *Le désir et la distance. Introduction à une phénoménologie de la perception* (dorénavant cité DD), Paris, Vrin, 1999.

3. R. Barbaras, *Vie et intentionnalité. Recherches phénoménologiques* (dorénavant cité VI), Paris, Vrin, 2003.

4. Barbaras, VI, p. 196.

5. *Ibid.*, p. 195.

à partir d'une analyse de l'animalité à laquelle est d'emblée refusée le caractère de l'esprit – qui est, en s'ouvrant à la transcendance, d'avoir relation à un monde – Barbaras oppose une *philosophie du vivant* (c'est-à-dire du *sujet* vivant) que Bruce Bégout[1] a justement rapproché du projet formulé par Hans Jonas en introduction du *Phénomène de la vie* : « englober la philosophie de l'organisme et la philosophie de l'esprit »[2].

Et il est vrai que pour caractériser la subjectivité animale, pulsionnelle, Barbaras recourt à un vocabulaire qui paraît emprunté à la philosophie allemande classique et notamment à sa philosophie de l'esprit. La subjectivité originaire animale est ainsi « identité effective d'une ipséité et d'une extase »[3], accomplissement de soi dans une extériorisation et un désaisissement de soi, « excès irréductible de sa puissance sur ses actes »[4]. C'est cet excès qui, pour Barbaras, constitue en propre le vivant. Il est « aspiration », « désir », et, dans un « pur débordement »[5] plus profond que tout manque, excède les nécessités vitales elle-mêmes vers la totalité indéterminée du monde que spécifie toute perception déterminée – vers cette totalité qui ne saurait être jamais présente en aucune perception et que, par cet excès, le vivant, phénoménalise comme absente. Cette totalité, elle est pour Barbaras la totalité originaire, intotalisable, omni-englobante du monde entendu comme « le Tout de l'Être »[6]. Le vivant est ainsi le sujet de l'apparaître (négatif) du Tout de l'Être. C'est d'abord vers cette totalité, ce fond d'où émerge par un découpage sélectif tout phénomène déterminé, que fait mouvement la subjectivité vitale et pulsionnelle ; et c'est dans la mesure où elle fait mouvement vers ce fond et *dépasse tout objet* qu'elle est proprement *transcendantale* – c'est-à-dire, par sa « volubi-

1. B. Bégout, « Le phénomène de la vie. Trois approches possibles d'une phénoménologie de la vie », dans J.-M. Vaysse (éd.), *Vie, monde, individuation*, Hildesheim, Olms, 2003.

2. H. Jonas, *Le phénomène de la vie. Vers une biologie philosophique*, trad. fr. D. Lories, Paris-Bruxelles, De Boeck Université, 2001, p. 13.

3. Barbaras, DD, p. 116.

4. *Ibid.*, p. 117.

5. *Ibid.*, p. 136.

6. *Ibid.*, p. 146.

lité » [1] et son « inconstance » même, en passant insatisfaite d'un objet à un autre, conduit vers l'objet.

Cet élan vers le Tout, qui est aussi une faim insatiable d'être, est *phénoménalisant* dans l'exacte mesure où à sa propre tension correspond la tension d'une apparition. Dans la mesure où au mouvement prospectif désirant correspond un mouvement autonome de l'apparaître, un surgissement originaire du monde même, c'est-à-dire du fond. La subjectivité animale est, pour Barbaras, le sujet de l'apparaître pour autant qu'en elle le désir infini désobjectivant – lui-même quête éperdue d'être – rencontre l'aspiration du monde à exister sous forme de phénomène (à se manifester). Or, il est très remarquable que Barbaras, citant Patočka, attribue à la subjectivité vitale désirante, qui constitue le principal objet de sa recherche, le mérite de cristalliser en apparition le mouvement plus originaire par lequel le monde opère sa « sortie hors du fondement obscur » [2]. L'idée d'une telle sortie hors du *Grund*, du « fond », ne peut aller bien sûr sans présupposer la distinction du fondement et de l'existence, et paraît bien, à cet égard, un héritage de la métaphysique schellingienne [3]. Mais, il y a entre la philosophie du vivant de Barbaras et la découverte schellingienne une intimité plus grande que celle que pourrait créer une simple filiation. Il y a chez Barbaras une saine défiance à l'égard de l'idéalisme abstrait qui conduit à appréhender le spirituel à travers ce que Schelling appelle un « réalisme vivant » [4]. Le réalisme vivant, qu'il faut attribuer à Barbaras, prend ainsi le sens d'une marche vers ce qu'il y a dans l'esprit d'irréductiblement obscur et qui aspire, du fond de son obscurité, à se manifester. La philosophie de la vie du *Désir et la distance* est alors une doctrine du sujet de cette obscurité, du sujet de *l'inconscient* – que Barbaras comprend comme « monde » [5], Schelling comme « nature », mais qui dans les deux cas désigne ce soulèvement du fond obscur de l'existence dans le désir. Elle donne sens à la remarque schellingienne selon laquelle « qui veut saisir le concept de l'esprit en

1. Barbaras, DD, p. 118.

2. *Ibid.*, p. 161.

3. *Cf.* J.-Ch. Goddard, art. cit., dans *Le bonheur, op. cit.*

4. Schelling, *Recherches philosophiques sur l'essence de la liberté humaine*, trad. fr. J.-F. Courtine et E. Martineau dans Schelling, *Œuvres métaphysiques (1805-1821)*, Paris, Gallimard, 1980, p. 142.

5. *Cf.* Barbaras, DD, p. 154-155.

sa plus profonde racine doit d'abord s'initier comme il faut à l'essence du *désir* (*Begierde*). [Car, c'est par là seulement] que l'on aperçoit bien ce qu'il y a d'inextinguible dans l'esprit » [1]. Ce réalisme est aussi celui de Maldiney dans sa lecture de Fichte : il rend compte de son attachement au caractère objectif de la pulsion, à la constitution objective du moi comme activité pulsionnelle. Lui-même comprenait, rappelons-le, le moi fichtéen – ainsi défini – comme un « fond inconscient » et « immémorial » inséparable du procès qui le conduit à l'existence [2].

Nous avons déjà dit les modifications que Maldiney fait subir au concept fichtéen de pulsion. Elles témoignent de la plasticité et de la fécondité du texte fichtéen, et ne doivent pas être purement et simplement rejetées. Mais elles témoignent aussi de ce que Fichte peut être lu au profit d'une pensée qui n'est pas la sienne – voire qui est contraire à la sienne. L'interprétation de la pulsionnalité en terme de tendance à l'infini et d'ouverture à une pure transcendance, nous a ainsi permis de comprendre la conception originale du dynamisme vital proposée par Renaud Barbaras. Mais avec cette conception, qui comprend la pulsionnalité à l'œuvre dans le vivant comme soulèvement du fond inconscient de l'existence, nous sommes rendus plus près de Schelling que de Fichte. S'il est vrai que Fichte accorde bien à la pulsion un statut *transcendantal* – c'est-à-dire reconnaît en l'ouverture prospective qu'elle accomplit la condition de possibilité de toute conscience d'objet et une authentique « poussée vers le dehors » [3] –, il ne comprend pas toutefois l'ouverture pulsionnelle comme ouverture à ce qui dépasse toute appropriation possible, comme excès vers une totalité indéterminée, inconnue et inconnaissable (un débordement qui n'est pas d'ailleurs sans faire penser à la pulsion de mort (*Todestrieb*) freudienne). La pulsion se manifeste bien, pour lui, par un « besoin » (*Bedürfnis*), « un vide [*Leere*] qui cherche le remplissement [*Ausfüllung*] » [4] – et elle ne va pas au-delà du manque. La pulsion qui constitue objectivement le moi ne lui ouvre pas le monde, elle le rend, pour ainsi dire, en matière de monde, originairement

---

1. Schelling, *Conférences de Stuttgart*, dans Schelling, *op. cit.*, p. 242-243.
2. Maldiney, PHF, p. 155.
3. *Ibid.*, p. 149. Fichte, *Grundlage*, SW, I, p. 302.
4. Fichte, *ibid.*

« *bedürftig* » [1], le place de ce point de vue « dans le besoin », de sorte
que le moi est d'abord poussé par elle à la production (*Hervorbrin-
gung*) d'une réalité hors de lui [2]. Il y a là une ligne de partage qui oppose
radicalement la théorie fichtéenne de la pulsion de son interprétation
maldineysienne : la pulsion est essentiellement *pratique* ; elle pousse à
former la représentation d'un monde encore inexistant et à *agir* pour la
production de ce monde. Elle est désir de monde.

Mais surtout, Fichte est étranger au « réalisme » qui sous-tend
aussi bien l'interprétation maldineysienne de la pulsion en 1976 que la
philosophie de la vie de Barbaras. Rappelons simplement la citation
du *Système de l'éthique* dont partait Maldiney : « la constitution objective d'un moi n'est aucunement un être ou une subsistance ; car ce
serait faire de lui son opposé, la chose. Son essence [*Wesen*] est
absolue activité [*Thätigkeit*] et rien qu'activité : mais, prise objectivement [*objectiv genommen*], activité c'est pulsion [*Trieb*] » [3]. Nous
l'avons dit, Maldiney retient le caractère *objectif* de la pulsion ; mais il
ne s'interroge pas sur le sens du « *objectiv genommen* », du « pris
objectivement », et donc sur la différence entre « l'activité absolue » et
« la pulsion » – qui est bien l'activité, mais *prise* objectivement, c'est-
à-dire seulement d'un certain *point de vue*. Bref : il interprète comme
étant en soi-même objectif ce qui est seulement *objectivé* et ne
réfléchit pas le procédé d'objectivation de l'activité absolue par lequel
elle devient pulsion. Car la pulsion n'est nullement une réalité donnée,
elle est la manière dont l'activité constitutive du moi *apparaît*
lorsqu'elle est prise objectivement – c'est-à-dire la manière dont le
moi s'apparaît à lui-même lorsqu'il objective son activité. La pulsion
n'*est* pas quelque chose d'objectif, de réel, qui peut être mis au fond de
l'existence : elle est le produit d'une *réflexion* du moi sur lui-même.

Une lecture superficielle du *Système de l'éthique* de 1798 et
de l'*Ethique* (*Sittenlehre*) de 1812 – en laquelle Fichte expose de
nouveau sa doctrine de la morale – fera ressortir l'omniprésence, en
1798, du concept de *Trieb*, de pulsion, et sa presque totale disparition,
en 1812, au profit du concept de *Bild*, d'image. Mais il n'y a là qu'une

1. Fichte, *ibid.*, p. 303.
2. *Cf.* Fichte, *ibid.*, p. 302.
3. Maldiney, PHF, p. 147 ; Fichte, SW, IV, p. 105.

apparence : dans les deux cas la *Sittenlehre* est en réalité et explicitement une *Erscheinungslehre des Ich* – une « phénoménologie du
moi » –, c'est-à-dire une théorie de la manière dont le moi s'apparaît.
Le vocabulaire de l'apparition (*Erscheinung*) est particulièrement
présent dès la « Déduction du principe de la moralité » qui ouvre la
Système de l'éthique de 1798. L'analyse par laquelle Fichte entreprend une genèse du concept de « moi »[1] part d'un « simple fait de
conscience »[2] qui est pour le moi de se trouver ou de « s'apparaître ».
C'est en cette auto-apparition originaire et nécessaire de la conscience
que le moi « se trouve » d'abord lui-même, et, parce qu'il se *trouve*, se
trouve comme *donné*, c'est-à-dire comme quelque chose de subsistant
(*etwas bestehendes*)[3], un substrat ou une substance. Comme tel,
c'est-à-dire originairement, le moi ne définit pas proprement une
instance *subjective*, mais « quelque chose de réel » (*etwas reelles*)[4],
« d'originairement objectif ».

La question que pose d'abord Fichte est de savoir quelle valeur
accorder à cette *objectivité* du moi dans l'auto-apparition originaire
(qui n'est pas objective au sens où elle serait opposée à une
subjectivité, mais au sens même où Schelling, par exemple, comprend
l'affirmation de l'unité indifférenciée du sujet et de l'objet comme le
propre d'un idéalisme *objectif*) : en elle le moi s'apparaît en effet
comme *Absolutheit* (absoluité), ou plus exactement comme « *erscheinende Absolutheit* » (absoluité apparaissante ou phénoménale)[5]. Or, il
y a là, ajoute Fichte, une image de soi que la philosophie transcendantale pourrait fort bien « *in Schein verwandeln* », transformer en
apparence – de même qu'elle élucide (*erklärt*) comme apparition
l'apparition des choses déterminées existant dans l'espace et le temps
indépendamment de nous, c'est-à-dire élucide l'apparition comme
telle, l'image comme image –, mais que la *Sittenlehre* tiendra pour
vrai dans un acte de *croyance*, qui est donc décision d'affirmer la
valeur de vérité d'une simple image, d'un apparaître *en tant que tel* –
c'est-à-dire en tant que *non étant*. C'est seulement sur cette croyance,

---

1. Fichte, SW, IV, p. 21.
2. *Ibid.*, p. 19.
3. *Ibid.*, p. 25.
4. *Ibid.*, p. 22.
5. *Ibid.*, p. 25.

sur la décision lucide d'accorder une valeur d'être à cette absoluité apparaissante, ou cette apparence d'absoluité, que se fonde l'éthique pour Fichte.

Quelle est cette *erscheinende Absolutheit*, qui n'est qu'apparence et à laquelle Fichte décide de croire au point d'en faire le « sol » (*Boden*) de son système ? Quelle est cette essence (*Wesen*) du moi pour le moi [1] en laquelle il s'apparaît comme quelque chose de subsistant (*bestehendes*), de figé (*fixirtes*) ? Pour le savoir, il suffit, dit Fichte, que chacun procède à l'abstraction de toute pensée déterminée par une condition extérieure et intuitionne intérieurement « ce qui lui reste » (*was ihm übrigbleibe*) [2]. L'originairement objectif, l'absoluité apparaissante dans l'auto-apparition originaire, c'est-à-dire le moi tel qu'il se trouve, est donc d'abord ce reste d'une soustraction – une apparition résiduelle, ce qui apparaît une fois que l'on a fait abstraction de toute conscience d'objet. Or, qu'est-ce qui apparaît sous cette forme de la subsistance et de la réalité par soi ? La réponse donnée par Fichte à cette question – qui concerne donc la *matière* de l'absoluité apparaissante – mérite d'être entièrement citée : « son nom ne peut en rien nous éclairer, car jusqu'ici le concept tout entier est comme s'il n'était pas pensé, encore moins caractérisé. Toutefois, pour qu'il ait cependant un nom, nous allons nommer ce qui est conçu : «tendance (*Tendenz*) absolue à l'absolu», indéterminabilité absolue par quoi que ce soit d'extérieur à soi, tendance à se déterminer soi-même sans aucune impulsion extérieure » [3]. Ce qui ne doit pas être pensé seulement comme une faculté du moi, mais bien comme « quelque chose d'effectif», qui agit efficacement («*etwas wirkliches*») en construisant l'essence, l'être même du moi (« *etwas wirkliches, das Wesen des Ich construirendes* »).

La *Sittenlehre* part donc d'une réflexivité originaire en laquelle le moi s'apparaît à lui-même comme «tendance à l'auto-activité pour l'auto-activité (*Tendenz zur Selbstthätigkeit um der Selbstthätigkeit willen*)» [4]. Or, comme telle, cette *tendance*, précise Fichte, doit être

---

1. Fichte, SW, IV, p. 26.
2. *Ibid.*, p. 28.
3. *Ibid.*, p. 28.
4. *Ibid.*, p. 29.

expressément distinguée d'une *pulsion* («c'est tout aussi peu une pulsion (*ebensowenig ist es ein Trieb*)»[1], écrit Fichte), dans la mesure, précise-t-il, où la pulsion, en tant qu'elle se comprend essentiellement comme *Grund*, comme cause, agit seulement lorsque les conditions de son efficacité font leur entrée, et sous cette condition agit nécessairement et d'une manière déterminée. Cette découverte (*Finden*) de soi, ce «se trouver soi-même» comme «tendance absolue à l'absolu» est premier; il est un fait – le fait d'une *Anschauung*, d'une intuition ou d'une vision nécessaire, que le moi ne peut donc manquer d'avoir de lui-même, et que le philosophe met ici simplement à jour par abstraction comme un reste irréductible. Insistons: le sujet, en tant qu'il s'apparaît originairement et nécessairement (c'est-à-dire factuellement), s'apparaît bien comme tendance à *excéder* toute déterminité, comme mouvement vers l'absolu, vers l'illimité – ce que Barbaras entend par «désir» et que Maldiney comprend comme transpassibilité – mais cette tendance à l'absolu n'est pas *pulsion*.

Nous venons de le dire, le moi comme «tendance» n'est pas *cause*. S'il s'apparaît bien comme «absoluité» ou comme liberté à l'égard de toute détermination par autre chose que soi, cette liberté n'est cependant pas encore une «force réelle absolue» (*absolute reelle Kraft*)[2]. L'image primordiale du moi est sans force; elle n'est pas encore «volonté», c'est-à-dire force réelle d'une image. Par là s'éclaire un aspect fondamental de la philosophie de la vie proposée par Barbaras qui est de devoir s'en tenir, pour appréhender la subjectivité seulement comme désir, à cette seule apparition à soi de l'apparaître qui a lieu dans l'*Anschauung* factuelle donnée en deçà de toute volonté – de refuser par avance d'interpréter l'intentionnalité pulsionnelle comme la «latence d'une volonté»[3], et de lui reconnaître comme vrai caractère d'être «hétérogène à l'autonomie de la volonté».

La *Sittenlehre* fichtéenne, parce qu'elle est proprement une «éthique», ne saurait, quant à elle, s'arrêter à ce fait. Là est le point de divergence à partir duquel le concept de pulsion, c'est-à-dire de *poussée déterminée* peut et doit être réhabilité: l'apparition à soi de l'apparition dans une image réflexe de soi comme tendance à l'illimité

---

1. Fichte, SW, IV, p. 28.
2. *Ibid.*, p. 33.
3. Barbaras, DD, p. 141.

– qui n'est pas cause – est, pour Fichte, le fait d'une conscience qui demeure elle-même non réfléchie, inexpliquée. L'image réflexe nécessairement donnée dans l'intuition immédiate de soi comme tendance (désir ou désirement) doit être à son tour l'objet d'une réflexion : « la simple réflexion [doit] devenir l'objet d'une nouvelle réflexion », écrit Fichte [1]. Cette réflexion *à la seconde puisance*, dira Fichte en 1812, conditionne la possibilité pour la tendance innommable vers l'absolu de ne pas être simplement un vouloir objectif sans volonté et indéterminé, mais d'être elle-même voulue, d'agir comme cause dans un vouloir déterminé – d'être voulue comme cause d'un agir. C'est le défaut de cette réflexion de réflexion que Fichte déplore chez Schelling lorsqu'il lui reproche le manque de réflexion ; c'est par ce même défaut qu'il définit le mal au § 16 du *Système de l'éthique*.

Il faut donc bien distinguer la réflexion réflexe pré-éthique (qui s'effectue « mécaniquement » en vertu de la loi nécessaire du *Sicherscheinen*, de la loi du « s'apparaître » de toute apparition) – et la réflexion éthique de cette réflexion dans une image qui est donc image d'une image. Seule la seconde réflexion mérite pour Fichte le nom de « réflexion ». Car, Fichte n'entend par « réflexion » rien qui aille au-delà du sens connu de ce mot ; on se reportera à la définition qu'il en donne dans la *Doctrine de la science* de 1812 [2] : « se rendre de nouveau visible (*sich Sichtbarmachen*) dans une image quelque chose qui est déjà lui-même le résultat d'une vue (*ein Gesicht*), c'est là sans aucun doute ce que l'on entend, ou que l'on devrait entendre, quand on parle de réflexion (*Reflexion*) ». L'image réflexe du moi comme tendance à l'absolu est le *Gesicht* qu'il faut se rendre de nouveau visible dans une image pour passer de l'intuition immédiate et *factuelle* de soi à la compréhension *éthique* de soi. S'en tenir à l'intuition factuelle – c'est-à-dire à l'intuition de soi comme désir ou tendance à l'illimité, poussée vers l'inconnu – sans la soumettre à la réflexion, c'est s'interdire l'accès à l'éthique.

Par cette seule réflexion la *Tendenz* se comprend en effet, dans le *Système de l'éthique* de 1798, comme *cause*, c'est-à-dire comme *Trieb*, poussée, pulsion, « principe intime et réel d'explication d'une

1. Fichte, SW, IV, p. 31.
2. Fichte, SW, X, p. 376.

auto-activité effective (*reeller innerer Erklärungsgrund einer wirklichen Selbstthätigkeit*)»[1]. La pulsion n'est plus ici une notion attachée à l'approche commune du vivant, dont il faudrait se libérer pour accéder au phénomène même de la vie accessible dans la subjectivité extatique du désir. Le concept de pulsion est le concept par lequel la tendance à l'absolu – la subjectivité extatique – s'appréhende enfin éthiquement, comme cause, c'est-à-dire comme principe d'une action effective. «L'action (*Handlung*) résultera de la pulsion comme l'effet de sa cause», écrit Fichte. Le rapport exact de la tendance et de la pulsion est énoncé dans ce passage du § 3 du texte de 1798 : «ce moi entier, dans la mesure où il n'est pas sujet, et n'est pas objet, mais sujet-objet [c'est-à-dire est une image réflexe] […] a en soi une tendance à l'absolue auto-activité, qui, […] lorsqu'elle est pensée comme cause (*Grund*) de son activité, est une pulsion qui le pousse»[2]. Cette citation éclaire la citation choisie par Maldiney en rendant compte de ce qu'il faut entendre par «prendre objectivement» l'activité afin qu'elle devienne «pulsion» : c'est réfléchir comme cause la tendance à l'absolu en laquelle le moi s'apparaît d'abord.

Seule cette pensée de la tendance comme *Trieb* permet d'envisager l'exercice sur le moi d'une sollicitation effective adressée à la liberté en vue de l'action éthique. Le concept de pulsion ouvre le champ de l'éthique en transformant la tendance à l'illimité en une poussée réelle exigeant du moi qu'il se détermine lui-même absolument et librement par elle. Seule la libre réflexion qui élève la conscience immédiate de soi comme tendance à la conscience de soi comme pulsion permet d'accéder au sens pratique de la raison et d'expliquer la conscience de soi comme conscience de l'impératif catégorique. La pulsion n'est pas ici ce qui lie à l'objet désinhibant, elle est, pour ainsi dire, elle-même ce qui désinhibe la tendance à l'absolu, la tendance au dépassement de toute étantité déterminée, en lui donnant une efficace – ce qui transforme l'*erscheinende Absolutheit* en une authentique et réelle *Selbstthätigkeit*.

L'affirmation de soi comme actualisation de la vie n'est donc pas, pour Fichte, du côté de la tendance à l'absolu – du désirement

1. Fichte, SW, IV, p. 40.
2. *Ibid.*, p. 42-43.

indéterminé –, mais bien du côté de la *pulsion* à agir inconditionel-
lement qui sollicite la liberté en sa dimension éthique. La réflexion sur
la tendance transforme en effet celle-ci en une pulsion qui exerce une
détermination sur « le moi entier »[1] – sur le moi à la fois subjectif *et*
objectif, subject-objectif, object-subjectif, c'est-à-dire sur le moi pour
autant que le subjectif et l'objectif ne sont pas encore diffractés en lui,
ou encore pour autant qu'il est essentiellement constitué dans et par
son apparition à soi en laquelle sujet et objet sont indistincts. C'est
pourquoi il ne saurait, ici, être question d'un quelconque *sentiment* – le
sentiment présupposant la différence du subjectif et de l'objectif et
consistant dans la détermination du subjectif par l'objectif.

Mais puisqu'il ne nous est pas possible de *parler* du « moi entier »
(*ganzes Ich*) autrement qu'en distinguant en lui le subjectif et l'objectif, il nous faut décrire cette affirmation, cette manifestation ou extériorisation (*Äusserung*) de la tendance en tant que pulsion s'exerçant
sur le moi entier, en l'envisageant d'abord du point de vue du moi
subjectif, c'est-à-dire, du moi comme intelligence. Or, de ce point de
vue – qui est le point de vue même de la déduction du principe de la
moralité et, à vrai dire, le seul qui nous intéresse ici – la pulsion produit
une pensée – puisqu'une détermination de l'intelligence est une
pensée. Cette pensée « apparaît » (*erscheint*) comme n'étant déterminée ni par une existence (*Dasein*) – si l'on pense par là un « objet
effectif »[2] – ni par une autre pensée; elle est absolument conditionnée
par soi et consiste dans « un acte de penser (*Denken*) premier et
immédiat »[3].

Insistons : non seulement il n'existe pas de *sentiment* de la
tendance comme tendance à l'illimité, mais l'extériorisation, la
manifestation de la tendance absolue à l'absolu sous forme de pulsion
a pour résultat immédiat une pensée qui pour être inconditionnée
n'en est pas moins « un acte de penser déterminé (*Ein bestimmtes
Denken*) »[4]. Cette pensée *déterminée* qui est « le principe absolu de
notre être »[5], par laquelle « nous constituons absolument notre

1. Fichte, SW, IV, p. 40.
2. *Ibid.*, p. 45.
3. *Ibid.*, p. 46.
4. *Ibid.*, p. 45.
5. *Ibid.*, p. 47.

essence (*Wesen*) et en laquelle notre essence consiste » est une conscience, « et même une conscience déterminée ».

Cette conscience déterminée, Fichte lui donne le nom d'« intuition intellectuelle (*intellektuelle Anschauung*) » et la valeur d'être la seule intuition ou conscience qui se présente « originairement et réellement en tout homme ». Le contenu de cette pensée, conscience ou intuition intellectuelle est la nécessité pour l'intelligence de « se donner à elle-même la loi inviolable de l'absolue auto-activité » [1]; il se laisse décrire brièvement comme suit : « nous sommes obligés de penser que nous devons nous déterminer avec conscience absolument par concepts, et même d'après le concept de l'absolue auto-activité » [2].

Il est remarquable que, parvenu à ce point, Fichte puisse considérer qu'« en toute rigueur » la déduction du principe de la moralité est terminée. Par là, écrit-il, est en effet également déduit et clarifié « ce que l'on appelle l'impératif catégorique » [3]. Nous retiendrons donc ici, pour finir, l'enracinement *affectif* de la moralité, de l'impératif moral – ou de l'« intuition intellectuelle » fichtéenne, qui est identique à un tel impératif. La moralité est bien fondée dans un acte de réflexion, mais pour autant qu'en cet acte une activité pure s'appréhende comme *pulsion*, comme motivation à agir d'une manière déterminée.

Spontanée, fondée dans cette réflexion originaire par le moi de l'activité en laquelle il s'apparaît nécessairement à lui-même – fondée dans une image pulsionnelle de l'image de soi du moi (une image d'image), l'éthique fichtéenne est bien impulsive ; à savoir, seule une action authentiquement impulsive a, de son point de vue, la valeur d'être proprement morale.

Jean-Christophe GODDARD
Université de Poitiers
ERRAPHIS – Université de Toulouse

1. Fichte, SW, IV, p. 48.
2. *Ibid.*, p. 49.
3. *Ibid.*, p. 50.

ACTE DE VOLONTÉ, PULSION ET SUBJECTIVITÉ
CHEZ SCHOPENHAUER

Le concept de *Trieb* est étroitement uni à la pensée unique (*einziger Gedanke*) de Schopenhauer, celle d'un monde conçu comme volonté. Cette volonté (*Wille*) est un *Wille zum Leben*, ou volonté de vivre, c'est-à-dire non seulement une tendance *individuelle* à l'auto-conservation mais bien une instance *cosmologique*, une tendance (*Streben*), poussée (*Drang*), pulsion (*Trieb*) universelle vers la vie comme aboutissement de l'élan vital, éclosion à la lumière de la connaissance d'un fond obscur : une volonté de vivre [1].

Or le *Trieb* remplit une fonction clairement délimitée dans le problème métaphysique de l'articulation de l'un et du multiple. Par ailleurs, le recours au *Trieb* joue un rôle décisif dans l'élucidation d'une question omniprésente chez Schopenhauer : *qu'est-ce qu'un acte de volonté (Willensakt)* ? Pour l'instant, le rapport entre la question de l'articulation de l'un et du multiple et celle de la nature de l'acte de volonté n'est pas évident, pas plus que le rôle joué par le *Trieb* dans cet entrelacs de concepts. Il convient tout d'abord d'en clarifier le sens.

La volonté chez Schopenhauer est un principe dynamique, actif. On pourrait même dire qu'elle « crée », si ce mot n'était entaché de connotations trop théologiques. Cette activité, cette efficience, fait

---

1. Sur la connaissance humaine comme « but » de l'objectivation de la volonté, voir MVR, § 27, p. 200 *sq.*, et notre étude *Le Monde comme volonté et comme représentation (livres I et II)*, Paris, Ellipses, 2002, p. 88 *sq.*

d'elle une *natura naturans*[1]. Son acte total produit le monde : à la toute fin des Suppléments, il est question de l'acte de volonté (*Willensakt*) d'où naît le monde (*aus welchem die Welt entspringt*)[2]. Or cet acte d'où résulte le monde est un acte de manifestation, ce que Schopenhauer nomme l'«objectivation» (*Objektivation*) de la volonté. Ici ressurgit la question de l'articulation de l'un et du multiple. En effet, l'objectivation de la volonté (son actualisation) n'a pas seulement pour résultat une poussière indéfinie de singularités, et spécialement d'individus. S'il y avait d'une part l'unité de la volonté et de l'autre la multiplicité indéfinie des singularités, le monde constituerait un simple chaos de différences. Schopenhauer refuse l'idée que le monde puisse être dit tel. Cette décision philosophique, qui retentit sur toute sa philosophie, fait de Schopenhauer l'héritier des conceptions qui voient dans l'univers une hiérarchie de formes susceptibles d'être ordonnées. Schopenhauer synthétise les recherches des naturalistes français, celles de la théosophie boehmienne et la spéculation schellingienne. Ainsi l'objectivation de la volonté admet-elle des degrés (*Stufe*), l'acte unique de la volonté d'où résulte le monde se diffractant en différents actes de volonté qu'on peut et qu'on doit distinguer comme une hiérarchie de degrés d'objectivation.

Ces degrés d'objectivation, Schopenhauer les nomme encore, empruntant le terme à Platon, mais aussi à Schelling, des *Idées*. L'Idée constitue un degré déterminé de l'objectivation de la volonté (ou objectité), et puisque l'objectivation est un acte de la volonté, l'Idée

---

1. Cf. *Le Monde comme volonté et comme représentation*, trad. fr. Burdeau et R. Roos, Paris, PUF, 1966, p. 1044. Schopenhauer emprunte ici naturellement à Spinoza, mais sans doute plus directement à Schelling. *Cf.* le § 6 de l'*Introduction à l'esquisse d'un système de philosophie de la nature* (trad. fr. F. Fischbach et E. Renault, Paris, le Livre de Poche, 2001, p. 89) : « la *nature* comme simple *produit* (*natura naturata*), nous l'appelons la nature en tant qu'*objet* (c'est à elle seule que se rapporte toute empirie). La *nature comme productivité* (*natura naturans*), nous l'appelons la *nature en tant que sujet* (c'est à elle seule que se rapporte toute théorie) ».

2. *Le Monde comme volonté et comme représentation* (désormais cité MVR), p. 1421 ; *Die Welt als Wille und Vorstellung*, Band I/II (désormais cité WWV1/WWV2), dans *Arthur Schopenhauer, Sämtliche Werke*, hrsg. von W. Frhr. von Löhneysen, Frankfurt am Main, Suhrkamp, 1995. Il convient donc de traduire *Willensakt* par «acte de la volonté» et non pas par «volition», car ce dernier terme est trop enraciné dans la psychologie, alors qu'il est justement question d'une volonté dont l'acte n'est pas simplement une modalité psychologique et individuelle.

est un acte de la volonté objectivé selon un certain degré[1]. En tant qu'objectivation, elle se présente dans l'intuition, l'esthétique de Schopenhauer se fondant précisément sur la contemplation des Idées. Ces dernières, à travers des constantes formelles, se manifestent comme présence du type, de l'universel, dans l'individuel. L'Idée de tel animal est son archétype. Ce sont ces caractéristiques morphologiques immuables[2] que repèrent et classent les naturalistes sous le nom d'espèces. Dans ce cas, l'acte de volonté se distingue par la formation d'un type auquel tous les individus singuliers de la même espèce doivent nécessairement correspondre. L'unité de l'Idée se différencie donc tout à la fois de l'unité métaphysique ultime qui est celle de la volonté comme nature naturante et de l'unité spatio-temporelle qui est celle de l'individu[3].

Mais l'unité de l'acte déterminé de la volonté qu'est l'Idée n'est pas simplement pensable comme type spécifique. En effet, les Idées se répartissent en trois grandes catégories, forces, espèces, caractère intelligible[4], qui correspondent aux trois strates de la nature : la nature inorganique, la nature organique, la nature humaine. À chaque fois, l'unité de l'acte de volonté déterminé trouve à se manifester à travers une unité phénoménale qui se donne soit comme identité de formes soit comme unité d'action. Ainsi, au niveau le plus bas de la hiérarchie des degrés d'objectivation, les Idées des forces inorganiques s'objectivent comme des constantes phénoménales que formalisent les sciences de la nature. Quand on en vient à l'homme, l'unité de l'acte de volonté dans l'Idée que représente le caractère intelligible se manifeste comme unité de comportement, ou caractère empirique. Si je possède un style propre de comportement, c'est parce que son unité est

1. Toute Idée est ainsi une « objectité immédiate de la volonté à un degré [...] déterminé » (MVR, 189); « *unmittelbar Objektität des Willens auf einer bestimmten [...] Stufe* » (WWV1, S. 212).

2. Schopenhauer était en effet un farouche partisan de la fixité des espèces.

3. Sur l'unité de la volonté, étrangère au principe d'individuation phénoménal, *cf.* MVR, § 23.

4. Nous simplifions délibérément la présentation. Il faudrait naturellement montrer plus en détail comment Schopenhauer s'approprie la doctrine kantienne du caractère intelligible, *via* une lecture précise des *Recherches sur l'essence de la liberté humaine*, où Schelling associe liberté et acte de volonté extratemporel (voir *Œuvres métaphysiques*, trad. fr. J.-F. Courtine et E. Martineau, Paris, Gallimard, 1980, p. 167 *sq.*).

l'expression d'une unité métaphysique, celle de l'acte de volonté déterminé, Idée de mon caractère.

La référence au *Trieb* apparaît ici nécessaire pour résoudre une difficulté fondamentale de la doctrine. Notre être est en celui d'un acte de volonté unique. Sommes-nous cependant aptes à le saisir ? En effet, comme le dit Schopenhauer, la nature souvent parle un langage trop simple pour que nous puissions le comprendre [1]. L'homme ne semble pas doué pour la simplicité. Schopenhauer ici suggère que l'obstacle fondamental à une juste conception du monde ne serait pas, contrairement à l'idée commune, notre incapacité à comprendre son immense complexité, mais plutôt notre inaptitude à envisager sa simplicité.

Mais la simplicité recherchée n'est-elle pas celle de la révélation de la volonté dans la sphère du sentiment de soi ? Certes, la volonté se donne dans la conscience de soi, identifiée au point de vue subjectif [2], et pour saisir sa volonté, il n'est pas besoin de chercher ailleurs qu'en soi-même. Mais cela ne signifie pas que l'introspection suffise à nous révéler ce qu'est vraiment la volonté et l'acte de volonté simple que nous sommes. Schopenhauer a bien conscience qu'un travail interprétatif est nécessaire pour dégager la volonté dans la pureté et l'unité de son acte originel, qui est toujours déjà voilé par l'intellect. Il ne s'agit pas seulement d'un travail de décapage de la conscience de soi [3], puisque Schopenhauer répète à de nombreuses reprises que la méthode de la métaphysique consiste à *combiner l'expérience interne et l'expérience externe*, ce qui signifie bien que l'élaboration du

---

1. « On ne comprend pas le langage de la nature (*die Sprache der Natur*) parce qu'il est trop simple (*einfach*) », *De la Volonté dans la nature*, trad. fr. E. Sans, Paris, PUF, 1986, p. 114.

2. Dans les Suppléments, Schopenhauer loue Descartes pour avoir trouvé, avec son Cogito, « le seul point d'appui de toute philosophie », à savoir « le subjectif, la conscience propre » (*Das Subjektive, das eigene Bewußtsein*) ; *cf.* MVR, p. 672 (WWV2, S. 12).

3. La doctrine de Schopenhauer est bien loin de s'épuiser dans une simple introspection, dans l'exploration d'une intériorité close sur elle-même. C'est l'interprétation de M. Henry qui valorise de façon considérable la dimension affective dans la métaphysique de Schopenhauer en en faisant un précurseur de sa doctrine de l'auto-affection (voir sa *Généalogie de la psychanalyse*, Paris, PUF, 1985). Notre intention ici n'est pas, précisons-le, de prendre le contrepied de l'analyse henryenne. L'élément affectif est très important chez Schopenhauer. Mais il est excessif, croyons-nous, de lui faire porter, à lui seul, tout le poids de la métaphysique schopenhaueriennne.

principe métaphysique ne peut s'effectuer sur la seule base de la conscience de soi spontanée [1].

La conscience de soi nous donne une volonté étroitement unie à l'intellect. Et comment cette union pourrait-elle ne pas être intime, puisque la fonction primitive de l'intellect, c'est d'abord la formation de la conscience ? L'intellect est précisément le guide qui permet à la volonté d'être en prise avec le monde, de réagir à ses sollicitations. La volonté intelligente (c'est-à-dire consciente) est dans une relation perpétuelle avec son milieu, qui la pousse à agir en fonction de motifs (représentations) [2].

Ce faisant, la volonté qu'éclaire la conscience (c'est-à-dire l'intelligence) est sans cesse mise en mouvement selon des directions multiples, poussée qu'elle est à agir en fonction de motifs, selon des représentations, et dans des circonstances données. C'est pourquoi Schopenhauer n'hésite pas à écrire que la volonté sait toujours ce qu'elle veut dans telles ou telles circonstances, mais jamais ce qu'elle veut tout court, ce qu'elle veut tout simplement. C'est la conclusion du livre II : « la volonté sait toujours, quand la connaissance l'éclaire, ce qu'elle veut ici et maintenant (*was er jetzt, was es hier will*) ; ce qu'elle veut en général (*überhaupt*), elle ne le sait jamais » [3].

Par ailleurs, l'acte de volonté unique que nous sommes doit être rigoureusement distingué de la multiplicité des affects et des actes de volonté particuliers. Le seul point de vue de l'affectivité est donc inapte à nous délivrer quelque enseignement sur ce que peut bien être l'unité recherchée, dans la mesure où il est pris dans la pluralité de ses modes [4]. Dans un texte qui apparaît à cet égard fondamental,

---

1. *Cf.* les déclarations de Schopenhauer, tout à fait explicites à cet égard (MVR, p. 877), faisant référence à la *Volonté dans la nature, op. cit.*, p. 146.

2. Sur les rapports de l'intellect, la connaissance et la motivation, *cf.* par exemple le chap. III du mémoire *Sur la Liberté de la volonté*, dans *Les Deux Problèmes fondamentaux de l'éthique*, trad. fr. Ch. Jaedicke, Paris, Alive, 1998, p. 22 *sq.*

3. MVR, p. 216 (WWVI, S. 241). Nous retraduisons.

4. Dans un texte du Supplément 19, Schopenhauer oppose radicalement l'unité de l'acte de volonté tel qu'il se présente dans l'action effective, manifeste, et la pluralité des modes de la volonté dans la conscience de soi : « car non seulement le vouloir et la résolution au sens le plus étroit du terme, mais aussi toute tendance, tout désir, toute répulsion, toute espérance, toute crainte, tout amour, toute haine, bref tout ce qui constitue immédiatement le véritable bonheur ou souffrance, le plaisir ou déplaisir, tout cela n'est manifestement qu'affection de la volonté, sentiment, modification du vouloir et du ne-pas-

Schopenhauer parle de l'acte de la volonté, qu'il oppose au fourmil-
lement des affects, comme d'une « concentration de la subjectivité »[1]
(*Konzentration der Subjektivität*) :

> dès que la conscience du soi propre (*Bewußtsein des eigenen Selbst*),
> c'est-à-dire la subjectivité […] reprend le dessus, se produit un degré
> correspondant de malaise (*Unbehagen*) et d'inquiétude (*Unruhe*); de
> malaise, dans la mesure où la corporéité (*Leiblichkeit*) […] redevient
> sensible; d'inquiétude, dans la mesure où la volonté […] remplit de
> nouveau la conscience par des souhaitss (*Wünsche*), des affects, des
> passions, des soucis. […] La plus grande concentration de la subjecti-
> vité se produit dans l'acte de volonté proprement dit, qui nous donne par
> conséquent la conscience la plus nette de notre moi. Toutes les autres
> excitations (*Erregungen*) de la volonté ne sont que des préparations à
> l'acte : l'acte même est à la subjectivité ce que le jaillissement de
> l'étincelle est à l'appareil électrique[2].

Or, l'acte de volonté, qui « concentre » la subjectivité, apparaît
chez Schopenhauer étroitement solidaire de l'acte phénoménal, de
l'exécution d'une action. Le livre II va dans le même sens en affirmant
que « tout acte véritable, authentique et immédiat de la volonté est
aussi sur le champ et immédiatement un acte phénoménal du corps »[3].
Mais ce pas en avant nous fait retomber peu après dans l'aporie,
puisque Schopenhauer précise que, du point de vue de la conscience
de soi, « je ne connais pas ma volonté dans sa totalité; je ne la connais
pas dans son unité (*Einheit*) […] elle ne m'apparaît que dans ses actes
singuliers »[4]. Le mode de donation de la volonté propre ne nous
permet pas spontanément de saisir ce que peut être cette unité de l'acte
de volonté. En forçant le trait, on peut même dire que l'expérience de
la volonté, qualifiée d'immédiate, dans son immédiateté même, nous
empêche de nous penser tels que nous sommes : un acte de volonté

---

vouloir, c'est-à-dire ce qui se présente comme un acte de volonté véritable lorsqu'il agit à
l'extérieur » (WWV2, S. 260; MVR, p. 898, trad. mod.).

1. Dans ce passage, la subjectivité est définie comme la « conscience du soi propre »
(*Bewußtsein des eigenen Selbst*).

2. WWV2, S. 475; MVR, p. 1095.

3. MVR, p. 142 (trad. mod.); WWV1, S. 158. Voir aussi les déclarations fort
importantes du Supplément 4 (MVR, p. 710).

4. MVR, p. 143 (trad. mod.); WWV1, S. 160.

unique. Le recours à l'analyse du *Trieb* peut cependant contribuer à dénouer cette difficulté.

Le mot *Trieb* est employé assez rarement dans les quatre premiers Livres du monde. Quand Schopenhauer parle de *Trieb*, il s'agit, la plupart du temps, de l'*instinct* animal, sous ses variantes de *Kunsttrieb* (instinct ouvrier) et de *Geschlechtstrieb* (instinct sexuel). Il faut noter que le *Trieb* chez Schopenhauer n'est donc pas exclusivement thématisé du point de vue subjectif : son analyse relève tout autant des sciences naturelles, de l'observation du règne animal. En effet, on l'a vu, le point de vue simplement subjectif n'est pas suffisant en métaphysique, ce qui rend nécessaire l'analyse des données objectives. Cet axiome méthodologique est encore renforcé par une affirmation fondamentale : que tout acte de la volonté est subjectivement une décision, et objectivement une action du corps. Dans certains textes, Schopenhauer va même jusqu'à dire que c'est l'exécution seule qui est la mesure de l'acte de la volonté. La philosophie de Schopenhauer est bien loin de pouvoir se contenter du seul point de vue subjectif[1]. C'est donc le détour par l'analyse de l'instinct qui va nous permettre de comprendre ce qu'est vraiment un acte de volonté, et en quoi nous pouvons dire que nous sommes un acte de volonté unique.

L'observation de l'instinct animal nous apprend en effet à dissocier de la volonté l'intellect qui lui est spontanément associé. On se figure que la volonté serait une faculté de choisir selon la représentation de motifs. Or l'apparition[2] de l'instinct sous la forme du *Kunsttrieb*, de l'instinct ouvrier animal, a pour fonction, dans l'économie du texte de Schopenhauer, d'acclimater l'idée, encore étrange

---

1. Encore une fois, il ne s'agit pas ici de nier l'importance décisive du point de vue subjectif, celui de la conscience de soi. L'acte de volonté n'est pas réduit à l'action du corps. En tant qu'il est saisi dans la conscience de soi, il demeure le point de départ indispensable de la métaphysique. Mais, à partir de lui, c'est toute la dimension cosmologique de la pensée de Schopenhauer qui reste à construire. *Cf.* MVR, p. 893 (trad. mod.); WWV2, S. 255 : «la perception (*Wahrnehmung*), dans laquelle nous connaissons les mouvements (*Regungen*) et les actes de notre volonté propre est de beaucoup plus immédiate que toute autre : elle est le point où la chose en soi entre le plus immédiatement dans le phénomène [...]. Toutes les fois que des profondeurs obscures de notre être intime un acte de volonté apparaît dans la conscience connaissante, il se produit un passage immédiat (*unmitelbarer Übergang*) dans le phénomène de la chose en soi résidant hors du temps ».

2. MVR, § 23, p. 157.

pour la conscience commune, que la volonté n'est pas nécessairement guidée par la connaissance : ainsi, l'oiseau construisant son nid n'a aucune représentation des œufs qu'il doit contenir, ni la jeune araignée tout juste éclose de la proie pour laquelle elle tisse une toile. On s'imagine par ailleurs qu'une action particulièrement complexe supposerait un travail tout aussi complexe, nécessitant une succession de délibérations. Or, l'instinct ouvrier des animaux nous montre qu'à l'évidence des actions compliquées peuvent être accomplies sans que soit nécessaire un tel processus. Ainsi, sommes-nous mis sur la voie d'une plus juste compréhension de la productivité naturelle : le mode de production des organismes ne doit pas être compris sur le modèle de ce qui serait nécessaire pour que notre volonté (liée à l'intelligence) le produise, c'est-à-dire une succession de délibérations. La considération de l'instinct ouvrier sert en quelque sorte d'antidote à l'étonnement qui nous saisit à la vue de la merveilleuse finalité interne des organismes. Nous les envisageons, à tort, non pas du point de vue de la volonté elle-même, mais selon notre point de vue étroitement intellectualiste : « c'est seulement l'intellect qui, saisissant comme objet, au moyen de ses formes propres, espace, temps et causalité, l'acte de volonté en soi métaphysique et indivisible manifesté par le phénomène d'un organisme animal, crée la multiplicité et la diversité des parties et des fonctions pour s'étonner ensuite du concours régulier et de la concordance parfaite qui résulte de leur unité primitive » [1]. L'organisme est un acte unique, indivisible, dont l'unité reste rebelle à l'intelligence. En effet, cette dernière nous conduit à croire que l'acte de volonté serait aussi complexe que les opérations intellectuelles nécessaires pour concevoir – intellectuellement – la production de cet organisme. Or l'instinct ouvrier, en nous mettant sous les yeux le mode de production instinctif et aveugle des animaux, nous permet de comprendre qu'un acte de volonté n'a pas besoin de notre intelligence pour créer les produits qui nous paraissent les plus complexes.

L'instinct animal nous donne encore des indications décisives sur les rapports de l'intelligence avec la volonté. En effet, dans le *Kunsttrieb*, comme le dit le § 23, l'activité de la volonté est une activité aveugle (*ein blinder Tätigkeit*), certes accompagnée de connais-

---

1. MVR, p. 1053 (trad. mod.) ; WWV2, S. 425.

sance (*von Erkenntnis begleitet*), mais non pas dirigée (*geleitet*) par elle[1]. Le début du Supplément 27 est plus précis, qui montre que l'instinct ouvrier n'est pas totalement dépourvu de connaissance : preuve en est que les animaux possèdent la capacité de percevoir les circonstances favorables qui motivent l'exécution de l'action instinctive[2]. Cette connaissance, encore très pauvre, qui détermine le motif de l'action, ne fait qu'accompagner (*begleiten*) l'instinct. On ne peut pas dire qu'elle le dirige. Il s'agit d'une simple cause occasionnelle qui se borne à mettre en route un processus déjà intégralement monté. C'est seulement, pour reprendre une terminologie bergsonienne, une causalité par déclenchement. D'où cet énoncé de Schopenhauer : « le motif n'agit que sous la condition préalable d'une pulsion interne (*eines innern Triebes*) c'est-à-dire d'une constitution déterminée de la volonté que l'on nomme caractère »[3].

Il en va tout de même pour nous autres hommes. Dans les actions humaines nous nous figurons que l'intelligence, qui rend compte de la motivation, serait la faculté directrice. Nous croyons que nous agissons parce que nous avons telle ou telle représentation de ce qui nous apparaît désirable. Il s'agit d'une conception entièrement erronée : nous agissons d'abord parce que nous y sommes poussés par une pulsion. Le chapitre 28 des Suppléments est tout à fait clair : l'analyse de l'instinct animal nous révèle que « ces êtres ne se présentent pas comme tirés en avant [s. e. : par la représentation de fins], mais comme poussés par l'arrière (*von hinten getrieben*) »[4]. D'où la fin du Supplément, assez saisissante :

> le tout, et chaque chose singulière, porte la marque d'un état contraint, et chacun est paresseux au fond de son cœur et aspire au repos, mais il doit avancer, semblable à sa planète (la Terre), qui ne tombe pas sur le soleil parce qu'une force qui la pousse à aller en avant (*vorwärtstreibende Kraft*) ne lui permet pas de le faire[5].

Ici, où il est question d'un « *Treiben der Welt* », la pulsion prend une dimension explicitement cosmologique et physique. Le *Trieb*, qui

---

1. MVR, § 23, p. 157 ; WWV1, S. 176.
2. *Cf.* MVR, p. 1068.
3. *Ibid.*
4. MVR, p. 1087 (trad. mod.) ; WWV2, S. 456.
5. *Ibid.*

me pousse en avant, est de même nature que la force qui meut la Terre. Notre propre existence se trouve ici radicalement réduite à l'alternative suivante : soit nous coïncidons avec la pulsion qui nous porte, soit nous y sommes reconduits de force. D'où la description remarquable qui ferme ce chapitre, où Schopenhauer évoque l'agitation comique, grotesque de celui qui entend y résister : il se démène comme il peut, comme un personnage comique que l'on pousse de force vers la sortie [1].

Cet acte de volonté unique, qui fait notre caractère, cette pulsion, nous allons bientôt pouvoir lui donner son nom : volonté de vivre. Un détour par l'analyse de l'instinct sexuel (*Geschlechtstrieb*) s'avère cependant nécessaire pour la distinguer d'un simple instinct de conservation individuel. En effet, l'observation de l'instinct animal révèle de façon décisive que les animaux n'existent et ne travaillent qu'en vue d'une fin dont il n'ont aucune représentation, la perpétuation de l'espèce. Le meilleur commentaire de la signification ultime du concept de volonté de vivre (*Wille zum Leben*) serait ainsi le titre du Supplément 42, « Vie de l'espèce » (*Leben der Gattung*) : la volonté de vivre est la volonté de la vie de l'espèce. D'où la place accordée par Schopenhauer à l'instinct sexuel :

> tous ces faits s'accordent avec l'idée que l'instinct sexuel est le cœur de la volonté de vivre, et donc la concentration [*Konzentration*] de tout vouloir. […] on peut même dire que l'homme est un instinct sexuel qui s'est concrétisé, puisqu'il est né d'un acte de copulation et que le souhait de ses souhaits est un acte de copulation, et que c'est ce *Trieb* seul qui rassemble et perpétue tout son phénomène. La volonté de vivre se manifeste bien comme tendance (*Streben*) à la conservation de l'individu, pourtant ce n'est que l'étape vers la tendance à la conservation de l'espèce, tendance qui doit être d'autant plus véhémente que la vie de l'espèce surpasse celle de l'individu en durée, en étendue et en valeur. Par conséquent, l'instinct sexuel est la manifestation la plus parfaite de la volonté de vivre, son type (*Typus*) exprimé le plus clairement [2].

Freud, on le sait [3], a explicitement reconnu dans Schopenhauer une sorte de précurseur, et dans la volonté de vivre un ancêtre de la pulsion.

---

1. MVR, p. 1087 (trad. mod.) ; WWV2, S. 456.

2. MVR, p. 1265 (trad. mod.) ; WWV2, SS. 656-657.

3. Pour les rapports entre Freud et Schopenhauer, voir la mise au point faite par P.-L. Assoun dans *Freud, la Philosophie et les Philosophes*, Paris, PUF, 1976.

Or, il est un point sur lequel les deux penseurs ne peuvent que s'opposer : la nature plastique de la pulsion. Chez Freud, la multiplicité des pulsions est, au stade prépubère, encore autonome par rapport à tout but sexuel. D'où la perversité polymorphique de l'enfant, qui ne constitue précisément pas encore une perversité sexuelle. La possibilité du découplage de la pulsion et du but sexuel rend compte du caractère plastique de la pulsion et de ses aberrations possibles. Pour Schopenhauer, au contraire, la visée reproductive oriente puissamment toute l'analyse : la pulsion sexuelle est le noyau de la vie pulsionnelle et la sexualité son *telos* inévitable. À cet égard, il est assez intéressant de voir comment Schopenhauer traite des aberrations de la pulsion sexuelle, en particulier de l'homosexualité, dont on oublie parfois qu'il lui a consacré l'appendice de son supplément fameux, « Métaphysique de l'amour sexuel » (*Metaphysik der Geschlechtsliebe*)[1]. Son analyse peut paraître un peu curieuse, mais elle est en tout cas symptomatique de la volonté de tenir un discours téléologique sur la pulsion.

Dans le passage cité précédemment[2], Schopenhauer soutenait que, contrairement aux simples excitations diverses de la volonté (sous formes d'affects divers), seul l'acte de la volonté pouvait être dit « concentration de la subjectivité ». Ces déclarations doivent maintenant être mises en regard de l'affirmation, répétée à plusieurs reprises dans le Supplément, que l'instinct sexuel serait la « concentration de la volonté de vivre »[3]. Puisque l'essence de la subjectivité est reconductible à la volonté de vivre, l'acte de la volonté concentrant la subjectivité doit trouver son expression essentielle dans les manifestations de l'instinct sexuel. Ainsi, la manifestation de l'instinct sexuel, comme acte de volonté propre à mettre en évidence l'unité de l'acte de volonté que nous sommes, est comme le point nodal de cette concentration de la subjectivité. Pour la subjectivité, que caractérise la conscience de soi, ce phénomène de concentration se traduit pas une totale saturation de la conscience par la pulsion. Il prend alors la figure de l'obnubilation, c'est-à-dire de l'enfoncement de la subjectivité dans le mouvement aveugle de la pulsion. Ainsi l'individualité est-elle

1. MVR, p. 122.
2. WWV2, S. 475 ; MVR, p. 1095.
3. MVR, p. 1262.

en quelque sorte mobilisée tout entière avec toutes ses facultés en vue de la réalisation d'un but dont elle n'a cependant pas conscience[1]. Elle est rassemblée et projetée violemment, et c'est justement là l'effet de la poussée qu'est le *Trieb*.

Par elle se manifeste la volonté de vivre, où le « vivre » désigne fondamentalement la vie de l'espèce, la volonté de vivre étant donc un *Geschlechtstrieb*, et non pas simplement un instinct de conservation de l'individu. D'où la propension des animaux au sacrifice individuel pour la protection de la progéniture[2]. On peut faire un lien entre le sacrifice de la vie individuelle commandé par l'instinct et l'idée d'une totalisation de cette vie : dans tout acte de sacrifice, et c'est ce qui fait sa grandeur, il y a comme le résumé d'une existence. L'idée d'une totalisation de l'existence par un acte unique s'appliquerait ainsi à certaines conduites instinctives animales. On constatera au passage que la totalisation de l'existence qui s'accomplit par le sacrifice de l'individualité se situe diamétralement à l'opposé d'une idée qu'on pourrait trouver chez Bergson, pour qui une telle totalisation s'accomplirait comme un acte libre, exprimant notre moi profond dans son originalité, par un acte créateur de nouveauté. D'un côté la totalisation de l'existence prend la forme d'un acte libre et personnel, de l'autre il s'agit d'un acte de sacrifice de l'existence individuelle, conséquence d'un afflux pulsionnel qui nous dépasse. Mais un tel acte totalisant n'est-il pas justement ce que Schopenhauer visait quand il parlait d'une « concentration de la subjectivité » manifestant la puissance rassemblante de la volonté de vivre ? On aboutirait alors au paradoxe suivant : si l'on peut dire d'un tel acte de la volonté qu'il concentre la subjectivité, ce n'est que dans la mesure où il a la puissance d'en rassembler toutes les forces pour abolir l'individualité[3].

---

1. Ce qu'on appelle communément « amour » n'en est qu'une illustration. *Cf.* la fameuse « Métaphysique de l'amour sexuel » (Supplément 44 du MVR, en particulier la p. 1293).

2. Phénomène analysé dans le Supplément 42 (MVR, p. 1266).

3. Schopenhauer fait aussi le lien entre totalisation de l'existence et abolition de l'individualité à propos de la mort : « la mort est le résultat (*Ergebnis*), le résumé (*Resümee*) de la vie ou le total effectué qui exprime en *une seule* fois tout l'enseignement que la vie donnait en détail et par fragments, à savoir que toutes les aspirations (*das ganze Streben*) dont la vie est le phénomène étaient chose vaine, inutile, contradictoire […]. Ce qu'est toute la lente végétation (*Vegetation*) de la plante par rapport au fruit, qui *d'un*

On touche ici au danger que la pulsion fait courir à la métaphysique de la subjectivité reconstituée par Heidegger. Ce dernier s'emploie à le conjurer chez Nietzsche. Citant le fragment 515 (mars-juin 1888) : « non pas "connaître", mais schématiser – imposer au Chaos autant de régularité et de formes qu'il en faut pour satisfaire à notre besoin pratique » (VIII, 3, 125), Heidegger écrit :

> si la vie *est* ce corporer chaotique (*diese chaotische Leiben*) et cette pulsion elle-même poussée à se dépasser (*umdrängte Sichüberdrängen*), et qu'elle doive *être* l'étant proprement dit, il faut alors que, dans le même temps, il importe non moins originellement au vivant de subsister dans la pulsion et dans son dépassement (*den Drang und Überdrang zu überstehen*) […]. Par conséquent, dans l'essence de la pulsion se dépassant elle-même (*im Wesen des sich überdrängenden Dranges*), il réside quelque chose, conforme à elle, qui pousse (*drängt*) à *ne* succomber *point* à l'afflux pulsionnel (*Andrang*), mais à *tenir* en lui (*in ihm stehen*). […] Mais soutenir l'afflux pulsionnel, voilà qui pousse de façon pressante à la constance et à la consistance (*ein Überstehen des Andranges aber dringt auf Beständigkeit und Bestandhaftes*) [1].

Qu'est-ce donc qui rend compte de ce « tenir-tête » à la pulsion ? Il s'agit du « besoin pratique » qui est tout aussi bien besoin de schèmes, de délimitation. Ainsi aboutit-on à la constitution d'un horizon, de perspectives. Au terme d'une analyse qui passe par Kant et la raison pratique, Heidegger avance l'idée que le besoin pratique est un besoin de raison, capacité non pas de réduire le chaos pulsionnel, de l'annuler, mais d'ouvrir une perspective sur lui.

Malgré les coups de force qui parsèment sa lecture, Heidegger a cependant mis le doigt sur un point crucial de la théorie nietzschéenne : même si Nietzsche critique l'idée classique de la subjectivité, l'idéal de maîtrise reste un élément essentiel. Certes, ce n'est pas l'esprit qui domine le corps, puisque Nietzsche récuse ce genre de dualisme. Dans l'homme maître de soi, l'instance maîtresse s'identifie à l'instinct

---

seul coup produit au centuple ce qu'elle produisait graduellement par fragments, la vie, avec ses obstacles, ses espérances déçues, ses plans déjoués et ses souffrances constantes l'est aussi par rapport à la mort qui d'*un seul* coup détruit tout ce que l'homme a voulu et couronne ainsi l'enseignement que la vie lui donnait » (MVR, p. 1410, trad. mod. ; WWV2, S. 819).

1. Heidegger, *Nietzsche I*, Neske, 1961 (trad. fr. P. Klossowski mod., Paris, Gallimard, 1971, p. 443).

dominateur, qui est tel non parce qu'il a réussi à éradiquer tous les autres, mais parce qu'il les tient sous sa puissance. Plus un homme est fort et plus la pluralité des instincts sera dominée, c'est-à-dire plus s'aiguisera la tension victorieuse par laquelle l'instinct supérieur se subordonne tous les autres. Comme le dit bien Heidegger, le maître « tient tête » à l'afflux pulsionnel qui menace toujours de le désorganiser. De ce point de vue, l'éthique nietzschéenne demeure une éthique de l'effort, sous l'impératif du « Deviens qui tu es ! ».

Les choses sont très différentes[1] chez Schopenhauer. En effet, le *Trieb*, la pulsion, n'est en aucun cas pensée comme liée à un sentiment d'effort, par quoi se dessinerait un môle de résistance à l'afflux pulsionnel. Tout au contraire, la valorisation de l'instinct ou de la pulsion comme manifestation privilégiée de l'acte de la volonté va de pair avec l'idée que l'acte de la volonté se fait toujours sans effort. C'est ce qui ressort d'un certain nombre de textes du Supplément 19, où il est dit que la volonté agit toujours sans effort aucun (*ohne Anstrengung*), que le prétendu effort ne provient pas de la volonté, mais toujours de l'intellect[2]. Plus loin, il est encore précisé que la volonté est une instance infatigable, qui agit toujours sans peine[3]. L'effort apparaît toujours, note le texte, quand nous essayons justement d'opposer notre intellect à la puissance de la volonté. Mais, comme on l'a vu plus haut, c'est toujours peine perdue, car la volonté est toute-puissante[4].

L'acte de volonté qualifié de concentration de la subjectivité est tout spécialement l'activité instinctive, celle du *Trieb*. Or dans cette dernière se manifeste la toute-puissance de la volonté : la pulsion ne voit rien s'opposer à elle. La facilité de la pulsion, l'absence d'effort qui caractérise l'action de la volonté sont à la mesure du caractère

1. Pour une comparaison entre la volonté de vivre et la volonté de puissance, nous renvoyons à notre étude « Volonté de vie et volonté de puissance », dans *La Volonté*, « Skepsis », Paris, Delagrave, 2002, p. 85-96.

2. MVR, p. 904 ; WWV2, S. 266.

3. MVR, p. 909 ; WWV2, S. 272.

4. « L'intellect n'est qu'un esclave (*Sklave*), un serf de la volonté [...] aussi la volonté s'en débarrasse-t-elle facilement, sur un signe d'elle, il se met au repos, tandis que lui-même n'arrive, après des efforts extrêmes (*mit der äußersten Anstrengung*), qu'à dicter à la volonté une trêve (*Pause*) d'un moment pour prendre à son tour la parole » (MVR, p. 911, trad. mod. ; WWV2, S. 274).

impuissant de la subjectivité. Quand la volonté agit, la subjectivité n'a plus qu'à la regarder faire : certains passages du *Monde* dressent ainsi le tableau d'un individu spectateur de ses propres actes [1]. L'homme schopenhauerien, à la différence du maître nietzschéen, n'a aucun empire sur la pulsion. Tout ce qu'il peut faire, c'est se rendre attentif à la toute-puissance de cet acte simple qu'il est, non pour le dominer, mais pour le comprendre, tâche difficile s'il en est, tant notre intelligence y semble naturellement peu préparée [2]. Cette connaissance [3] constitue cependant le prélude indispensable à ce qu'il nous est tout de même possible d'espérer, l'accès à la parfaite *Gelassenheit* [4], à la négation de la volonté de vivre. C'est au terme d'une sorte de conversion que nous pouvons y atteindre. Schopenhauer la qualifie parfois d'« acte de liberté » [5]. Mais cet acte est-il vraiment en notre pouvoir ? La question n'est pas aisée à trancher, et il faudrait de plus longs développements pour cerner les méandres du Livre IV du Monde. À tout le moins doit-on rappeler, à propos d'un tel acte, que la liberté est qualifiée par Schopenhauer de « mystère » [6], et que la négation de la volonté apparaît *in fine* comme l'effet d'une sorte de grâce [7].

Vincent STANEK
Université de Poitiers, ENS Ulm

1. Voir MVR, § 55, p. 370 ; WWV1, S. 401.

2. Voir sur ce point un texte remarquable du Supplément 25 où l'unité métaphysique de la volonté est qualifiée d'« abîme » (*Abgrund*) pour la connaissance intellectuelle (MVR, p. 1045 ; WWV2, S. 417).

3. Schopenhauer répète à de nombreuses reprises que le salut (la négation de la volonté de vivre), ne peut s'obtenir que par l'accès à une certaine connaissance (WWV1, § 60, S. 450).

4. WWV1, § 68, S. 515.

5. « Akt der Freiheit », WWV1, § 69, S. 541 (MVR, p. 499).

6. « La liberté est un mystère », phrase placée en exergue et conclusion du *Mémoire sur la liberté de la volonté*.

7. Sur la question de la grâce, *cf.* notamment le § 70 du MVR. Sur le problème des rapports entre liberté et grâce, *cf.* MVR, p. 506.

LE SENS DE LA NOTION DE PULSION CHEZ NIETZSCHE
« UNE FACILITÉ QUE L'ON SE DONNE » ?

« "Faculté, instincts (*Instinkte*), hérédité, habitude" – celui qui croit expliquer quelque chose avec de tels mots doit être aujourd'hui résigné et de surcroît mal instruit. Mais au début du siècle dernier ces mots se déchaînaient. Galiani expliquait tout par habitudes et instincts (*aus Instinkten*). Hume explique par l'habitude le sens de la causalité; Kant, avec grand calme, dit: "c'est une faculté". Tout le monde fut heureux, particulièrement lorsqu'il découvrit aussi une faculté morale. [...] En Angleterre apparurent les instinctivistes et les intuitionnistes de la morale »[1].

Le corpus nietzschéen est riche en surprises, et la lecture de ce texte qui prononce la condamnation sans appel de la notion d'instinct ne peut que susciter un sentiment de stupéfaction mêlé d'inquiétude:

1. *FP XI*, 34 [82], traduction modifiée – le fragment n'est qu'incomplètement traduit dans l'édition française. Les textes de Nietzsche sont cités d'après la version française de l'édition Colli-Montinari: F. Nietzsche, *Œuvres philosophiques complètes*, Paris, Gallimard, 1968-1997, à l'exception des textes suivants:

Ainsi parlait Zarathoustra, pour lequel nous utiliserons la traduction de G.-A. Goldschmidt, Paris, Librairie Générale Française, 1972.

Le gai savoir, *Par-delà bien et mal*, et les *Éléments pour la généalogie de la morale*, *Crépuscule des idoles*, que nous citerons dans notre propre traduction (respectivement, Paris, GF-Flammarion, 1997; Paris, GF-Flammarion, 2000; Paris, Librairie Générale Française, 2000; Paris, GF-Flammarion, 2005).

Les *Fragments posthumes* sont désignés par l'abréviation *FP*, suivie soit du numéro du tome dans l'édition Gallimard (de IX à XIV) s'il s'agit de volumes constitués exclusivement de posthumes, soit du titre de l'oeuvre qu'ils accompagnent.

comment ne pas être dérouté tout d'abord de voir associer l'abbé
Galiani, dont la finesse et l'esprit sont fréquemment célébrés par
Nietzsche, et Kant, le plus souvent critiqué pour des raisons exactement symétriques? Et quant au fond, la stupéfaction cédera vite
la place à un certain malaise – car expliquer tout par instinct ou
par pulsion, on a bien le sentiment que c'est justement ce que fait
Nietzsche de manière constante! Pour s'en tenir à quelques cas exem-
plaires, on sait que le christianisme – du moins le christianisme insti-
tutionnel, ecclésial, le christianisme que Nietzsche rapporte à Paul, et
non au Christ – se trouve expliqué à partir de l'instinct de vengeance et
de ressentiment [1]; que l'idéalisme philosophique est ramené selon le
même procédé à un instinct de lâcheté [2], la volonté de vérité à une
pulsion de peur, la connaissance à un instinct de nutrition, voire de
prédation [3], ou encore que la pitié se voit par exemple renvoyée à
une pulsion d'appropriation [4] – et l'on multiplierait sans peine les
exemples … Comment dans ces conditions parvenir à accorder cette
pratique presque systématique du recours à la pulsion et la critique
théorique de la notion, moins remarquée d'ordinaire mais bien
présente?

Mais à y regarder de plus près, le texte dont nous sommes parti est
justement de ceux qui font soupçonner que la position nietzschéenne
est bien moins aisée à saisir que ne le laisse supposer une certaine
vision du philosophe, et en particulier que son apparent réductionnisme pulsionnel, c'est-à-dire psychologique [5], pourrait bien ne pas
être le dernier mot de sa réflexion – plus fondamentalement
qu'«expliquer», aussi bien qu'«instinct» ou «pulsion» sont des

1. Analyse qu'expose notamment le premier des trois traités de *La généalogie de la
morale*.

2. Voir par exemple *Ecce Homo*, Avant-propos, § 3.

3. «L'instinct de propriété – prolongement de l'*instinct* de la *nourriture* et de la
chasse. L'instinct de la connaissance aussi n'est qu'un instinct supérieur de propriété»
(*FP* du *Gai savoir*, 11 [47]).

4. Voir par exemple *Le gai savoir*, § 13.

5. La psychologie au sens où l'entend Nietzsche désigne en effet la théorie des
pulsions ou des instincts, termes quasiment synonymes que Nietzsche emploie alternati-
vement selon les contextes. Nous reviendrons plus bas sur les nuances qui distinguent ces
deux termes. Pour une analyse développée de la notion de psychologie et de la théorie des
pulsions, nous renvoyons à notre étude *La pensée du sous-sol. Statut et structure de la
psychologie dans la philosophie de Nietzsche*, Paris, Allia, 1999.

notions qui n'ont pas la signification qui leur est prêtée ordinairement, bref que la réflexion nietzschéenne sur les pulsions traduit l'exigence d'un renouvellement profond des modes de pensée. Dans son étrangeté, ce posthume de 1885 fournit à tout le moins un indice susceptible de s'avérer éclairant : l'association, dans la condamnation, de la notion d'instinct et de la notion de faculté ; Nietzsche critique ici une explication qu'il juge purement verbale – tel est en effet le leitmotiv de sa condamnation de l'usage par Kant de la notion de faculté ou de pouvoir de l'esprit, explication illusoire à laquelle pourrait aussi prêter, à l'en croire, l'utilisation de l'idée d'instinct. Afin de lever le sentiment de contradiction que ne peuvent manquer de susciter les textes mettant en jeu la pulsion ou l'instinct, il est indispensable de s'interroger sur les raisons du recours nietzschéen à ces notions. Les résultats de cette enquête permettront à leur tour d'en déterminer le champ d'application légitime et d'en détecter du même coup les applications impropres.

JUSTIFICATION DU RECOURS AUX NOTIONS D'INSTINCT ET DE PULSION : INSTINCT *VS* RAISON

La notion de pulsion est de fait l'un des philosophèmes les plus présents dans le corpus nietzschéen. Elle apparaît dès les premières lignes que publie le philosophe et ne cessera de jouer un rôle de premier plan dans sa pensée jusqu'aux derniers fragments de 1888. Tout pourrait donc donner le sentiment qu'elle représente quasiment un présupposé inanalysable, et comme la marque caractéristique, en somme, d'un style original mais peu enclin à se justifier. Or, l'examen des contextes dans lesquels elle intervient indique que sa légitimation n'est nullement ignorée, et qu'elle est à la croisée de deux lignes d'investigation parfois mêlées[1] : la découverte de l'insuffisance de l'explication par l'idée, et de l'insuffisance de l'explication par la liberté. Il est fréquent que Nietzsche choisisse de se placer sur le terrain de ses adversaires, qu'il joue en quelque sorte leur jeu pour mettre en évidence avec un relief particulier les décalages ou les

---

1. C'est le cas, comme on le verra ci-dessous, dans le § 110 du *Gai savoir* ou encore dans le § 191 de *Par-delà bien et mal*, deux textes capitaux sur la question de la pulsion.

incohérences de leur manière d'analyser les problèmes. C'est notamment cette tactique qu'il adopte lorsqu'il entend démontrer l'insuffisance de l'explication par l'idée, c'est-à-dire de l'exigence universelle de rendre raison : prendre ainsi les philosophes au mot permet en effet de constater l'apparition d'un reste qui échappe à leur entreprise à chaque fois que ceux-ci tentent d'élucider rationnellement une position ou une doctrine philosophique. En d'autres termes, c'est d'abord la stricte application des requisits de la démarche d'analyse rationnelle qui met en évidence l'insuffisance de cette dernière : car l'analyse en vient toujours à buter sur un fond non-élucidable, dont Nietzsche montre en tout cas qu'il n'a pas été effectivement traité par les philosophes. L'idéal visant à tout justifier, à rendre raison de tout, produit ainsi en toute rigueur le résultat inverse de celui qui est recherché. Il s'agit du reste d'un trait général de la démarche nietzschéenne : l'examen scrupuleux, soupçonneux, conduit à la mise au jour de privilèges, ou de préférences qui non seulement semblent échapper à l'emprise de la rationalité objective, mais en outre se révèlent tout au contraire être les conditions mêmes qui rendent possible le fonctionnement de la pensée rationnelle – par exemple, la préférence pour le vrai et la répugnance à l'égard du faux, ou la préférence pour le stable et la défiance envers le mouvant, problèmes abondamment travaillés dans la première section de *Par-delà bien et mal*. L'autonomie et le caractère principiel du projet théorique sont ainsi remis en cause. De même, la compréhension de la philosophie comme recherche objective et désintéressée du vrai s'avère reposer paradoxalement sur une croyance, et même sur une croyance soutenue par une passion débordante : la croyance fanatique au caractère intrinsèquement préférable du non-trompeur, du non-illusoire. La promotion de la raison repose ainsi sur la passion. La philosophie pourrait s'avérer, dans ces conditions, une entreprise intrinsèquement contradictoire – ce qui, toutefois, ne suffirait pas pour Nietzsche à la condamner, encore moins à l'exclure.

De manière générale, l'essentiel est donc que les sources vraiment déterminantes de toute pensée semblent de nature non-rationnelle et non-consciente. Cette ligne d'enquête traverse toute la réflexion de Nietzsche, bien qu'elle soit mise en jeu de manière différenciée : les textes des années 1886-1888 par exemple (*Par-delà bien et mal* en particulier) se caractérisent par l'élucidation de plus en plus poussée de cette thèse du statut second du concept, de la conscience et de la rationalité, que les premiers textes quant à eux mettaient en jeu de manière plus directe et plus brutale – c'est l'un des points qui indiquent la rigoureuse continuité de l'ensemble de la réflexion nietzschéenne. Les premières lignes de *La naissance de la tragédie* par exemple indiquaient déjà avec fermeté que l'esthétique n'est pas élucidable à partir de la rationalité conceptuelle.

L'activité esthétique est renvoyée à l'autre de la rationalité consciente, que Nietzsche désigne d'emblée, négativement, si l'on veut, en utilisant le terme de « pulsion » : Apollon et Dionysos sont caractérisés comme pulsions naturelles, et c'est de cette vie pulsionnelle – duelle, en l'occurence (élément important que nous retrouverons ultérieurement) – que découle la création artistique, mais plus largement aussi la forme spécifique que prennent à chaque fois les différents types possibles de culture, donc l'importance relative accordée aux divers ordres d'activité humaine. Cette conclusion ne vaut donc pas uniquement pour l'art. Comme on le sait, la suite de *La naissance de la tragédie* étendra l'analyse à l'activité de connaissance elle-même, en étudiant la figure de l'homme théorique, dont Socrate constitue le paradigme.

Or, sous cet angle, la critique du socratisme déjà largement présente dans *La naissance de la tragédie* se voit reprise et explicitée dans *Par-delà bien et mal*. Ce qu'indique en particulier cet ouvrage, de manière positive cette fois, c'est le fait que le succès de Socrate s'explique précisément par le caractère dérivé et superficiel, de la pensée consciente : Socrate inquiète, Socrate trouble, Socrate déstabilise ses adversaires précisément parce qu'il leur demande de rendre raison, d'élucider et de justifier rationnellement une situation ou un comportement qui relève en réalité de l'instinct. Il est éclairant de s'arrêter un instant sur le paragraphe 191 de *Par-delà bien et mal* :

Le vieux problème théologique de la « foi » et du « savoir » – ou, plus clairement, de l'instinct et de la raison – la question de savoir, donc, si eu égard à l'évaluation des choses, l'instinct mérite de recevoir une autorité supérieure à la rationalité, qui veut que l'on sache apprécier et agir en fonction de motifs fondés, en fonction d'un « pourquoi ? », c'est-à-dire en fonction de la convenance et de l'utilité, – c'est encore et toujours ce vieux problème moral, qui apparut pour la première fois dans la personne de Socrate et a déjà divisé les esprits bien avant le christianisme. Socrate quant à lui s'était sans doute d'abord rangé, avec le goût propre à son talent – celui d'un dialecticien hors-pair – du côté de la raison et à vrai dire, qu'a-t-il fait d'autre, sa vie durant, que se moquer de la gauche incompétence de ses Athéniens nobles, qui étaient des hommes d'instinct, comme tous les nobles, et ne parvenaient jamais à fournir des indications suffisantes sur les raisons de leur manière d'agir ?

La difficulté, voire l'ascèse qu'implique l'effort de trouver véritablement des raisons, de rendre raison d'une pensée ou d'une attitude est bien connue dans l'univers philosophique. C'est la difficulté qu'exploite Socrate ; mais à la traditionnelle analyse du procédé socratique, Nietzsche ajoute désormais un appendice. La finesse de Socrate, à qui n'a finalement pas échappé – si l'on en croit cet aphorisme – le ressort fondamental qui assure son succès, débouche ultimement sur une sorte de dialectisation du rapport à soi, que Nietzsche préfère qualifier, en termes psychologiques ou moraux, de « fausseté » ou de « duperie de soi ». Socrate aussi a vu que le rendre-raison ne suffit pas :

> Mais pour finir, en silence et en secret, il se moqua aussi de lui-même : il découvrit en lui, face à sa conscience particulièrement subtile et à la faveur d'un interrogatoire qu'il s'imposa à lui-même, la même difficulté et la même incompétence. À quoi bon, il cherchait à s'en persuader, se défaire pour autant des instincts ! On doit les aider, et la raison *aussi*, à faire valoir leur droit, – on doit suivre les instincts, mais persuader la raison de les assister en fournissant de bons motifs. Voilà ce qui fut la véritable *fausseté* de ce grand ironiste aux mille secrets ; il parvint à faire en sorte que sa conscience se satisfasse d'une espèce de duperie de soi : il avait en fin de compte percé à jour le caractère irrationnel des jugements moraux [1].

Insistons d'emblée du reste sur le fait que Nietzsche n'entend pas congédier purement et simplement la référence à la rationalité. Il existe bien en effet des relations entre pulsions et raison, et le conflit entre ces deux types d'activité, la difficulté même qu'éprouve la rationalité à identifier et contrôler la pulsion constitue précisément un indice capital révélant leurs logiques propres et la fonction que la raison est susceptible d'exercer dans ce contexte.

---

1. *Par-delà bien et mal*, § 191 ; trad. P. Wotling.

Toujours est-il que le cas de Socrate, tel que Nietzsche le met en scène dans *Par-delà bien et mal*, constitue un nouvel exemple de la stratégie à laquelle nous avons fait allusion : à supposer que l'on accepte de se placer sur le terrain de l'explication par l'idée et que l'on admette le bien-fondé universel de cette exigence, cette dernière est-elle alors en mesure d'affronter elle-même ce qu'elle impose ? Comment rendre raison du bien-fondé de l'exigence de rendre raison ? Nietzsche n'est pas amateur de paradoxes logiques et les remarques finales de cet aphorisme ont plutôt pour fonction du suggérer la superficialité et l'inévitable incomplétude du projet de justification par des raisons : la fascination pour le rendre raison, éprouvé comme une nécessité salvatrice, pourrait bien reposer elle-même sur une exigence d'un autre type, non-consciente, non-rationnelle. Et ne serait-ce pas là justement ce que Socrate a fini par découvrir, si l'on en croit du moins la conclusion avancée ici par Nietzsche ? Le fait, donc, que l'exigence d'explication rationnelle n'est peut-être que la partie émergée d'une pulsion – d'un processus puissant et dissimulé que Nietzsche désignera souvent du nom de « pulsion causale »[1]. Cette ligne d'analyse indique donc que la première voie d'accès, la première justification du recours aux notions de pulsion ou d'instinct peut se décrire comme la découverte du primat de l'infra-conscient dans les activités humaines, et tout particulièrement dans l'exercice de la pensée. Dans ce contexte, il est vrai, quand il s'agit de marquer l'insuffisance « épistémologique » du recours à la rationalité consciente, Nietzsche choisit généralement d'user du terme d'instinct.

À cela, il faut ajouter que même si on laisse de côté la difficulté qui vient d'être évoquée pour s'en tenir aux situations où le pari du rendre-raison est mené à son terme, Nietzsche souligne fréquemment la fragilité des raisons avancées par les philosophes, qui contraste étrangement avec la fermeté inébranlable des positions qu'ils s'efforcent ainsi de justifier. En particulier, l'existence d'un décalage temporel entre l'adoption de leurs positions fondamentales, si immédiate qu'elle semble parfois de l'ordre du réflexe ou de l'inspiration mystérieuse, et l'exhibition des arguments censés assurer leur fondation objective, souvent tardive voire hésitante. Ils se présentent tous sans

---

1. Sur l'analyse de la « pulsion causale », on se reportera notamment au *Crépuscule des idoles*, « Les quatre grandes erreurs », § 4 et § 5, « Incursions d'un inactuel », § 34.

exception comme des gens qui auraient découvert et atteint leurs opinions propres en vertu du déploiement autonome d'une dialectique froide, pure, d'un détachement divin (à la différence des mystiques de tout rang, qui sont plus honnêtes qu'eux et plus lourdauds – ceux-ci parlent d'«inspiration»): alors qu'ils défendent au fond, avec des raisons cherchées après coup, un principe posé d'avance, un caprice, une «illumination», la plupart du temps un voeu de leur cœur rendu abstrait et passé au tamis : – ce sont, tous autant qu'ils sont, des avocats qui récusent cette dénomination, et même, pour la plupart, des porte-parole retors de leurs préjugés, qu'ils baptisent «vérités» [1].

La «raison» invoquée prend ainsi souvent l'allure d'un ajout tardif, au point de jouer davantage comme révélation d'une difficulté que comme justification invincible. Et l'on voit que le repérage de cette difficulté renvoie au problèmes des sources : elle laisse même supposer que le caractère ardu de leur identification pourrait tenir à la complexité des facteurs réellement mis en jeu, à leur nombre et à l'enchevêtrement des relations qu'ils entretiennent. Seule est en effet perceptible, c'est-à-dire susceptible d'être identifiée par la pensée consciente, la phase finale d'un processus souterrain d'une richesse extrême, héritier d'une histoire longue et tourmentée :

> Le cours des pensées et des conclusions logiques dans notre cerveau actuel correspond à un processus et à une lutte de pulsions qui en soi et à titre individuel sont toutes très illogiques et injustes; nous ne prenons habituellement connaissance que du résultat de la lutte : tant le fonctionnement de cet antique mécanisme est aujourd'hui rapide et caché [2].

À l'inévitable incomplétude d'une tentative de saisie par la raison s'ajoute enfin une inférence très problématique qui pousse à attribuer par extrapolation aux sources du processus les caractères de la partie intellectuellement perceptible de son résultat : la nature logique, harmonieuse et bien réglée de la pensée ne pourrait s'expliquer autrement que par son enracinement dans une origine de même nature. Le mode d'élucidation classique que privilégie la tradition philosophique ignore donc par principe l'hypothèse que la netteté d'une pensée ou d'un jugement puisse constituer en fait une sorte d'armistice mettant

1. *Par-delà bien et mal*, § 5.
2. *Le gai savoir*, § 111.

fin pour un temps à une situation de rivalité effrénée et de concurrence chaotique. C'est donc toujours le même type de déficience que relève Nietzsche lorsqu'il analyse la manière dont procède habituellement la philosophie : un type unique d'explication est ressenti comme satisfaisant et se voit systématiquement privilégié au détriment d'autres possibilités d'élucidation, ignorées sans justification. Dans cette perspective, l'analyse spinoziste du comprendre représente pour Nietzsche un cas d'école. Comprendre – l'objectif spécifique de la réflexion philosophique –, ce n'est ni railler, ni pleurer, ni détester, répète l'auteur de l'*Éthique*. Mais est-il sûr que cette opposition tranchée soit si légitime, qu'elle prenne en compte l'ensemble de l'événement ?

> [...] qu'est-ce en dernière instance que cet *intelligere* sinon la forme sous laquelle ces trois processus justement nous deviennent soudain perceptibles ? Un résultat produit par les trois pulsions différentes et en opposition mutuelle que sont la volonté de se moquer, de déplorer et de maudire ? Avant qu'un connaître soit possible, il faut que chacune de ces pulsions ait d'abord exprimé son point de vue partial sur la chose ou sur l'événement ; ensuite est apparue la lutte de ces partialités, et à partir de celle-ci, parfois, un moyen terme, un apaisement, un assentiment concédé à l'ensemble des trois parties, une espèce de justice et de contrat : car, grâce à la justice et au contrat, toutes ces pulsions peuvent s'affirmer dans l'existence et s'imposer mutuellement leur point de vue. Nous, qui ne prenons conscience que des scènes ultimes de réconciliation et de la liquidation finale de ce long processus, nous pensons pour cette raison qu'*intelligere* est quelque chose qui réconcilie, quelque chose de juste, de bon, quelque chose d'essentiellement opposé aux pulsions ; alors que c'est seulement un *certain rapport mutuel des pulsions*. Durant des périodes extrêmement longues, on a considéré la pensée consciente comme la pensée en général : ce n'est qu'aujourd'hui que nous voyons poindre la vérité, à savoir que la plus grande partie de notre activité intellectuelle se déroule sans que nous en soyons conscients, sans que nous la percevions ; mais je suis d'avis que ces pulsions, qui sont ici en lutte mutuelle, sauront parfaitement à cette occasion se rendre perceptibles et se faire mal *les unes aux autres* [1].

Le caractère quasi-imperceptible de la plupart des manifestations pulsionnelles, que Nietzsche souligne sans relâche, explique certes

---

1. *Le gai savoir*, § 333 ; trad. P. Wotling.

pour une part la cécité des philosophes[1] et la facilité avec laquelle ils succombent constamment à des confusions, voyant de l'unité là où joue du multiple, affirmant l'autonomie et l'irréductibilité d'une activité (connaissance, logique, etc.) là où collaborent en fait des tendances très diverses[2]; mais ce qui déclenche systématiquement la résistance des philosophes, et les rend aveugles à la présence d'activités pulsionnelles, c'est bien davantage l'idée que de l'origine au résultat puisse se produire une interversion de la nature de l'activité considérée, et en particulier de sa qualité morale. La référence aux «raisons» joue toujours de manière à garantir au contraire une identité. Et ce sera bien l'une des conséquences les plus spectaculaires de la théorie des pulsions que de montrer comment une chose peut naître de son contraire, en mettant en évidence la solidarité des processus ordinairement considérés comme opposés et donc incompatibles[3].

Loin de pouvoir trouver une solution satisfaisante dans une raison dont l'exhibition serait exigible, l'activité intellectuelle repose vraisemblablement toujours sur un faisceau d'activités infra-conscientes dont la nomenclature précise nous demeure inaccessible pour l'essentiel, ne pouvant être identifiée de manière directe. Le catalogue des instincts ne demeure cependant pas un entier mystère. La différenciation des pratiques intellectuelles permet en effet par comparaison de repérer certaines orientations spécifiques qui guident à chaque fois la manière particulière dont sont mises en œuvre les ressources de notre pensée consciente. Et c'est ainsi que Nietzsche évoque régulièrement les groupements pulsionnels, voire même les dosages relatifs au sein de ces groupements, qui spécifient l'activité de l'esprit en un

---

1. Cette cécité, avec les distorsions de conclusion qu'elle entraîne, est soulignée par exemple dans le § 53 du *Gai savoir*: «Là où la faible faculté visuelle de l'oeil ne permet plus de voir la pulsion mauvaise en raison de sa finesse, l'homme établit l'empire du bien [...]». La suite du paragraphe examine la manière dont les pulsions parviennent à exploiter ce type d'erreur d'interprétation.

2. Nietzsche met en garde très tôt contre ce risque de confusion. Sur les instincts pris à tort pour une aspiration au vrai, voir par exemple *FP* des *Considérations inactuelles I-II*, 29 [15].

3. Telle est la fonction de la théorie de la spiritualisation, qui représente l'aboutissement de la pensée nietzschéenne des pulsions: voir par exemple *Humain, trop humain* I, § 1 ou *Par-delà bien et mal*, § 23. Sur cette question, nous renvoyons à l'analyse que nous avons proposée dans *La pensée du sous-sol. Statut et structure de la psychologie dans la philosophie de Nietzsche*, *op. cit.*, p. 96 *sq.*

sens original. Lorsque le troisième traité de *La généalogie de la morale* s'efforce de détecter les exigences spécifiques de la réflexion philosophique par opposition à la logique des idéaux ascétiques, c'est bien par énumération des nombreuses pulsions impliquées (sans prétention à l'exhaustivité) qu'il procède :

> Qu'on détaille la liste des pulsions et des vertus particulières du philosophe – sa pulsion de doute, sa pulsion de négation, sa pulsion d'expectative (« éphectique »), sa pulsion analytique, sa pulsion de recherche, d'enquête, de risque, sa pulsion de comparaison, d'harmoni-sation, sa volonté de neutralité et d'objectivité, sa volonté de « *sine ira et studio* » en tout genre – : a-t-on bien compris que toutes autant qu'elles sont, durant la période la plus longue, elles contrevenaient aux exigences premières de la morale et de la conscience ? [1].

Le paragraphe 113 du *Gai savoir* effectue le même travail à propos du mode de pensée scientifique :

> Il faut le concours de tant de choses pour que naisse une pensée scienti-fique : et toutes ces forces nécessaires ont dû être inventées, exercées, cultivées une par une ! Mais à l'état isolé, elles ont très fréquemment eu un tout autre effet qu'aujourd'hui, où, à l'intérieur de la pensée scientifique, elles se limitent et se disciplinent mutuellement : – elles ont agi comme des poisons, par exemple la pulsion dubitatrice, la pulsion négatrice, la pulsion expectante, la pulsion rassemblante, la pulsion dissolvante. Bien des hécatombes d'hommes ont été offertes en sacri-fice avant que ces pulsions n'apprennent à comprendre leur contiguïté et à se sentir ensemble comme des fonctions d'un pouvoir organisateur unique au sein d'un homme unique ! [2].

Non seulement la reconnaissance du primat des processus infra-conscients permet donc de définir la pensée comme le résultat produit par un certain de type de relation interpulsionnelle, mais elle est seule en mesure d'indiquer une nécessité véritable. Et dans cette perspec-tive, la valorisation de la recherche des raisons apparaît bien comme la traduction d'une configuration pulsionnelle particulière au sein de

---

1. *Éléments pour la généalogie de la morale*, III, § 9.
2. Trad. P. Wotling. Voir l'analyse des pulsions caractéristiques du savant que présentait déjà la troisième *Considération inactuelle* (III, § 6).

laquelle dominent pulsion d'objectivité et pulsion causale, plutôt que comme objectivité réelle.

PULSION *VS* LIBERTÉ

Une seconde ligne d'investigation est parfois exploitée de manière parallèle à celle que nous avons suivie jusqu'à présent : l'investigation qui aboutit, sur le plan pratique cette fois, à la reconnaissance de l'insuffisance de l'explication par la liberté. Nous nous limiterons, au sein du vaste champ qu'est l'interrogation nietzschéenne sur cette notion, à quelques remarques permettant de mettre en relief les justifications du recours à l'idée de pulsion [1]. Une nouvelle fois, c'est d'abord le caractère difficilement perceptible, souterrain, du conditionnement effectif de l'agir qui nourrit la croyance à la pertinence de l'explication par la liberté, y compris de la liberté en matière intellectuelle – Nietzsche rappelant constamment que penser est une forme de l'agir. Le cas des Éléates, ces penseurs « animés de la croyance que leur connaissance était en même temps le principe de la *vie* » [2], est révélateur des lacunes dont est grevée cette compréhension de la sphère pratique :

> Mais pour pouvoir affirmer tout cela, ils durent se *tromper* sur leur propre état : ils durent s'attribuer illusoirement impersonnalité et durée sans changement, se méprendre sur l'essence de l'homme de connaissance, *nier la violence des pulsions dans le connaître* et de manière générale *concevoir la raison comme activité totalement libre, ayant sa source en elle-même* [3].

L'étude des situations dans lesquelles la conviction d'être libre s'impose comme un fait montre en outre que l'on a toujours affaire à un type identique d'action, à savoir un succès suscitant un sentiment d'ivresse, de triomphe, ou encore de force intensifiée. L'analyse détaillée du mécanisme qui s'exécute de la sorte fait apparaître que la

---

1. Pour une étude plus large de l'analyse nietzschéenne de la liberté, nous renvoyons à l'article de W. Müller-Lauter « Freiheit und Wille bei Nietzsche », *Über Freiheit und Chaos. Nietzsche-Interpretationen II*, Berlin-New York, Walter de Gruyter, 1999.

2. *Le gai savoir*, § 110.

3. *Ibid.* Passages soulignés par nous.

conviction d'agir librement, et donc d'être doué d'une volonté libre, recouvre en fait le sentiment de sa propre supériorité, de son autorité, relativement à une instance subordonnée, supériorité éprouvée à l'occasion de la constatation de l'obéissance de l'instance subordonnée impliquée dans le processus[1]. L'élément décisif de cette séquence d'action est donc la présence d'une contrainte. L'interprétation de l'agir par la « liberté » intervient ainsi lorsque s'exerce avec succès une contrainte infra-consciente : et c'est pour désigner ce processus contraignant, que Nietzsche utilise le mot de pulsion. En d'autres termes, cette action contraignante équivaut à une forme de nécessité – c'est même la seule réalité que recouvre la notion de nécessité –, ce qui est éprouvé sous la forme de la « liberté » s'avère être un sentiment d'ivresse engendré par un haut degré d'efficience propre à une activité souterraine, obscure, déjouant toute possibilité d'identification consciente. L'agir est ainsi imputable à du pulsionnel, point sur lequel insiste Nietzsche à chaque fois qu'il est confronté à une interprétation défendant l'idée de liberté du sujet, par exemple dans le premier traité de *La généalogie de la morale* :

> Un quantum de force est un quantum identique de pulsion, de volonté, de production d'effets – bien plus, ce n'est absolument rien d'autre que justement ce pousser, ce vouloir, cet exercer des effets lui-même, et il ne peut paraître en aller autrement qu'à la faveur de la séduction trompeuse du langage (et des erreurs fondamentales de la raison qui y sont pétrifiées), lequel comprend, et comprend de travers, toute production d'effets comme conditionnée par une chose qui exerce des effets, par un « sujet »[2].

C'est de la dénégation de la nature strictement pulsionnelle de l'agir, et du rattachement de ce dernier à de fictifs substrats pensés comme autonomes et conditionnants, que dépend directement en effet la possibilité d'imposer la croyance à la liberté (et à sa suite une doctrine de la responsabilité), tendance populaire qu'exploite en particulier la morale chrétienne. Quoi qu'il en soit, le sentiment de liberté n'est jamais si grand que lorsque la nécessité intérieure est la plus forte, précisément parce que c'est alors que l'efficacité de la contrainte est la

---

1. Voir en particulier le § 19 de *Par-delà bien et mal*.
2. *Éléments pour la généalogie de la morale*, I, § 13.

plus grande, et par voie de conséquence le sentiment d'une intensification de puissance le plus intense, ainsi que le soulignait assez
précocement une analyse du *Voyageur et son ombre* :

> *Où a pris naissance la doctrine du libre arbitre.* – La *nécessité* domine
> l'un sous la forme de ses passions, l'autre lui est soumis dans l'habitude
> d'écouter et d'obéir, pour le troisième elle est sa conscience logique,
> pour le quatrième elle prend la figure de son caprice, de son goût
> pétulant pour tous les écarts. Or, chacun de ces quatre types cherche
> justement la *liberté* de son vouloir là où il est le plus solidement
> enchaîné : c'est comme si le ver à soie cherchait sa liberté tout juste dans
> le fait de tisser son cocon. D'où vient cela ? Visiblement de ce que
> chacun se croit le plus libre quand son *sentiment de la vie* est le plus
> intense, c'est-à-dire, on l'a vu, tantôt dans la passion, tantôt dans le
> devoir, tantôt dans la connaissance, tantôt dans l'impulsion capricieuse.
> L'individu pense automatiquement que ce qui le rend fort et fait qu'il se
> sent plein de vie est nécessairement aussi l'élément de sa liberté [1].

Plusieurs conclusions peuvent être tirées de ces analyses. Insistons
sur celle qui permet de préciser le sens de l'usage nietzschéen de la
notion de pulsion, à savoir l'identification d'une deuxième détermination : le caractère impératif de l'instinct ou de la pulsion. C'est
d'ailleurs la dimension que souligne particulièrement ce dernier terme
de pulsion, *Trieb*, qui évoque une poussée sourde mais invincible.
Analysant la manière dont ces pulsions s'exercent, la manière suivant
laquelle elles se manifestent dans les activités humaines, activité
théorique ou activité morale par exemple, Nietzsche est amené à en
souligner la puissance intrinsèque, et même, le plus souvent, l'extraordinaire violence, absolument irrésistible, qui contraste avec la relative faiblesse de la régulation par l'idée ou le concept – cette seconde
caractérisation pourrait du reste, avec les limitations qui s'imposent,
évoquer le partage humien des perceptions de l'esprit en fonction de
leur degré de vivacité.

Cette puissance de l'activité pulsionnelle produit dans l'orientation des activités humaines quelles qu'elles soient une forme de
contrainte qu'il s'avère extrêmement difficile d'interrompre ou
d'enrayer, sinon par la mise en jeu d'autres pulsions permettant de
faire dévier tout au moins la direction de l'agir. Mais de manière

---

1. *Humain, trop humain II*, « Le voyageur et son ombre », § 9.

générale, cette régulation par la pulsion est un trait caractéristique du vivant[1]. Nulle différence sur ce point entre l'homme et l'animal ; le cas de l'agir prétendument moral le montre bien :

> Les animaux obéissent à leurs pulsions et leurs affects : nous sommes des animaux. Agissons-nous autrement ? Le fait que nous obéissions à la morale n'est sans doute qu'une *illusion* ? En vérité, nous obéissons à nos pulsions, et la morale ne serait que le *langage figuré* de nos pulsions ? Qu'est-ce que le « devoir », le « droit », le « bien », la « loi » – quelle vie pulsionnelle correspond à ces signes abstraits ?[2].

Nietzsche, qui accorde une importance toute particulière à la variation des modes de désignation et donc aux exercices de traduction dans la description d'un même type de phénomènes, traduit souvent cet état de fait en soulignant la bêtise de la pulsion : la pulsion est têtue, tenace, en apparence aveugle, obsessionnelle, si l'on accepte d'user d'une terminologie psychologique : elle tend à imposer une orientation toujours identique avec une obstination extrême. On comprend mieux ce que vise Nietzsche en soulignant l'obstination et la bêtise de l'instinct si l'on en revient à la comparaison entre le pulsionnel et le conscient que nous évoquions au début de cette étude. Engageant toute sa puissance de manière instantanée, l'instinct est en quelque sorte au présent et demeure imperméable à la possibilité d'une projection dans l'avenir, qui est en revanche accessible à la pensée consciente parce qu'elle est capable d'envisager les conséquences à long terme d'une action :

> Tous les jugements de l'instinct sont *myopes* eu égard à la chaîne des conséquences : ils recommandent ce qu'il s'agit de faire *de prime abord*. L'entendement est essentiellement un *appareil freinant* la réaction immédiate au jugement de l'instinct : il retient, il continue de réfléchir, il aperçoit une chaîne de conséquences plus lointaines et plus longues[3].

---

1. « L'homme est conduit par ses instincts : les *buts* ne *sont choisis qu'en fonction* du service des *instincts*. Mais les *instincts* sont d'anciennes habitudes de l'action, des *modes d'épanchement de la force* disponible./On ne doit pas appeler "but" le résultat auquel *parvient* un instinct ! » (*FP IX*, 7 [239]).

2. *FP IX*, 7 [76] (trad. modifiée).

3. *FP XIII*, 10 [167]. On remarquera que cette réflexion n'est pas sans évoquer certaines analyses cartésiennes sur le contrôle des passions.

À titre de conséquence, cette violence quasi-irrésistible des pulsions constitue un danger pour celui chez qui elles sont à l'œuvre, et qui en devient l'esclave – problème qui apparaît avec un relief particulier une nouvelle fois dans le cadre de l'analyse de la morale :

> [...] les vertus (telles l'ardeur au travail, l'obéissance, la chasteté, la piété, la justice) sont la plupart du temps *nuisibles* à leurs possesseurs, en cela qu'*elles sont des pulsions qui les gouvernent avec une violence et une convoitise excessives* [1] et ne veulent absolument pas que la raison les contrebalance au moyen des autres pulsions. Si tu possèdes une vertu, une vraie vertu, tout entière (et pas seulement un petit bout de pulsion poussant à la vertu !) – tu es sa *victime* ! Mais c'est précisément pour cela que le voisin fait l'éloge de ta vertu ! [...] C'est donc d'une part la nature instrumentale des vertus dont on fait l'éloge quand on fait l'éloge des vertus, et ensuite la pulsion aveugle qui gouverne chaque vertu, qui ne se laisse pas imposer de limites par l'intérêt général de l'individu, bref : la déraison dans la vertu grâce à laquelle l'être individuel se laisse transformer en fonction du tout. L'éloge de la vertu est l'éloge de quelque chose de nuisible sur le plan privé, – l'éloge de pulsions qui privent l'homme de son plus noble égoïsme et de sa plus haute force de protection de lui-même [2].

Mais inversement, si l'on laisse de côté provisoirement l'aspect moral du problème et la question de la nuisance susceptible de menacer l'équilibre de l'individu, cette prodigieuse obstination, cette formidable invariabilité de la pulsion se laisse alors caractériser positivement en termes de sûreté : la pulsion exerce son action avec infaillibilité, sur le mode d'une quasi-instantanéité qui évite toute hésitation et toute méprise, contrairement à ce que l'on constate dans le cas d'une action guidée par la réflexion rationnelle ou à tout le moins consciente. On voit donc ici que Nietzsche décèle une liaison intime, quasiment une unité, entre l'efficacité parfaite – la sûreté –, la puissance irrésistible et le caractère infra-conscient de la régulation. C'est, on le sait, une thèse nietzschéenne constante que seul ce qui est inconscient est parfait [3]. L'un des textes canoniques sur cette question est à coup sûr le

---

1. Passage souligné par nous.

2. *Le gai savoir*, § 21 ; trad. P. Wotling.

3. « Nous nions que l'on puisse faire quoi que ce soit de parfait tant qu'on le fait consciemment » (*L'antéchrist*, § 14).

paragraphe 11 du *Gai savoir*, consacré à l'analyse du statut de la conscience. L'enquête fait surgir par opposition la référence à la vie pulsionnelle :

> La conscience est la dernière et la plus tardive évolution de l'organique et par conséquent aussi ce qu'il y a en lui de plus inachevé et de moins solide. La conscience suscite d'innombrables méprises qui provoquent la disparition d'un animal, d'un homme, plus tôt qu'il ne serait nécessaire, « au-delà du destin », comme le dit Homère. Si le groupe conservateur des instincts ne la surpassait pas infiniment en puissance, s'il n'exerçait pas dans l'ensemble un rôle régulateur : l'humanité périrait inéluctablement de ses jugements à contre-sens et de sa manière de rêvasser les yeux ouverts, de son manque de profondeur et de sa crédulité, bref précisément de sa conscience : ou plutôt, sans ces phénomènes, elle n'existerait plus depuis longtemps ![1].

Nouvelle détermination, et nouvel exercice de traduction : cette sûreté régulatrice des processus instinctifs qui s'oppose à la claudication et à l'incertitude de la pensée consciente justifie qu'on les pense analogiquement sur le modèle de « vertus », Nietzsche entendant par là d'activités fonctionnelles bien réglées, adaptées à l'obtention d'un résultat spécifique. La pulsion sait à chaque fois « faire » quelque chose de précis, et le fait avec précision, en ignorant le doute aussi bien que l'approximation. La leçon de cette analyse est donnée de la manière la plus précise par le paragraphe § 6 de *Par-delà bien et mal* : toute pulsion est *herrschsüchtig* – tyrannique, despotique, autoritaire, et même plus qu'autoritaire : nous sommes constamment le jouet d'instincts qui orientent notre agir à notre insu tout en nous laissant croire le plus souvent à notre autonomie. C'est le cas jusque dans l'activité qui se prétend pourtant la plus critique, l'activité philosophique :

> Je ne crois pas, par conséquent, qu'un « instinct de connaissance » soit le père de la philosophie, mais tout au contraire qu'un autre instinct, ici comme pour le reste, s'est simplement servi de la connaissance (et de la méconnaissance) comme d'un instrument. Mais celui qui examinera les instincts fondamentaux de l'homme afin de se faire une idée du degré précis auquel ils peuvent être entrés en jeu ici en tant que génies *inspirateurs* (ou démons, ou farfadets –), trouvera qu'ils ont déjà, tous autant qu'ils sont, fait de la philosophie un jour, – et que chacun d'eux à titre

---

1. *Le gai savoir*, § 11.

individuel ne serait que trop heureux de *se* donner *lui-même* pour but ultime de l'existence et pour *maître et seigneur* légitime de tous les autres instincts. Car tout instinct est tyrannique : et c'est *comme tel* qu'il cherche à philosopher [1].

PULSION ET INTERPRÉTATION

La dernière notation du paragraphe de *Par-delà bien et mal* que nous venons de citer révèle une troisième détermination que font apparaître de manière récurrente les textes consacrés par Nietzsche à la justification des notions d'instinct et de pulsion : elle concerne la reconnaissance du caractère producteur, c'est-à-dire interprétatif de tout instinct. Il y a bien un dynamisme des pulsions : celles-ci ne s'épuisent pas dans la manifestation de leur identité à soi – elles sont tout au contraire conditions de l'apparition d'autre chose : de l'activité intellectuelle consciente et de ses œuvres en particulier. Tout exercice spécifique de la pensée, toute élaboration de doctrine, renvoie à des choix, non-réfléchis, et ce faisant, ignore d'autres voies possibles. Le repérage des grands préjugés des philosophes auquel se livre Nietzsche constitue à cet égard un cas particulièrement éclairant. Les pulsions apparaissent ainsi comme sources de l'élaboration de pensées et par voie de conséquence de doctrines développées – c'est là en quelque sorte leur dimension « artistique », ou créatrice, thèse que développe encore *Par-delà bien et mal* :

> Après avoir assez longtemps lu les philosophes entre les lignes et les avoir passés au crible, je me dis : *on doit encore ranger la plus grande partie de la pensée consciente parmi les activités instinctives, et ce jusque dans le cas de la pensée philosophique* [2] ; on doit ici refaire son éducation [...] la « conscience » ne s'oppose pas davantage de manière décisive à l'instinctif, – la plus grande part de la pensée consciente d'un philosophe est clandestinement guidée et poussée dans des voies déterminées par ses instincts [3].

1. *Par-delà bien et mal*, § 6.
2. Passage souligné par nous.
3. *Par-delà bien et mal*, § 3.

Cette production entraînée par l'activité pulsionnelle consiste en une mise en forme de la réalité, une lecture ou une interprétation qui en présente donc une certaine image élaborée en fonction d'une logique de « réarrangement »[1] opéré en fonction de critères qui constituent la tendance distinctive de chaque pulsion. Par voie de conséquence, toutes les interprétations construites par les vivants, quelle qu'en soit la nature, peuvent se définir comme langage figuré (*Zeichensprache*) des pulsions – ou comme le dit parfois Nietzsche, des affects[2]. Avant de dire quelque chose au sujet de la réalité, une interprétation dit ainsi quelque chose sur les processus infra-conscients dont elle est le produit : « Les morales comme langage figuré des affects : mais les affects eux-mêmes langage figuré des fonctions de tout ce qui est organique ? »[3].

On comprend alors que la reconnaissance du primat de ces processus bouleverse les conditions de l'exercice philosophique : et de fait, les procédures d'enquête visant à identifier des sources pulsionnelles infra-conscientes mais productrices de pensées et de théories sont l'un des aspects essentiels de ce que Nietzsche thématise en 1887 grâce au concept de généalogie. Identifier les instincts et pulsions secrètement à l'œuvre dans les différentes productions de l'activité humaine, voilà ce qui se révèle désormais la condition préalable à toute possibilité d'appréciation de la pertinence de ces productions. On ne s'étonnera pas par conséquent qu'une fois établie l'omniprésence de l'activité pulsionnelle, Nietzsche consacre tant de textes à ce dépistage. Pour ne considérer qu'un cas, toute la première section de *Par-delà bien et mal* montre que les doctrines philosophiques (ou aussi bien scientifiques) témoignent toujours de l'activité directrice de certaines pulsions : l'épicurisme serait ainsi guidé notamment par la « perfidie » – entendons par là une pulsion féroce de rivalité anti-platonicienne qui ne s'interdit pas de chercher à ridiculiser l'adversaire (§ 7) ; le stoïcisme par une pulsion suprêmement tyrannique, le désir de plier la nature à sa volonté propre (tout en prétendant se

---

1. Nietzsche use parfois du terme de *Zurechtmachung* pour la désigner, voir par exemple *Par-delà bien et mal*, § 22 à propos de la théorie physique.

2. Considérons dans un premier temps ces deux désignations comme équivalentes - nous reviendrons ultérieurement sur la question de leur distinction.

3. *FP IX*, 7 [60] (trad. modifiée).

conformer soi-même à la nature) – pulsion que Nietzsche qualifie au passage de « volonté de puissance » (§ 9) ; la théorie physique par une pulsion égalitariste, « démocratique », défendant dans l'égalité de tous devant la loi la structure même de la réalité (§ 22) ; la pensée métaphysique par une pulsion dualiste, « dichotomiste » en quelque sorte : le désir de retrouver partout des oppositions contradictoires et de maintenir des différences d'essence (§ 2). La tentation est donc forte de tout expliquer par instincts, de faire de l'instinct ou de la pulsion le *principe* de la pensée, et donc de l'activité philosophique.

On s'étonnera d'autant plus en revanche de voir que Nietzsche semble justement s'efforcer d'interdire cette conclusion en critiquant fermement le concept d'instinct : le texte dont nous sommes parti n'est pas isolé dans le corpus nietzschéen. Il exprime tout au contraire une mise en garde assez souvent réitérée, qui peut être masquée par la fascination qu'exerce aisément la virtuosité de l'herméneutique généalogique mise en œuvre par Nietzsche. On ne saurait toutefois bien saisir la valeur des notions de pulsion et d'instinct sans prendre garde à cette apparente palinodie. Pourquoi Nietzsche tient-il donc à affirmer que c'est une naïveté que de prétendre tout expliquer par instinct ?

Dès les premières années de sa réflexion, Nietzsche détecte une déficience fréquente qui aboutit à ses yeux à dénaturer le sens de la notion. Elle consiste à traiter celle-ci de manière anhistorique, comme le souligne notamment *Humain, trop humain* :

> Le manque de sens historique est le péché originel de tous les philosophes ; beaucoup, sans s'en rendre compte, prennent même pour la forme stable dont il faut partir la toute dernière figure de l'homme, telle que l'a modelée l'influence de certaines religions, voire de certains événements politiques. Ils ne veulent pas comprendre que l'homme est le résultat d'un devenir, que la faculté de connaître l'est aussi ; alors que quelques-uns d'entre eux font même sortir le monde entier de cette faculté de connaître. [...] Mais voilà que le philosophe aperçoit des « instincts » chez l'homme actuel et admet qu'ils font partie des données immuables de l'humanité, qu'ils peuvent fournir une clé pour l'intelligence du monde en général ; toute la téléologie est bâtie sur ce fait que l'on parle de l'homme des quatre derniers millénaires comme d'un homme *éternel* sur lequel toutes les choses du monde sont naturelle-

ment alignées depuis le commencement. Mais tout résulte d'un devenir; il n'y a *pas* plus *de données éternelles* qu'il n'y a de vérités absolues [1].

L'incohérence dénoncée dans ce texte consiste à faire de l'instinct l'équivalent d'une essence : alors qu'il s'agit d'un processus variable, étroitement dépendant d'une histoire et d'un certain conditionnement. Il convient donc de se garder des tentations de manipuler l'instinct comme un principe, illusion épistémologique à laquelle expose le recours hâtif à cette notion. Mais de ce fait s'éclaire simultanément l'une des visées essentielles du recours nietzschéen à la notion d'instinct, à savoir la nécessité d'introduire un changement radical dans la manière de penser qui préserve l'enquête philosophique des faiblesses liées à ses présuppositions usuelles, et notamment son irrépressible besoin d'absolu – par exemple d'origine absolue. Si l'analyse généalogique, telle que Nietzsche la pratique bien avant que n'apparaisse sa désignation par le mot de généalogie, apparaît bien comme une démarche d'abord régressive, remontant des interprétations à leurs sources productrices, il n'en demeure pas moins que les pulsions, auxquelles aboutit l'investigation, ne représentent pas des origines au sens strict, c'est-à-dire des instances ultimes, des points d'ancrage absolus.

La déshistorisation va d'ailleurs de pair avec une tendance foncière à la simplification très caractéristique des interprétations humaines :

> L'homme ne découvre que très lentement l'infinie complexité du monde. Au commencement, il se l'imagine extrêmement simple, c'est-à-dire aussi superficiel que lui-même.
>
> Il part de lui-même, de l'ultime aboutissement de la nature, et se représente les forces, les forces primordiales, à l'image de ce qui lui vient à la conscience.
>
> Il envisage les *effets des mécanismes les plus compliqués*, ceux du cerveau, comme si ces effets étaient restés les mêmes de toute éternité.
>
> Ce mécanisme compliqué produisant en peu de temps quelque chose d'intelligible, il juge que le monde doit lui aussi dater d'hier : il ne peut pas, pense-t-il, avoir coûté beaucoup de temps au Créateur.

---

1. *Humain, trop humain I*, § 2.

Aussi croit-il avoir expliqué quelque chose avec le mot « instinct », et il n'hésite pas même à projeter une finalité inconsciente dans le devenir primordial des choses [1].

Essentialisation, simplification outrancière, et pour finir mode d'analyse inconsciemment finaliste : il y a donc une manière de faire jouer les notions d'instinct ou de pulsion qui en annule la pertinence. À tort ou à raison, Nietzsche pense la voir à l'œuvre dans de nombreuses formes de pensée contemporaines, en particulier dans le darwinisme [2] :

L'effroyable conséquence du darwinisme, que je tiens d'ailleurs pour vrai. Toute notre vénération se porte sur des qualités que nous tenons pour éternelles : morales, artistiques, religieuses, etc.
Les instincts ne nous font pas avancer d'un pas dans l'explication de l'adéquation aux fins. Car ces instincts sont justement l'aboutissement de processus infiniment longs [3].

L'instinct est devenu – il est donc variable, et ne doit pas être hypostasié, encore moins donner lieu à une nouvelle ontologie. Mais Nietzsche va beaucoup plus loin encore dans son travail de dé-réalisation de l'instinct – jusqu'à mettre en doute la légitimité même de la notion : les instincts n'existent pas ! Et user d'une telle notion reviendrait finalement à se laisser aller à une facilité : « le mot instinct est une facilité que l'on se donne, que l'on emploie partout où les effets régulièrement observés sur les organismes n'ont pas encore été ramenés à leurs lois physiques et mécaniques » [4].

Une « facilité » : un nouvel asile de notre ignorance donc. C'est une position constante de Nietzsche : là où commence notre ignorance, nous mettons un mot. « Instinct », « pulsion » seraient-il de ces mots-écran, de ces mots destinés à cacher pudiquement notre impuissance à expliquer ? Ce nouveau revirement conceptuel a lui aussi de quoi surprendre. On pourrait être tenté d'en conclure que si l'idée d'un réductionnisme psychologique ne semble pas tenable chez Nietzsche,

---

1. *FP* des *Considérations inactuelles I-II*, 19 [118].
2. La critique vaudrait de la même manière pour P. Rée qui dans *L'origine des sentiments moraux*, caractérise l'homme à partir de la coexistence d'un instinct égoïste et d'un instinct non-égoïste (Paris, PUF, chap. I, p. 75 *sq.*).
3. *FP* des *Considérations inactuelles I-II*, 19 [132].
4. *FP* de *Humain, trop humain I*, 23 [9].

c'est peut-être en fin de compte parce que toute réalité se ramène à du physiologique. Un réductionnisme chasserait l'autre. Toutefois, à considérer l'ensemble du corpus et des déclarations de Nietzsche, il apparaît que le renvoi à la sphère de la vie organique, à l'ensemble de son conditionnement physiologique ne répond peut-être pas à cet objectif. Nietzsche précise certes la relation d'engendrement qui donne lieu à l'idée de pulsion, ou d'affect, terme par lequel il met l'accent sur la dimension de sentiment qui caractérise toute pulsion. Un instinct ou un affect semblent bien le résultat d'une élaboration intellectuelle opérée sur un processus relevant de la vie du corps, et plusieurs textes le soulignent : « Colère (et tous les affects) est *d'abord* un état du corps : qui est interprété. Par la suite, l'interprét<ation> produit librement cet état »[1].

Un nouvel élément est toutefois souligné de manière réitérée dans ces textes : l'idée que la pulsion, l'affect ou l'instinct est le produit d'une interprétation. Nous nous trouvons donc face à une situation de plus en plus curieuse : l'instinct interprète, on l'a vu – mais il est lui-même le produit d'une activité interprétative.

En outre, on aura noté chemin faisant l'insistance avec laquelle Nietzsche disqualifie la valeur explicative de la référence à l'instinct[2]. Et c'est un fait qu'en dépit de sa pratique généalogique, Nietzsche ne revendique jamais le privilège d'avoir *expliqué* une doctrine ou de manière générale un phénomène interprétatif. Lorsqu'il met en garde contre les instincts, ce n'est donc pas uniquement contre le traitement essentialiste de cette notion qu'il s'élève ; et lorsqu'il réprouve la pulsion comme une « facilité », une illusion paresseuse imputable exclusivement à notre ignorance des lois physiologiques, son objectif n'est pas tant de promouvoir un physiologisme matérialiste que de désolidariser la notion d'instinct de la problématique de la connais-sance[3]. Nous ne connaissons pas les instincts et les instincts ne

1. *FP IX*, 9 [44] (trad. modifiée). Voir également le fragment *FP IX*, 24 [20].
2. Insistance dont témoignent par exemple les posthumes 19 [118] et 19 [132] de l'époque des *Considérations inactuelles*.
3. Le réductionnisme physiologique est du reste critiqué de la même manière que le réductionnisme psychologique, Nietzsche ramenant simultanément les processus corpo-rels à des manifestations dérivées de relations pulsionnelles. Sur ce point, nous renvoyons à notre étude précitée ainsi qu'à notre ouvrage *Nietzsche et le problème de la civilisation*, Paris, PUF, rééd. 1999.

permettent pas de connaître au sens strict : on ne récupère pas, en quelque sorte, le rapport épistémologique – préalablement dénié au concept – au niveau de la pulsion. C'est une thèse nietzschéenne permanente que s'il y a bien un primat du corps, nous n'avons pas pour autant de *connaissance* du corps[1] : notre rapport aux pulsions est lui-même un rapport interprétatif. Et l'objectif fondamental est bien ici de montrer la nécessité de penser en termes d'interprétation.

Ouvrant sur une théorie de l'interprétation généralisée, la réflexion nietzschéenne sur les pulsions disqualifie ainsi le projet classique de connaissance. Les différents éléments rencontrés précédemment se rejoignent ici : la critique étonnante de prime abord de la notion d'instinct signifie en particulier qu'il faut se garder du réflexe consistant à rapporter un processus à un support invariant, pensée en termes d'êtres. Il faut garder à l'esprit cette orientation essentielle de toute la réflexion nietzschéenne : « l'agir est tout »[2]. L'objectif des textes dé-réalisant la notion d'instinct est bien de refuser la compréhension atomiste, c'est-à-dire ontologique de cette notion – de rejeter l'idée d'un fond de la réalité : qui, fût-il infra-conscient, ne serait jamais qu'un nouvel arrière-monde. La réalité est processualité, « et rien d'autre » selon la formule par laquelle Nietzsche met en garde contre la mauvaise philologie qui injecte dans sa lecture du réel des éléments qui ne s'y trouvent pas.

C'est pourquoi la pensée nietzschéenne n'est pas assimilable à une monadologie pulsionnelle, ou à une monadologie de la volonté de puissance : les pulsions ne deviennent pas des atomes spirituels, encore moins des êtres ou de manière générale des référents objectifs. La psychologie nietzschéenne ne donne pas lieu à ce que l'on pourrait appeler *mutatis mutandis* un nouvel « alphabet des pensées humaines », ou plus exactement un alphabet des pulsions humaines. On dépasse en quelque sorte la logique de la composition atomique ou la réflexion en termes d'éléments, dont la combinatoire réglée permettrait de garantir la saisie objective de la réalité. La théorie des instincts indique tout au contraire l'impossibilité d'un rapport objectif à la réalité au profit d'une situation toujours interprétative. L'objectivité apparaît simplement dans ces conditions comme l'une des perspec-

---

1. Voir par exemple *Aurore*, § 119.
2. *Éléments pour la généalogie de la morale*, I, § 13.

tives possibles pour régler notre relation à la réalité. Il en résulte que la réflexion philosophique n'est pas la traduction consciente d'une combinatoire inconsciente qui constituerait la trame objective de la réalité, mais la révélation du fait que la réalité n'est justement pas pensable comme identité à soi, qu'elle est un résultat engendré par l'activité interprétative – ou en d'autres termes qu'elle est ce jeu infini que joue l'interprétation elle-même.

Ce résultat nous semble permettre de clarifier un autre point que nous n'avons cessé de rencontrer au cours des analyses antérieures, le problème que pose la multiplicité des désignations lexicales dont use Nietzsche pour renvoyer à l'univers pulsionnel. Pourquoi en effet hésiter entre les termes d'instinct, de pulsion, d'affect, sans mentionner ceux de tendance, penchant ou aspiration, fortement présents également dans le corpus ? Les conclusions précédentes font comprendre qu'il importe précisément en la matière de ne pas absolutiser le lexique de la pulsion afin ne pas susciter d'interprétation fixiste, réalisante, ou ontologisante ; d'où l'utilisation constante de la multiplicité lexicale, mais aussi d'une écriture par report : la pulsion est renvoyée par exemple à l'analyse physiologique, ainsi qu'on l'a vu – mais la physiologie est parallèlement renvoyée à la psychologie (le corps étant assimilé à un ensemble de petites âmes que sont les pulsions). Pulsion, instinct ou affect : nul de ces termes ne possède de privilège décisif. Nous restons dans l'ordre d'une description imagée, interprétative, dont ne pouvons pas sortir. La variation s'explique d'abord en fonction de l'orientation critique de la réflexion, les connotations de chacun de ces termes suggérant davantage dans un cas (instinct) l'opposition à la sphère de la conscience réflexive, dans l'autre (pulsion) davantage à l'idée d'un agir libre de contrainte. Ce qui importe, c'est avant tout d'éviter la croyance illusoire en un mode de désignation neutre, parfaitement adéquat, qui pourrait inciter à comprendre le mot comme le signe d'une chose objective et identique à soi. « Pulsion » ne désigne pas une chose : la logique pulsionnelle a pour objet d'indiquer tout au contraire que la réalité n'est pas constituée par des « choses », mais qu'elle est une circulation de processus, toujours multiples, et qui plus est de processus *interprétatifs*. Telle est la raison fondamentale pour laquelle Nietzsche évite de s'en tenir à une terminologie invariante, et relaie constamment instinct par

pulsion, pulsion par affect, ou inclination, ou tendance, ou penchant,
et inversement [1].

LE LIEN VALEUR/PULSION

Nous avons vu précédemment que l'une des déterminations
spécifiques de l'instinct est sa dimension productrice, qui prend la
forme d'une interprétation : en analysant plus précisément cette caractéristique, on constate que l'instinct se déploie non seulement sous la
forme d'un processus, mais surtout d'un processus orienté, particula-
risé, et ce selon un angle spécifique, ou encore selon une perspective
(telle sera la source de la réflexion perspectiviste élaborée par
Nietzsche). Ce lien intime entre interprétation et perspective signifie
qu'il n'y a de processus que particulier, et plus précisément dirigé en
fonction de choix préalables : tout instinct présuppose du « bon »,
c'est-à-dire une différenciation interprétée, vécue (et non pas simplement pensée), et vécue en termes axiologiques ... Le processus que
constitue tout instinct apparaît ainsi comme la traduction *in concreto*
de préférences résultant elles-mêmes d'un partage de la réalité fixant
le préférable, l'indispensable, le bénéfique (ou supposé tel), le profi-
table – et en sens inverse le nuisible, le détestable, l'odieux, ce qui est
ressenti comme devant être rejeté, écarté, évité à tout prix. À la faveur

1. L'équivalence fondamentale de ces désignations est attestée par les textes où
Nietzsche passe très rapidement du terme d'instinct à celui de pulsion pour renvoyer à un
même processus. C'est le cas notamment dans le § 1 du *Gai savoir* : « Que je considère les
hommes d'un oeil bon ou méchant, je les vois toujours appliqués à une unique tâche , tous
et chacun en particulier : faire ce qui sert la conservation de l'espèce humaine. Et ce, à vrai
dire, non pas en vertu d'un sentiment d'amour pour cette espèce, mais simplement parce
que rien n'est en eux plus ancien, plus fort, plus implacable, plus insurmontable que cet
instinct, – parce que cet instinct est précisément *l'essence* de notre espèce et de notre
troupeau. [...] Cette pulsion qui gouverne de la même manière les plus élevés et les plus
communs des hommes, la pulsion de conservation de l'espèce, se manifeste de temps en
temps sous forme de raison et de passion de l'*esprit*; elle s'entoure alors d'une cour
brillante de raisons et veut faire oublier à toute force qu'elle est au fond pulsion, instinct,
folie, déraison ». Un autre exemple frappant en est donné par le *Crépuscule des idoles*,
« Ce que je dois aux Anciens », § 3 à propos des Grecs : « Je vis leur instinct le plus fort, la
volonté de puissance, je les vis trembler face à la violence effrénée de cette pulsion, – je
vis toutes leurs institutions se développer à partir de mesures préventives visant à se
protéger réciproquement de leurs *explosifs* intérieurs ».

d'une interrogation sur la nature interprétative de l'instinct, on voit ainsi se révéler sa portée fonctionnelle, et du même coup son lien avec l'univers de l'appréciation de valeur : il n'y a donc d'activité pulsionnelle qu'articulée à des clivages axiologiques, comme le souligne notamment un texte posthume de 1884 :

> Tout « instinct » est l'instinct de « quelque chose de bon », d'un point de vue ou d'un autre : il y a un jugement de valeur en cela, et c'est pour cette seule raison qu'il est passé dans la vie du corps.
> Tout instinct a été comme une *condition d'existence* valant pour un certain temps. Il se transmet longtemps, même après qu'il a cessé de l'être.
> Un certain degré de l'instinct, par comparaison avec d'autres instincts, se transmet toujours de nouveau dans la mesure où il est facteur de conservation ; un instinct opposé disparaît [1].

Il faut, pour prendre la mesure des enjeux que recouvre ce prolongement de l'analyse, garder en mémoire ce que désigne la notion de valeur, et se rappeler qu'une valeur se distingue d'abord, pour Nietzsche, d'une simple représentation. Elle est plus qu'un simple contenu mental ou qu'une signification théorique qui s'offrirait à la contemplation : c'est une croyance, et même une croyance divinisée, c'est-à-dire investie d'une autorité absolue, rendue inattaquable ; c'est en outre, une croyance qui se trouve investie d'une fonction régulatrice à l'égard de la vie humaine. Il s'agit donc d'une croyance capable d'exercer une *contrainte*, d'orienter de manière impérative le rapport à la pratique des membres d'une communauté – c'est-à-dire de les contraindre à accomplir certains types d'actes, et de prévenir l'accomplissement de certains autres, qui se voient bloqués par un mécanisme efficace de prohibition (pour une communauté donnée : les valeurs varient d'une communauté à l'autre, ou d'un groupe à l'autre) –, et ce en fixant des sentiments d'attirance et de répulsion fondamentaux. La valeur ne peut être comprise sous la figure de la fixité, elle est mouvante, vivante plutôt, dans la mesure où elle commande et régit quelque chose. Nietzsche découvre donc qu'il existe une vie des valeurs qui va bien au-delà de la logique de la représentation. Plus précisément, ces interprétations fondamentales que sont les valeurs

---

1. *FP* X, 26 [72].

expriment les exigences capitales propres à un type de vivant organique particulier : elles traduisent les besoins fondamentaux nécessaires à sa survie, ou, comme le dit fréquemment Nietzsche, à l'intensification de sa puissance.

De nombreux textes insistent sur l'ancrage des pulsions dans les valeurs, et soulignent que c'est bien de la variation de ces dernières – Nietzsche dira encore parfois des tables de biens – que découle la variation de structure pulsionnelle enregistrée par l'homme au cours de son histoire : « L'homme a été éduqué par ses erreurs : […] en quatrième lieu, il ne cessa d'inventer de nouvelles tables de biens et les considéra pendant un certain temps comme éternelles et inconditionnées de sorte que tantôt telle pulsion et tel état humain, tantôt tels autres occupèrent le premier rang et furent ennoblis par suite de cette appréciation »[1]. Absolutisée et coupée de toute référence à des préférences axiologiques spécifiques, la notion de pulsion perd toute signification, ce qui se produit lorsque l'on tente d'en faire le fondement autonome d'un champ spécifique de l'activité humaine, fondement de la morale, fondement de la connaissance, etc. : « Il n'y a pas de pulsion morale, mais *toutes* les pulsions portent l'*empreinte* de nos évaluations »[2]. *Par-delà bien et mal* poussera encore l'association des pulsions et des critères de valeurs jusqu'à leur quasi-identification[3].

Mais d'autre part, cette référence indispensable à la logique de la valeur permet de comprendre pourquoi Nietzsche peut laisser entendre si fréquemment que l'instinct est devenu : il est le produit d'une « éducation » particulière imposée par le corps sur une longue durée, c'est-à-dire par un mode de vie déterminé par le primat de certaines valeurs – qui n'est pas le seul possible, mais qui a été éprouvé comme viable à long terme, facteur d'intensification de la puissance du vivant qui s'y conforme[4], et donc retenu de manière privilégiée.

---

1. *Le gai savoir*, § 115.

2. *FP IX*, 5 [1], § 181.

3. « L'homme issu d'une époque de désagrégation brassant les races, dont le corps est ce faisant dépositaire de l'héritage de provenances multiples, *c'est-à-dire de pulsions et de critères de valeur opposés*, et souvent bien plus qu'opposés, qui se combattent mutuellement et se tiennent rarement en paix […] » *Par-delà bien et mal*, § 200. Passage central souligné par nous.

4. Voir par exemple *FP X*, 25 [378] : « Les instincts comme jugements fondés sur des expériences antérieures : *non pas* des expériences de plaisir et de douleur […] AVANT les

Ainsi s'éclaire aussi le sens que possède cette étrange obstination de l'instinct, que nous avons évoquée précédemment : l'instinct représente une régulation organique – sa signification est également de prévenir toute variation dans la régulation de l'existence, la variation étant immédiatement ressentie (sauf dans des cas assez rares) comme danger. Dans cette perspective (celle de la fixation progressive des régularités pratiques que désigne le terme d'instincts ou de pulsions), Nietzsche parlera du reste d'incorporation plutôt que d'éducation, pour rappeler que si le corps n'est rien d'autre qu'un ensemble de pulsions caractérisant un type de vie particulier, ce corps est lui aussi devenu et toujours susceptible de nouvelles variations. L'incorporation désigne ainsi le stade final de l'assimilation et de l'intégration d'une nouvelle régularité instinctive, d'un nouveau processus infraconscient traduisant pratiquement une certaine capitalisation antérieure d'expériences. Il y a «instinct» lorsque ce traitement de la réalité en fonction d'une préférence s'opère de manière autonome et spontanée (d'où aussi la difficulté d'en rendre raison – ce qui nous ramènerait au cas Socrate) : «Je parle de l'instinct lorsqu'un quelconque jugement (le goût à son premier stade) est incorporé, en sorte que désormais il se produira spontanément sans plus attendre d'être provoqué par des excitations »[1].

Ces analyses permettent aussi à présent de préciser ce que signifie le caractère interprétatif de l'instinct. L'instinct interprète en tant qu'il met en œuvre en quelque sorte (il ne s'agit que d'une description imagée) un tri de la réalité en fonction de préférences et de répugnances – mais cet instinct n'est lui-même que le produit de la constitution de ces préférences et répugnances cristallisées sous forme de valeurs. Cela signifie en d'autres termes que la valeur, loin d'être une sorte de tableau idéel, ou de représentation du souhaitable et du repoussant, que l'instinct aurait ensuite à appliquer concrètement, opère par elle-même un tri, un choix dans l'expérience ou dans la portion d'expérience que rencontre le vivant concerné. Or c'est justement cette rencontre fournissant l'occasion de traiter l'expérience (toujours singulière pour Nietzsche), presque de la constituer (si l'on

sentiments de plaisir et de douleur il y a *des sentiments de force et de faiblesse* en général ».

1. *FP du gai savoir*, 11 [164].

entend par là de lui imposer une régularité ou une légalité qu'elle ne possède pas intrinsèquement), c'est ce traitement réitéré de l'expérience donc qui donne progressivement naissance à ces processus de jugement infra-conscients que sont les instincts [1]. C'est ce mécanisme de formation qu'étudie en particulier un texte posthume important en soulignant la nécessité de faire référence à une forme de mémoire organique pour expliquer la fixation des instincts :

> Il faut reprendre tout ce qu'on a appris sur la mémoire : elle est la masse de tout le vécu de toute vie organique, qui continue à vivre, s'ordonne, se forme par action réciproque, est en proie à des luttes intestines, simplifie, concentre et transmue en une multitude d'unités. Il doit y avoir un *processus* intérieur qui ressemble à celui de la *formation des concepts* à partir d'un grand nombre de cas particuliers : la mise en relief toujours plus insistante du schème général et l'abandon des traits particuliers. – Aussi longtemps que quelque chose peut encore être rappelé comme fait particulier, il n'est pas encore fondu au reste : les événements vécus les plus récents nagent encore à la surface. Des sentiments d'attirance, de répugnance, etc. sont le symptôme que déjà des unités sont formées ; ce que nous appelons nos « instincts » sont des formations de ce genre. Les pensées sont ce qui est le plus à la surface : des jugements de valeur, qui arrivent et sont là sans qu'on comprenne comment, évoluent à un niveau plus profond – plaisir et déplaisir sont des effets de jugements de valeur compliqués réglés par des instincts [2].

De sorte que Nietzsche peut aussi, faisant parfois l'économie de la notion de valeur qui joue le rôle de relais, faire des instincts la traduction directe des besoins de l'organisme considéré : « Ce sont nos besoins *qui interprètent le monde* : nos instincts, leur pour et leur contre. Chaque instinct est un certain besoin de domination, chacun possède sa perspective qu'il voudrait imposer comme norme à tous les autres instincts » [3].

La pulsion est donc de la valeur en acte, en quelque sorte, de la valeur – c'est-à-dire pour parler plus précisément de l'évaluation, de la fixation de préférence ou encore de la qualification – pensée de

---

1. Les fragments posthumes du début des années 1870 insistaient déjà sur « la très lente formation des instincts » (*FP* des *Considérations inactuelles I-II*, 19 [117]).
2. *FP X*, 26 [94].
3. *FP XII*, 7 [60].

manière dynamique. C'est pourquoi en toute rigueur, on peut se demander si la distinction entre pulsion et valeur n'est pas chez Nietzsche une simple commodité d'exposition. Étant précisé toutefois que ce que la pulsion ajoute malgré tout à la valeur (ou rend explicite dans la notion de valeur), c'est bien l'idée de processualité. La valeur insiste sur l'idée de hiérarchie, de préférence; la pulsion indique en quoi cette hiérarchie se traduit sous forme dynamique, c'est-à-dire si l'on veut se traduit en action, ce que Nietzsche vise quand il dit qu'elle est passée dans la vie du corps – donc en quoi la valeur n'est pas une version renouvelée de l'essence ou de l'Idée.

On voit bien désormais ce que veut dire Nietzsche : instinct, pulsion (et souvent affect) sont des notions qui ne prennent pas sens par rapport à une problématique épistémologique ou gnoséologique, mais par rapport à une problématique axiologique. Il faut maintenir le primat de l'instinct, mais à condition de comprendre qu'il obéit à une logique qui n'est pas celle de l'être ni celle du connaître, faute de quoi on le vide de toute substance et l'on se condamne en le manipulant à n'avancer que des explications verbales. La pulsion est une notion qui exige la disqualification des modes d'analyse essentialistes, nous l'avons vu : il est vain d'espérer saisir grâce à elle une détermination permanente, ou de pouvoir enfin répondre à la question «qu'est-ce que c'est?». La question qu'implique la notion de pulsion est bien plutôt : comment, dans quelles conditions cela est-il apparu? et quelles valeurs cela exprime-t-il? C'est-à-dire encore : quelle forme d'organisation de la vie cela traduit-il? Préalable à la question qui représente le second volet de l'enquête généalogique : quelle valeur possèdent ces valeurs?

La régulation du vivant est donc fondamentalement une régulation pulsionnelle, et sa vie spirituelle est une traduction interprétative de sa structure pulsionnelle. Ce serait ici le lieu de montrer que Nietzsche étend cette analyse de la vie pulsionnelle à l'ensemble de la réalité, c'est-à-dire la fait passer du monde organique au monde inorganique – et surtout de réfléchir à la manière dont Nietzsche *justifie* cette extension. Tel est le travail qu'entreprend le difficile paragraphe 36 de *Par-delà bien et mal* : si l'on parvient en effet à montrer qu'il nous est impossible d'accéder à autre chose qu'à de la pulsion, alors la réalité dans son ensemble devra être interprétée comme intégralement proces-suelle, homogène, et pensée comme un ensemble de processus pulsionnels. Le nom que donne Nietzsche à ces processus pulsionnels en tant qu'ils constituent la réalité est celui de « volonté de puissance ».

L'AFFECT, RÉVÉLATEUR DE LA LOGIQUE PULSIONNELLE

Il demeure toutefois un problème : nous avons rencontré à plusieurs reprises cette idée que les pulsions sont toujours multiples, qu'elles constituent des groupements complexes, et qu'on ne peut, puisqu'elles ne sont pas assimilables à des entités discrètes ou à de petits êtres, les manipuler selon une logique combinatoire. Qu'en est-il alors de cette logique de la nature de la communication interpulsion-nelle ? Problème qui prend une importance exceptionnelle si comme on vient de l'indiquer la réalité tout entière se trouve interprétée selon ce schème. Tel est le problème que nous aborderons pour finir. Il nous permettra de faire surgir la dernière détermination essentielle de la notion de pulsion chez Nietzsche, peut-être la plus importante de toutes. Ce dernier temps concernera donc le primat de l'affectivité et le mode de relation des pulsions.

Fixons pour commencer les conditions du problème : comme en témoigne par exemple le refus nietzschéen d'admettre l'existence d'un instinct de connaissance dans le paragraphe 6 de *Par-delà bien et mal*; il n'est pas question de simplement substituer terme à terme en quelque sorte des instincts aux concepts : il ne s'agit pas de décaler l'analyse d'un cran en direction de l'infra-conscient pour résoudre magiquement tous les problèmes, mais bien de comprendre que c'est une tout autre logique qui se trouve mise en œuvre par la théorie des pulsions – une logique relationnelle. C'est l'analyse du phénomène compris ordinairement comme « volonté » qui constitue pour Nietzsche le meilleur révélateur de cette logique spécifique de la communication pulsionnelle. Il est ici nécessaire de reprendre rapi-dement les étapes essentielles de l'investigation telle que la présente en particulier le paragraphe 19 de *Par-delà bien et mal*. Insistant sur la complexité essentielle des phénomènes que nous identifions habituel-lement comme exercice de la volonté, Nietzsche identifie l'inter-vention réglée de trois types d'instances : une pluralité de sentiments (les états successifs rythmant la variation sont perçus); une pensée : Nietzsche va jusqu'à parler d'une « pensée qui commande », c'est-à-dire qui guide le déclenchement du phénomène complexe de la volonté. Cette notation indique que le problème crucial est bien ici celui de la hiérarchisation des instances mobilisées par ce phénomène. Et enfin, un affect : un processus de l'ordre de la sensibilité, de la passion, mais avec cette nuance importante que l'affect est dans son fond de nature infra-consciente, bref, qu'il désigne la source de ce que la réflexion philosophique a tenté de cerner grâce au concept de passion. Or, à ce point, Nietzsche précise encore le statut de ce dernier élément en le décrivant comme l'affect du commandement. Nous touchons ici au cœur de l'analyse. Nietzsche vise par cette formule le type d'affectivité qui accompagne le fait de donner un ordre ; l'élément décisif tient au caractère relationnel de cet affect, qui va permettre de comprendre comment s'organisent les rapports entre les diverses instances repérées.

En quoi consiste en effet cet « affect du commandement » ? En ceci que dans le cadre d'une structure hiérarchisée, et habituée à fonctionner suivant des règles hiérarchiques, l'instance qui commande et émet des ordres se considère toujours dans sa relation aux instances subordonnées. En d'autres termes, l'émission de l'ordre ne se réduit jamais à l'expression neutre d'un contenu, de la « pensée » que Nietzsche repérait comme la seconde instance du processus. Elle s'accompagne d'un élément affectif, que l'on peut caractériser comme un sentiment de puissance ou d'autorité : l'instance émettrice de l'ordre s'attend à être obéie. L'introduction de la psychologie du commandement comme modèle pour élucider le phénomène de la volonté constitue le tournant décisif, et ce qui est fondamental dans cette analyse, c'est le rôle des processus affectifs. On voit que l'on a affaire en quelque sorte à une psychologie des rapports hiérarchiques, où la contrainte (l'une des déterminations capitales de la pulsion, ainsi que nous l'avons souligné) joue un rôle central. Cette psychologie du commandement suppose donc une pluralité d'instances extérieures les unes aux autres, mais liées entre elles par une certaine forme de communication : comment penser alors ces rapports de communication ?

Une confrontation critique permet à Nietzsche de donner un relief particulier aux conclusions de son investigation : il s'agit de comprendre comment, une nouvelle fois, l'intervention de la vie intellectuelle consciente sert à masquer la réalité du processus qui se joue et à prolonger en particulier la cécité à l'égard des échanges pulsionnels qui s'y accomplissent. Ce brouillage s'opère par le moyen de l'injection du concept de sujet dans le schéma de la volonté, qui permet d'imposer avec un fort degré de crédibilité l'idée que la volonté représente un acte simple qui serait cause invincible d'un effet). Le nerf du préjugé consiste donc à attribuer une efficacité à la volonté, à considérer celle-ci comme productrice. Certes, la métaphysique classique a reconnu la possibilité que la volonté n'atteigne pas le but qu'elle s'était proposé. Mais elle expliquait généralement cet échec par l'intervention de facteurs extérieurs plus puissants, c'est-à-dire de volontés concurrentes qui contrariaient la visée définie. En aucun cas cet échec ne conduisait à remettre en cause l'efficience interne de la volonté, toujours pensée comme agissante, même si le résultat de son agir peut se trouver bloqué. Nietzsche entend montrer que c'est bien de l'intervention de la croyance au sujet que provient le préjugé de l'efficience de la volonté, lequel bloque à son tour la compréhension profonde de la nature des pulsions. La notion de moi, en tant qu'elle impose la vision de l'homme comme unité simple, travaille en effet à masquer les échanges souterrains qui structurent le processus du vouloir, et à gommer la structure différenciée du prétendu « sujet ». À gommer en particulier tous les sentiments d'oppression, de contrainte et de malaise susceptibles d'être éprouvés, au sein d'une communauté différenciée, à la faveur de rivalités et de concurrences, par une partie de ses membres, ceux qui se trouveront victimes de cette concurrence. L'introduction de la fiction unitaire du moi présente donc, affectivement, un immense intérêt – mais pour le philosophe analysant la régulation propre au vivant, elle joue, de ce fait précisément, comme révélateur de la nature exactes des relations qui le structurent. Reprenant les résultats établis par ses investigations antérieures, Nietzsche rappelle dans ce cadre que toutes les instances intervenant dans le processus de volonté, pulsions, affects, sentiments, pensées, doivent être pensées, ainsi que le suggérait le paragraphe 12 de *Par-delà bien et mal*, sur le modèle de l'âme. Or, ce qui reste de la notion d'âme au terme de ce paragraphe, c'est avant tout un processus sensitif ou interprétatif élémentaire. C'est précisément ce que rappelle à présent la formule décisive : « notre corps n'est en effet qu'une structure sociale composée de nombreuses âmes »[1].

Si chaque instinct, chaque affect est une « petite âme », un processus de perception élémentaire, que perçoit-il ? C'est justement ce que permet de comprendre l'analyse du processus complexe de volonté, et la critique de sa lecture comme faculté déclenchée par un sujet unitaire : l'objet de cette perception, ce sont les autres processus impliqués dans le phénomène considéré, plus exactement la manière dont les divers processus en présence sont hiérarchisés. En d'autres termes, chaque pulsion perçoit en quelque sorte l'autorité ou la force des autres pulsions ; elle perçoit ou plutôt évalue les rapports de puissance, de sorte que l'instance qui déclenche le processus de volonté – la pulsion qui commande dans ce cas précis – n'émet un ordre que dans une situation favorable, c'est-à-dire lorsque la structure hiérarchique, ou les rapports de force en présence rendent très probable la transmission et l'exécution de l'ordre, c'est-à-dire encore l'obéissance. Tout le phénomène de la volonté repose ainsi sur une logique de la passion et du commandement que la tradition philosophique a complètement ignorée. Elle a en conséquence inversé la réalité du phénomène (c'est du reste un trait constant de la métaphysique que de se tromper dans l'ordre de déchiffrage des phénomènes, et d'intervertir l'ordre de succession effectif entre deux processus[2]) : elle a cru à l'efficience du vouloir, au caractère contraignant de la volonté, alors qu'à l'inverse, le processus n'est déclenché que lorsque les pulsions qui occupent le sommet de la hiérarchie que constitue le corps perçoivent la forte probabilité du succès. L'idée centrale que défend Nietzsche est donc qu'il faut pouvoir rendre raison de la possibilité d'échanges au sein de l'univers des pulsions, c'est-à-dire d'une communication, entre ces processus ; sa conclusion essentielle dans ce contexte est bien qu'il n'y a pas de communication neutre c'est-à-dire de communication qui ne traduise simultanément une situation hiérarchique, une différenciation de rang, sur la base d'une appréciation interprétative des rapports de puissance (donc de domination relative).

---

1. *Par-delà bien et mal*, § 19.
2. Voir sur cette question le *Crépuscule des idoles*, « Les quatre grandes erreurs ».

Ce détour par la délicate analyse de la volonté permet d'établir une ultime détermination de la notion nietzschéenne de pulsion, sa dimension affective : les pulsions ne sont pas des substrats neutres mais bien de « petites âmes ». L'affect est un ainsi une notion qui permet de dire que la pulsion est tout autant sensibilité, – capacité d'être affectée –, que capacité d'affecter ou d'« agir sur » de manière contraignante. Les retombées de cette analyse sont considérables : une fois établie la légitimité de l'extension de l'idée de pulsion à la totalité de la réalité, selon la logique que nous avons mentionnée, il apparaîtra qu'il n'y a pas de processus, c'est-à-dire encore pas de « force », si l'on parle la langue de la théorie physique, qui ne possède une telle dimension passionnelle, pas de force neutre ou indifférente aux autres forces. En un mot, il n'est pas possible de réduire la réalité à des disparités de forces, descriptibles selon le langage de la quantité, il faut encore admettre la capacité de percevoir ces disparités de puissance ; et c'est encore un point sur lequel Nietzsche entreprendra de corriger la vision mécaniste classique de la force :

> – que c'est la volonté de puissance qui mène également le monde inorganique, ou plutôt qu'il n'y a pas de monde inorganique. On ne peut écarter « l'action à distance » : *un être en attire un autre, un être se sent attiré*. Voilà le fait fondamental : par rapport à cela la représentation mécaniste de la pression et du choc n'est qu'une hypothèse fondée sur l'*impression visuelle* et le *sens du toucher*; qu'elle nous suffise d'hypothèse directrice pour le monde des sensations visuelles !
> – que, pour que cette volonté de puissance puisse se manifester, il lui faut percevoir les choses qu'elle attire ; qu'elle sente, lorsque quelque chose l'approche, si cela lui est assimilable [1].

Ce type de texte permet de prendre la mesure de la radicalité du déplacement qu'entraîne l'introduction dans la réflexion philosophique de la notion de pulsion bien comprise. En toute rigueur, il n'y a pas de monde inorganique au sens strict, c'est-à-dire de monde inerte et dénué d'affectivité, ce que masque le lexique trompeur de la force, et l'interprétation mécaniste de l'inorganique. Il y a « action à distance », selon la formule qu'utilise le posthume que nous venons d'évoquer, dans la mesure où les forces pulsionnelles se perçoivent

---

1. *FP XI*, 34 [247].

mutuellement, en d'autres termes s'évaluent. Et c'est bien cette détermination ultime qui explique que si la volonté de puissance s'oppose chez Nietzsche à l'être et à toute forme d'ontologie, il soit cependant tout aussi insuffisant de la caractériser simplement comme un devenir : une telle description, trop abstraite, ne dit toujours rien en effet des traits distinctifs de ce processus particulier qu'est un affect. C'est pourquoi, afin d'éviter le risque que la volonté de puissance ne se trouve comprise, à la faveur d'une lecture réductrice, comme une force indifférente, comme un commandement aveugle et insensible, Nietzsche la présente encore sous la forme d'un « pathos » de manière à souligner sa capacité essentielle d'être affectée :

> [...] il ne reste alors pas de « choses », mais des *quanta* dynamiques, dans un rapport de tension avec tous les autres *quanta* dynamiques : dont l'essence réside dans leur relation avec tous les autres *quanta*, dans leur « action » sur ceux-ci – la volonté de puissance, non un être, non un devenir, mais un *pathos* est le fait le plus élémentaire, d'où ne fera que résulter un devenir, un « agir sur » ... [1].

Le problème fondamental que recouvre la logique pulsionnelle est ainsi un problème d'organisation, de hiérarchisation : soit le jeu d'évaluation des rapports de puissance donne lieu à une coordination efficacement réglée de l'édifice pulsionnel – du corps –, soit il aboutit à des tensions fortes, voire à l'anarchie qui caractérise pour Nietzsche les situations de décadence. Et dans ce jeu d'alliances et de rivalités, ce n'est peut-être pas tant la nature propre des pulsions que leur rang et leur position au sein d'une hiérarchie qui joue le rôle essentiel.

La manière dont Nietzsche fait jouer les notions de pulsion et d'instinct permet de dégager les déterminations spécifiques qui leur donnent sens dans le cadre de sa pensée, et les distingue d'usages à ses yeux irréfléchis et non pertinents. « Pulsion » désigne ainsi un processus infra-conscient, ou aussi bien infra-rationnel, impératif et contraignant, voire tyrannique, producteur d'interprétations, condi-

---

1. *FP XIV*, 14 [79]. L'enquête nietzschéenne conduit ainsi à voir dans les affects autant d'expressions particulières de la volonté de puissance et de son travail diversifié de mise en forme interprétative, comme l'indique notamment ce posthume de 1888 : « [...] la volonté de puissance est la forme primitive de l'affect, [...] tous les affects n'en sont que des développements » (*FP XIV*, 14 [121]).

tionné par des valeurs, et fondamentalement affectif. S'il ne fallait, toutefois, retenir qu'une caractéristique, il serait indispensable de dire avant tout que l'on ne peut, chez Nietzsche, parler d'instincts ou de pulsions qu'au pluriel. Le recours à cette notion a pour fonction de caractériser le type de logique structurant la réalité ; et il bouleverse de fait du tout au tout la compréhension de sa nature profonde. C'est bien pourquoi le passage au premier plan de la notion de pulsion ne se limite pas chez Nietzsche à ce trait caractéristique de la modernité qu'est la promotion du non-conscient, qui laisserait éventuellement inchangées les relations entre instances soustraites à la conscience. Avec le recours à l'idée de pulsion, il n'y a justement plus d'instances, ni de choses, encore moins d'étants. Et c'est bien là le point essentiel. Dire que la réalité est analysable en termes de pulsions, c'est dire qu'elle n'est pas un monde de choses. Nietzsche montre ainsi que la réalité est essentiellement un mode de relation. C'est ce que désigne la notion d'interprétation : un jeu de processus perceptifs qui s'évaluent mutuellement et s'allient ou s'affrontent pour se contrôler – c'est en ce sens que l'on peut dire que les pulsions interprètent la réalité, laquelle est constituée en dernière analyse par les autres pulsions –, un jeu que l'on peut décrire mais non expliquer. Mais il est capital de préciser que si les pulsions organisent et mettent en forme le réel, c'est toujours en fonction de préférences fondamentales qu'elles effectuent leur tâche : ce qui autorise à affirmer que « pulsion » n'a de sens chez Nietzsche que comme répondant de la notion de valeur, et à voir dans les pulsions de la valeur au travail.

La réalité est fixation de distances, de hiérarchies, et simultané-ment, transgression et effacement de ces hiérarchies et clivages … au profit de nouvelles hiérarchies et de nouveaux clivages, qu'exploi-teront ou disloqueront de nouvelles configurations de pulsions quand elles seront parvenues à élaborer une situation de puissance favorable. Une fois démontré le caractère pulsionnel de toute réalité le philo-sophe est en mesure de repérer certaines des séquences de ce jeu dionysiaque qu'est la réalité, de ce jeu de rivalité et de collaboration pulsionnelle. Mais la question que pose le philosophe change alors de nature : il ne s'agit plus de connaître, de savoir ce que c'est, mais de savoir comment il est préférable de choisir : le problème fondamental de la philosophie est le problème de la valeur. Quelles valeurs privi-légier ? Ou aussi bien quelles pulsions favoriser, puisqu'il y a réversibilité entre pulsions et valeurs? Et comment parvenir à imposer concrètement ces valeurs et la hiérarchisation de la réalité qu'elles impliquent, dans une situation où d'autres valeurs se trouvent déjà en place – il n'y a jamais de vide axiologique –? C'est désormais un problème d'effectuation, d'opérativité qui se pose, un problème, nous dit Nietzsche, dont les philosophes, Platon excepté sans doute, n'ont jamais eu l'idée. Coupée de ce renouvellement du mode de pensée et de ses implications, la pulsion ne serait plus que la marque de l'attitude la plus antiphilosophique qui soit, le produit de l'absence d'exigence intellectuelle – « une facilité que l'on se donne ».

Patrick WOTLING
Université de Reims

PULSION, CAUSE ET RAISON CHEZ FREUD

Le concept de pulsion est un des plus riches que nous lègue Freud. C'est aussi un des plus galvaudés. S'il faut le considérer philosophiquement, il importe avant tout de lui conserver sa radicalité, c'est-à-dire aussi bien sa capacité de traverser les frontières et de bousculer les partages établis, au lieu de réduire trop vite l'exigence critique que pourraient porter ses violences.

Le concept est présenté par Freud comme structurellement ambigu : il s'agit d'un « concept limite (*Grenzbegriff*) entre le psychique et le somatique »[1].

Cette ambiguïté ontologique a pu susciter, de part et d'autre, des insatisfactions.

Il importe d'abord, certainement, de souligner, à la suite des commentateurs, la nécessaire distinction entre « l'instinct » (*Instinkt*), qui est purement biologique, et renvoie au « comportement animal fixé par l'hérédité, caractéristique de l'espèce »[2], et la « pulsion », qui, en un certain sens, *n'est pas seulement biologique*.

On a relevé à juste titre qu'il n'y a de pulsion que pour un être pourvu de psychisme. La pulsion n'est rien de purement somatique. La pulsion n'apparaît qu'en vertu d'*un certain type de contrainte exercée par le corps, pour ainsi dire de l'extérieur, sur le psychisme.*

---

1. « Pulsions et destins des pulsions » (1915), dans *Métapsychologie*, trad. fr. J. Laplanche et J.-B. Pontalis, Paris, Gallimard, 1993, p. 17.

2. *Cf.* J. Laplanche et J.-B. Pontalis, *Vocabulaire de la psychanalyse*, art. « Pulsion », Paris, PUF, 1997, p. 360.

La pulsion c'est «le représentant psychique (*psychischer Reprä-sentant*) des excitations, issues de l'intérieur du corps et parvenant au psychisme»[1].

On peut évidemment, comme Rudolf Bernet[2], insister dès lors sur l'intériorité de la pulsion au psychisme, et la nécessité de la réinscrire dans une économie, cohérente et philosophiquement fondée, de ce même psychisme, de façon pour ainsi dire immanente. Le paradoxe, c'est qu'alors, la fondation philosophique invoquée de l'inconscient prendrait le visage d'un aprofondissement d'une certaine philosophie de la conscience, dans sa clôture : la phénoménologie.

Nous demeurons sceptique à plus d'un titre quant à une telle tentative. En ce qui concerne le concept de pulsion lui-même, nous croyons qu'une telle démarche conduit à perdre l'essentiel : son caractère de *concept limite* précisément. Une limite a deux faces. Si le concept de pulsion est un «concept limite», c'est que, certainement, tout comme la pulsion ne peut être quelque chose de purement soma-tique, elle ne peut non plus être quelque chose de purement psychique.

Plus exactement, nous pensons bien qu'il y a un privilège du psychique dans la caractérisation freudienne de la pulsion. La pulsion n'a d'intérêt, dans l'analyse freudienne, que dans la mesure où elle constitue une entité proprement psychique, et non une simple donnée biologique, comme le serait l'instinct. Mais, en même temps, elle témoigne de cette propriété fondamentale du psychisme qui est de *ne pas être un empire dans un empire*, pour ainsi dire coupé du monde (même s'il a une composante forte d'internalisation, c'est aussi un aspect, décisif, de la perspective psychanalytique), mais d'être toujours pour ainsi dire couplé avec autre chose que lui. Comme telle, la pulsion est la «mesure de l'exigence de travail (*Arbeitsanforderung*) qui est imposée au psychique en conséquence de sa liaison (*seines Zusammenhanges*) au corporel»[3].

Evidemment, on peut trouver tout à fait insuffisants les présup-posés ontologiques sous-jacents, qui semblent ressortir au dualisme le plus traditionnel. Qu'est-ce que cette énigmatique «connexion»

---

1. «Pulsions et destins des pulsions», p. 17.

2. R. Bernet : «Pulsion, plaisir et déplaisir : essai d'une fondation philosophique des concepts psychanalytiques», *Philosophie* n° 71, 2001.

3. «Pulsions et destins des pulsions», p. 17-18.

(*Zusammenhang*) du psychique et du corporel que la psychanalyse suppose, ici comme ailleurs, sans l'interroger vraiment? Quelle glande pinéale sera nécessaire à l'assurer? Il est clair que l'ontologie freudienne, dans ses remises en question explicites du cartésianisme, a pourtant quelque chose de robustement (trop robustement) cartésien.

Mais au delà de la critique du statut du corps en psychanalyse, il reste que dans cette extériorité du physique au mental, que Freud semble toujours supposer, il y a quelque chose d'intéressant et de fort (de *phénoménologiquement* fort), qui se réfléchit au mieux dans sa définition de la pulsion. Dans la pulsion, il y a une forme d'extériorité qui se manifeste : quelque chose frappe à la porte du psychisme qui n'est pas à proprement parler du psychique, quelque chose qui s'établit dans une forme d'*indifférence* à lui. D'une certaine façon, dans cet écart que Freud pose entre le corps et l'esprit à la base de la détermination de la pulsion, c'est de la *transcendance* constitutive de la pulsion qu'il s'agit : le fait que l'esprit, en un sens, y soit toujours dépassé – là même où pourtant, cela pourrait être ce qui lui est le plus propre qui est en question. Dans la pulsion, l'esprit n'a jamais affaire seulement avec lui-même, mais toujours aussi avec quelque chose qui n'est pas lui, qui le touche au plus profond de lui-même (à quoi il est « rivé ») et dont il ne sait pas bien d'où cela vient – ce qu'on nommera, par provision, *le corps*, et cela pourrait, du reste, être une assez définition possible de celui-ci. Il y a là un aspect essentiel de la pulsion, dont on ne peut l'amputer sans obtenir des « mouvements psychiques » qui ne sont plus des pulsions.

On insistera encore à juste titre sur les avatars de la « représentance » (*Repräsentanz*), qui font de l'élément psychique concerné (la pulsion?) tout sauf l'expression directe, ou, dit-on, le simple effet causal, de « l'excitation » (*Reiz*) corporelle.

S'il s'agit de faire droit au fait que la pulsion, en tant qu'entité proprement psychique a sa logique propre, non déductible de celle de l'excitation corporelle en on ne sait trop quelle théorie du reflet, c'est certainement un point central. La logique de la représentation au sens de la *Vertretung*, la lieutenance, requiert une réorganisation de champ, dans laquelle l'élément représentant peut seulement fonctionner. Il ne suffit pas pour lui d'être un effet de la détermination qu'il « représente » pour la représenter. En d'autres termes, il n'y a pas de représentation sans structures, qui sont en propre celles de la représentation.

De là à dire que la relation du somatique au psychique n'est *pas* conçue par Freud sur le mode de la causalité, il nous semble qu'il y a quelque excès, et un véritable risque. Nous pensons que dans l'analyse freudienne de l'être-rivé du psychisme au somatique l'élément *causal* joue un rôle décisif. Le corps est là toujours aussi et d'abord comme cause. Privilégier dans l'analyse du rapport du psychisme au soma une dimension purement herméneutique, de l'ordre de la traduction, ou de l'expression peut être juste, mais certainement pas au prix d'une désactivation de la causalité. Le corps, pour Freud, tout chargé de sens qu'il soit, et source de sens aussi bien qu'il puisse être, demeure toujours, *en dernier ressort*, une cause.

En fait, nous touchons là le nœud du problème : comme s'il y avait à choisir entre le sens et la cause, la lecture « herméneutique » et la lecture déterministe. La plupart des lectures de Freud nous mettent, en un sens ou en un autre, et avec des motivations différentes, devant un tel choix. Mais précisément, la spécificité de la psychanalyse, c'est, nous semble-t-il, d'avoir risqué le pari de *l'intrication de l'ordre du sens et de celui des causes*. Le rapport de l'élément psychique représentant à l'excitation corporelle sous-jacente peut *à la fois* être un rapport de représentation au sens fort, symbolique (donc qui suppose une grammaire) du terme, *et* un rapport de causalité. Allons plus loin : il est toujours les deux à la fois. S'il n'y avait pas cette dimension de causalité, il ne s'agirait pas du corps, dans sa forme d'étrange altérité (d'être toujours une *chose*, qui, constitutivement, est aussi *cause*).

De ce point de vue, nous ne pouvons que formuler des réserves quant au tour qu'une certaine analyse post-freudienne des pulsions a pu revêtir, notamment sous l'influence du lacanisme. À force d'insister sur la *symbolicité* de la pulsion, qui ne peut être un phénomène seulement biologique, on a fini si ce n'est par nier, en tout cas oublier sa base biologique. Il nous semble que même s'il est tout à fait clair que la pulsion ne s'explique pas par la seule biologie et suppose une élaboration (un « destin ») proprement psychique, qui est l'objet propre de la psychanalyse, son ambiguïté ontologique, pour ainsi dire à cheval entre le somatique et le psychique et sur la crête de cet énigmatique lien de causalité qui les relie, en demeure un aspect proprement essentiel. Le paradoxe constitutif de la pulsion est que, concept essentiel du psychique, elle en est aussi, indéfectiblement, un concept-limite.

Cette ambiguïté ontologique, si insatisfaisante et problématique soit-elle, a une réelle fécondité. Elle exprime bien quelque chose en effet, du point de vue *logique* : une certaine forme de transgression, de l'ordre des causes à celui des raisons et réciproquement, dans laquelle pourrait tenir le sens ultime de la pulsion – transgression dans laquelle s'atteste le fait essentiel de la *limitation de l'ordre des raisons*, en tant que limitation interne, dont cet ordre porte la marque et qui explique tout un aspect, central, de son fonctionnement.

C'est cette ambiguïté dont nous voudrions donner ici une première exploration.

D'abord il y a lieu de souligner l'originalité de la détermination causale somatique proposée pour la pulsion par Freud, dans la lignée de ses premiers travaux énergétiques. La pulsion n'est pas l'effet psychique d'une excitation physiologique en général. Elle résulte d'une configuration somatique bien particulière. Elle est ce qui se produit là où l'excitation vient du corps lui-même, est endogène, et où ce caractère endogène de l'excitation *nous rend impossible de nous y soustraire, cela dans la mesure exacte où nous ne pouvons fuir notre propre corps*. La pulsion comme envers de l'impossibilité de s'échapper à soi, entendue d'abord en un sens physique – de cette nécessité de trimbaler notre propre corps partout avec nous, ou de *nous* trimbaler comme notre propre corps – il y a là une véritable profondeur de la phénoménologie freudienne, nous semble-t-il, que la physiologie nourrit plutôt que d'entrer en conflit avec elle. Derrière cette représentation, on retrouve cette opposition très forte posée par l'*Esquisse*, entre excitation interne et externe, en un sens purement physiologique (donc en un certain sens tout en « extériorité ») de l'intérieur et de l'extérieur, cette intuition freudienne de notre sensibilité de fond au grouillement des organes, en tant que sensibilité étouffée, diffuse et en même temps à la limite du supportable. Ce vécu passif et « interne » du corps constitue une donnée fondamentale et c'est sur son fond que la pulsion, comme sollicitation « interne », peut se détacher. Une sollicitation dont le sens pulsionnel semble résider très largement dans le fait que je ne peux m'y soustraire, puisque, en un sens antérieur au moi du moi, *cela vient de moi. On ne fuit pas une pulsion* : cela pourrait être une définition de la pulsion.

C'est donc tout à la fois en tant qu'extériorité *et* intériorité que la pulsion revêt son pouvoir de contrainte. Elle est l'effet de l'extériorité d'un corps qui exerce une pression sur le psychisme. Mais, d'un autre côté, elle n'est pas un effet de cette pression indifférenciée, mais de la pression du corps en tant qu'il m'est pour ainsi dire le plus intime : du corps en tant qu'intériorité au sens propre (physique) du terme, et donc en tant que, contrairement à telle ou telle stimulation du monde extérieur qui l'affecterait superficiellement, il impose à moi sa présence constante, pour ainsi dire le poids de son organicité.

Il y a là un point extrêmement important, qui rend compte du caractère « destinal » de la pulsion. La pulsion ne vient pas de l'extérieur ; elle vient de moi. Mais, pour autant, elle est *subie*. Ce qui, pour Freud, a un sens extrêmement concret : elle m'échoit en tant que j'ai un corps et, en un certain sens, de mon corps (de moi comme corps). L'archéologie freudienne de l'individualité plonge bien ses racines dans le corps, et dans cette première forme d'égoïté que constituerait « l'intériorité » biologique : celle de la clôture des organes dans leur enveloppe de chair (cet *épiderme* auquel l'*Esquisse* accorde une telle importance, comme frontière) et de la pression constante qu'ils exercent sur notre vie psychique.

Là se trouve le carburant de la pulsion, cette « poussée » (*Drang*) qui la constitue et dont les langues latines ont fait son étymologie. Cette pression de l'intériorité biologique (avec la *différence de potentiel* que suppose aussi la distinction entre intériorité et extériorité, du point de vue physique) rend compte de l'aspect *énergétique* de la pulsion. Or, il n'y a pas de pulsion sans énergétique, en un sens réel, c'est une chose que les reconstructions philosophiques de la pulsion tendent trop souvent à oublier, ou à transposer en une interprétation purement symbolique de l'énergie en question. Si vous retirez la dimension de la force, il n'y a plus de pulsion.

Mais la pulsion étant une réalité-limite, entre le somatique et le psychique (fondée sur la « représentance » du somatique par le psychique), le point important est que cette « poussée », qui, dit Freud, constitue son « essence » (*Wesen*), ait, comme telle, à prendre une forme psychique, celle d'un « mouvement » psychique en un sens qui n'est pas celui d'une simple métaphore, puisqu'il donne lieu à sa dynamique, à ses conflits et à son économie.

Cette forme psychique, nous l'avons discuté ailleurs[1], est celle d'une quasi-intentionalité. C'est-à-dire que semble caractéristique de la pulsion son *orientation téléologique* vers un *objet*. Toute pulsion, comme telle, a un *but* (*Ziel*) et un *objet* (*Objekt*).

Comme nous avons pu le remarquer, il faut toutefois relativiser cette apparente reprise d'un schéma qui serait celui de l'intentionalité d'objet – ce qui n'exclut pas, du reste, d'autres formes d'intentionalité.

Premièrement, parce que le «but» de la pulsion ne doit pas être confondu avec son objet. Si la pulsion est finalement orientée, ce n'est pas vers ce qui est présenté comme son objet, mais vers son «but», qui, en soi, *n'a pas forme d'objet*. Le but ultime de toute pulsion, c'est la «satisfaction» (*Befriedigung*), cette satisfaction que l'on trouve dans la suppression de l'excitation endogène qui est à la source de la pulsion. Mais contribue de façon décisive à donner sa physionomie psychique à la pulsion le fait que ce but universel puisse être atteint en empruntant des voies différentes (*verschiedene Wege*), dégageant autant de buts partiels, ou d'étape. Le jeu de ces buts partiels, qui peuvent dans une certaine mesure se substituer les uns aux autres, se compenser, ou entrer en conflit, nourrit la vie ou le «destin» de la pulsion. Ces buts partiels ne sont certainement pas des objets; ils renvoient bien plutôt à des activités, ou en tout cas à quelque chose qui serait *à faire* (fût-ce selon le registre de la passivité) afin d'obtenir la satisfaction. Le but, cela peut être regarder (pulsion scopique) comme dominer (pulsion sadique), ou au contraire être dominé (pulsion masochiste). Dans l'obtention du but ou le cheminement vers lui, l'objet joue certes un rôle, mais en un certain sens, accessoire – il est le *moyen* de l'obtention du but.

Et en effet, *deuxièmement*, contrairement à ce qui se passe dans une intentionalité d'objet, il n'y a pas de relation interne, *caractérisante*, entre la pulsion et son objet et la pulsion n'est que très superficiellement, en première approche, pulsion d'un objet déterminé. L'objet, bien sûr, doit répondre à certains critères s'il doit pouvoir

1. *Cf.* J. Benoist, *Les limites de l'intentionalité*, Paris, Vrin, 2005, chap. VI.

donner matière («prétexte» serait peut-être plus exact) à satisfaction. C'est-à-dire qu'il doit se prêter à la réalisation du *but* recherché. Il est probable que, pour faire un certain type de chose, j'ai besoin d'un certain type d'objet. Néanmoins cette nécessité ne constitue certainement qu'un principe de détermination extrêmement lâche, et laisse place à une vicariance étendue de l'objet, vicariance qui au fond est la propriété la plus intéressante de l'objet, du point de vue pulsionnel[1]. Cette vicariance est fondée dans le fait qu'en un certain sens, n'importe quel objet est bon, précisément tant qu'il *se laisse traiter comme ce qui apporte le type de satisfaction en question*. L'objet, comme tel, est «ce qu'il y a de plus variable dans la pulsion», et «il ne lui est pas originairement lié»[2].

Il n'y a donc, en un certain sens, qu'une apparence d'intentionalité d'objet dans la pulsion. On y trouve bien plutôt, pour autant qu'il soit pertinent d'y appliquer le vocabulaire de l'intentionalité, comme une *intentionalité de but* – intention de *faire quelque chose*, ce qui nous renvoie du reste du sens philosophique au sens premier, «naturel», de l'intentionalité. Cela ne veut pas dire que le moment de l'objet ne joue pas ici phénoménologiquement un rôle essentiel, sous l'espèce de la *fixation sur l'objet*; mais l'objet, comme objet de fixation et en tant que tel moment essentiel de la pulsion, ne constitue néanmoins en rien le véritable *télos* de la pulsion.

Cette correction ne met toutefois hors jeu qu'une forme d'intentionalité, bien définie : l'intentionalité d'objet. En tant qu'*intentionalité de but*, la pulsion ne conserve-t-elle pas tous les traits de ce qu'on appelle habituellement «intentionalité»? Il semble décisif que, en passant à l'étage du psychique, la pulsion revête cet aspect qui est celui d'une intentionalité – n'est-ce pas précisément, ce qui, suivant la thèse de Brentano (même si on la reformule un peu : on laisse tomber ici, ou tout au moins on accessoirise l'intentionalité *d'objet*), l'inscrit dans l'ordre du psychique? C'est parce qu'elle a cette structure intentionnelle, ou quasi-intentionnelle (*apparemment* intentionnelle) que la pulsion n'est pas un phénomène purement somatique, mais représente

---

1. *Cf.* «Pulsions et destins des pulsions», p. 19 : «c'est à ce déplacement (*Verschiebung*) de la pulsion que revient le rôle le plus important».
2. *Op. cit.*, *loc. cit.*

une réelle interface entre le somatique et le psychique, participant de la caractéristique générale des phénomènes psychiques.

Mais alors surgissent un certain nombre de difficultés.

Parmi les plus notables, la première est de savoir jusqu'à quel point on peut parler d'*intentionalité inconsciente* et jusqu'à quel point cela a un sens de transposer au niveau inconscient une structure typiquement consciente, au point d'avoir été faite, par une certaine philosophie, caractéristique de la conscience.

Il faut bien comprendre ce que veut dire parler d'« intention », ou de quasi-intention, à propos de la pulsion. C'est raisonner comme s'il y avait, en moi, quelque chose qui « voulait », sans que ce soit exactement moi, en tout cas pas le moi conscient, et qui en même temps le ferait suivant les modalités de ce qu'on appelle ordinairement vouloir, qui est l'apanage d'un moi conscient – qui se définit par *l'imputabilité* à ce dit moi, cette imputabilité étant, en un certain sens, la définition même de la conscience.

En d'autres termes, quel sens y a-t-il à *imputer* quoi que ce soit à la pulsion, là où il n'y a personne (et surtout pas elle) pour *savoir* ce qu'elle veut ? Et, dès lors, quel sens y a-t-il à dire qu'elle *veut* quoi que ce soit ?

Si on veut éviter l'essentialisme, on peut jouer ici la carte de la « grammaire », suivant la voie frayée par Wittgenstein. Vouloir, n'est-ce pas savoir ce qu'on veut ? Autrement, on ne parlera pas de vouloir, mais, peut-être, d'impulsion. La psychanalyse, à avoir trop psychologisé la pulsion, lui a prêté peut-être indûment la figure, en elle-même énigmatique, d'un vouloir qu'elle n'est pas, qu'elle ne peut pas être, car d'*un vouloir qui ne se sait pas*. Or, la conscience est inscrite dans le concept même de vouloir, ou plus exactement dans *la façon que nous avons d'employer ce terme*. Réfléchissons à ce que nous demandons exactement lorsque nous demandons à quelqu'un : « mais enfin, que veux-tu ? ». Nous n'attendons de lui rien d'autre que la « prise de conscience » de ce qu'il veut, de ce qui constitue le véritable objet de sa volonté. Mais entre cette prise de conscience et la volonté elle-même, il n'y a rien. *Vouloir, c'est savoir ce qu'on veut*, et cela en un sens qui ne suppose aucune extériorité de la volonté au savoir qui la constitue : ce n'est pas que la volonté devienne *objet* de cette conscience; c'est qu'elle *est* cette conscience, en un sens qui est probablement primordial [1], et non second, de la notion de conscience.

Comment, dès lors, parler d'«intentions inconscientes» (comme le seraient en un sens les pulsions) sans violer la grammaire de la volonté ou des «intentions» – si, on admet, comme il paraît raisonnable de le faire, que la notion d'intention a un rapport constitutif avec la problématique du volontaire et de l'involontaire?

Il ferait partie de la «grammaire de l'intention» que celle-ci fût consciente. Soit. Eh bien, ne faudra-t-il pas reconnaître que Freud, avec cette structure *pour ainsi dire intentionnelle* de ce qui n'est pas conscient, introduit *quelque chose de nouveau, tout simplement, quelque chose qui ne correspond pas exactement au modèle de ce qu'on appelle une intention*? Trop souvent, une certaine critique wittgensteinienne de Freud (tout comme la critique phénoménologique, d'ailleurs, d'autre façon) a tendance à exagérer la fidélité de Freud aux concepts traditionnels de la psychologie philosophique, au titre d'une certaine forme de «psychologisme» constitutif de la psychanalyse. Freud maintiendrait les concepts traditionnels de la psyché à l'identique, les appliquant simplement au delà du registre où ils le sont habituellement – donc, tant du point de vue de Wittgenstein que des phénoménologues, là où ils ne peuvent l'être, là où *cela n'a pas de sens* que de les appliquer. La psychanalyse freudienne épouserait une logique qui consiste à chercher à conserver le bénéfice d'un concept tout en en transgressant les conditions d'application. À une telle lecture, nous opposerons l'idée que Freud, lorsqu'il conduit un concept de la psychologie traditionnelle à sa limite, sait très bien ce qu'il fait. C'est-à-dire qu'il est très conscient de ce que, sur ce terrain, ledit concept ne peut plus fonctionner suivant les modalités et l'efficacité qui étaient traditionnellement les siennes, et que lui, Freud, est donc en train de le transformer, d'inventer réellement quelque chose. Il ne suffit pas de dire qu'il y a des intentions inconscientes et que, comme telles, ce sont des pulsions. Dans un tel contexte, le mot «intention» ne peut plus avoir le sens qu'il a d'habitude, mais doit en avoir un autre, certes non sans rapport avec le sens habituel, mais qui

---

1. Comme l'a mis en évidence V. Descombes dans sa très importante étude *Le complément de sujet*, Paris, Gallimard, 2004.

pose des problèmes spécifiques. Tout l'effort de la psychanalyse est d'avoir essayé de trouver un tel sens.

Pour apprécier pleinement la portée de la révolution psychanalytique, il faudrait que les philosophes (dont il est tout de même impressionnant de voir combien, dans des traditions très différentes, ils demeurent globalement, encore aujourd'hui, des philosophes de la conscience, ou retombent en tout cas aisément sur les thèses d'une telle philosophie, y compris après avoir critiqué l'instance qui était supposée lui donner son thème), apprennent un jour à y voir autre chose qu'une super-psychologie « de l'inconscient », dont la seule différence avec la psychologie au sens traditionnel serait que ce dont elle parle serait « inconscient ». C'est là domestiquer l'inconscient freudien et non répondre au défi qu'il représente pour l'analyse philosophique. Le passage de la frontière de l'inconscient se fait à frais réels : il modifie bel et bien le sens des termes que nous étudions (le psychisme n'est pas ce que nous croyions avant la découverte de l'inconscient) et pose un réel problème de redéfinition pour eux. La découverte de l'inconscient modifie la perspective d'ensemble sur le psychisme et conduit à y apercevoir de *nouvelles possibilités*, qui n'avaient pas de sens dans la seule analyse de la conscience.

À une telle stratégie (de différenciation et de multiplication des « sens »), on répondra évidemment que, comme dirait Wittgenstein, encore faut-il précisément qu'un sens ait été « donné » à ces nouveaux emplois. On parle d'intentions inconscientes; pourquoi pas, on est toujours libre d'employer les mots comme on le veut; mais qu'entend-on exactement par là? Si on est capable d'assigner des conditions (et des occasions) précises d'emploi pour ce genre de formule, alors tout va bien, mais, à partir du moment où on n'utilise pas les termes de la façon dont ils sont d'habitude employés, alors il faut être en mesure de préciser la façon dont on les utilise, plutôt que de solliciter implicitement un usage tout en le déniant et en refusant de tirer les conséquences qui normalement sembleraient en résulter.

Tout dépend alors, en toute rigueur, du regard d'ensemble que l'on porte sur l'œuvre de la psychanalyse. Certains auront l'impression que le discours psychanalytique en reste assez systématiquement à une sorte de sous-détermination de ses usages. Mais il nous semble à vrai dire que ce n'est pas plus le cas qu'en ce qui concerne de nombreuses sciences. La psychanalyse est-elle une science *stricto sensu*? Voilà une question sur laquelle nous nous garderons bien de nous prononcer, qui sans doute nourrit le doute d'un certain nombre des critiques auxquels nous avons fait allusion. Quoi qu'il en soit, il nous semble qu'elle a su, dans son genre propre, développer une conceptualité qui a la cohérence et la précision d'emploi de maints discours, y compris des plus scientifiques. À vrai dire le procès de la « définition d'emplois » fait à la psychanalyse paraît être un mauvais procès. Il nous semble par exemple que les notions utilisées par Freud pour décrire l'économie des pulsions sont parfaitement « définies », précisément parce qu'elles font *système*, renvoient les unes aux autres de façon cohérente et distinctive, et dessinent, dans leur ordre propre, une « grammaire » parfaitement déterminée. Il semble bien que la psychanalyse a réellement su, dans son genre, définir des « usages », dont la viabilité est attestée d'ailleurs par le fait que certains d'entre eux ont été adoptés par la conscience commune, et sont passés dans le langage ordinaire.

Cependant, dira-t-on, ce qui est gênant, c'est alors l'*équivocité* de cette grammaire par rapport à certaines grammaires « naturelles ». Peut-être est-il possible de voir ce que Freud veut dire par « pulsion », c'est-à-dire de trouver un usage pour cela, mais pourquoi emprunter, pour le décrire, le vocabulaire de l'intention, ou en tout cas le décrire sous des traits qui pourraient faire penser à de l'intentionalité ? Alors, que, nous le savons bien, une intentionalité inconsciente, ce n'est pas possible, puisque le concept d'intentionalité renvoie au concept de conscience ! Pourquoi Freud procède-t-il à cette espèce d'hybridation conceptuelle ?

À cela, il n'y a qu'une seule réponse à donner : *parce qu'il veut y procéder*. L'erreur serait de croire que ce serait en quelque sorte par inadvertance, et sans comprendre exactement ce qu'il fait, que Freud emploierait un idiome intentionnel au-delà de la frontière jusqu'à laquelle celui-ci est censé être valable. En faisant cela, Freud essaie *de nous dire quelque chose sur l'intentionalité*, de déplacer notre conception de l'intentionalité et, croyons-nous, il y arrive.

La fausse solution consisterait à penser que, si Freud parle d'« intentions inconscientes », ou de quelque chose comme des intentions inconscientes, alors nécessairement ces intentions n'ont rien à voir avec ce qu'on appelle ordinairement « intentions ». Le discours freudien est alors au pire dénoncé pour sa confusion, au mieux désarmé, les « intentions » étant pour ainsi dire mises à l'abri du risque que faisait planer sur elles cet emploi. Mais quel risque, au fait ? Celui, pourrait-on dire, d'une *perte d'identité*. On a peur d'avoir des intentions « qui n'en seraient pas vraiment ».

Or précisément, quelle est la portée révolutionnaire, et subversive, du message freudien ? *C'est que nous avons des intentions qui n'en sont pas vraiment !* Tout à la fois, il faut faire droit à la spécificité de ce qui apparaît sous le titre de pulsions, et qui ne sont certainement pas des intentions au sens canonique (« conscient ») du terme, et cela avec toutes sortes de conséquences quant à leur nature et leur structure (ce ne sont pas seulement des intentions dont on aurait ôté la propriété « conscience », en fait elles représentent bien une forme d'intentionalité extrêmement différente de ce qu'on appelle ordinairement intentionalité, si on entend par là celle de la décision et du projet conscient), et, *en même temps*, il faut bien reconnaître l'affinité de ce type de réalité avec ce qu'on appelle ordinairement « intention », en un certain sens, il est bien vrai que les deux choses, si différentes soient-elles, jouent sur le même terrain. En neutralisant la pulsion en tant qu'intention (en séparant l'ordre des pulsions et celui des intentions), on résoudra donc peut-être la difficulté, mais à bon compte, car on ignorera toute la radicalité du paradoxe (car c'en est bien un, et voulu comme tel) freudien.

Ce qui peut rendre un paradoxe légitime philosophiquement, c'est sa fécondité, c'est-à-dire sa capacité à mettre en lumière certains phénomènes. Qu'est-ce qui peut bien fonder Freud à continuer à appeler « intention » quelque chose qui n'en est pas, tout en soulignant que, n'en étant pas, cela en est bien en un certain sens, en tout cas, cela conserve quelque chose de l'ordre intentionnel ?

Rien d'autre, croyons-nous, que le fait que cette analyse a une *valeur explicative fondamentale quant à l'ordre intentionnel lui-même*, quant au principe, à la possibilité et aux limites de l'intentionalité.

En fait, la thèse paradoxale, insoutenable, de la pulsion comme une sorte d'intention inconsciente (ou comme une prestation inconsciente qui a comme une structure intentionnelle), vaut essentiellement phénoménologiquement, nous semble-t-il, par *la lumière qu'elle jette sur l'ordre intentionnel*. Freud, en introduisant de l'intentionalité-limite, aveugle, nous apprend quelque chose sur l'intentionalité elle-même, nous fait voir quelque chose de son *bord*, mais donc aussi de son fonctionnement. Ce qu'il nous apprend à voir, qui combat l'espèce d'évidence (fût-elle grammaticale) dont partent les philosophes de la conscience, ses adversaires, c'est *l'absence d'autonomie*, et ce qu'on pourrait appeler *la part d'ombre* constitutive de l'ordre intentionnel. L'intentionalité n'est pas un Empire dans un Empire, fût-ce celui de la grammaire (qui n'est certainement rien qu'on puisse séparer de la vie). Elle a, en un certain sens, un envers, et cet envers joue un rôle décisif dans sa structuration comme dans sa possibilité. C'est ce que nous enseigne l'espèce de transgression, le coup de force accompli par Freud lorsqu'il introduit l'idée de quelque chose comme des intentions inconscientes, *une idée dérangeante pour l'intentionalité*, parce qu'elle nous force à la voir autrement, c'est-à-dire aussi bien à apercevoir dans la chose même ce dont le concept d'intentionalité, dans son étanchéité supposée, ne rendait compte qu'imparfaitement.

La pertinence de la perspective freudienne est alors en raison directe de sa capacité à prendre un charge un certain nombre de phénomènes dont la perspective intentionaliste ne parvient pas à rendre compte, et *dont il est pourtant indubitable qu'ils jouent un rôle dans l'économie* (ou dans l'anti-économie) *de l'intentionalité*.

Ce que nous disons ne deviendra clair cependant que si nous abordons le *deuxième* type de critique généralement adressée à Freud dans ce contexte, une critique, évidemment, étroitement liée à la précédente.

Très généralement, une critique d'inspiration wittgensteinienne (mais en un certain sens une critique herméneutique, telle que mise en œuvre par Ricœur, recroiserait ce thème) reproche à Freud d'avoir confondu les *causes* et les *raisons* [1].

L'ordre des raisons est celui de la motivation des choix du sujet, qui agit *en vue* de telle ou telle chose. Il est ce qui donne *sens* à l'action du sujet. Au contraire, l'ordre des causes est celui de la détermination de l'action du sujet en dehors de tout sens, qui ne participe pas au sens de l'action du sujet. Donner une cause à une action, ce n'est pas

---

1. J. Bouveresse, notamment, a magistralement développé ce thème dans *Philosophie, mythologie et pseudo-science. Wittgenstein lecteur de Freud*, Combas, L'Éclat, 1991, chap. IV.

nécessairement expliquer *ce qu'elle est*; au contraire donner sa (ses) raison(s), c'est exactement expliquer ce qu'elle est. En un certain sens, il n'y a pas d'écart entre l'action et sa raison.

Le paradoxe de Freud, n'est-ce pas, une fois de plus, d'avoir, avec la notion de «pulsion», voulu introduire quelque chose comme des raisons qui n'en sont pas, *des raisons qui, par rapport à notre action, fonctionnent comme des causes*?

Face à cette difficulté, il y a de nouveau deux stratégies possibles. La première, davidsonienne, consiste à soutenir que, en général, le partage wittgensteinien ne tient pas (c'est-à-dire n'est pas conforme non plus à la *folk psychology* véhiculée par le langage ordinaire) et que les raisons, dans certaines situations, peuvent, plus : *doivent* jouer le rôle de causes. Dans un retour affiché à une certaine psychologie populaire, Davidson veut tenir les intentions pour les causes *bona fide* de nos comportements, ou de certains de nos comportements (ceux qu'on peut appeler «actions», précisément), en s'appuyant notamment, dans une sorte de démonstration par l'absurde, sur l'analyse des cas de «causalité déviante», où l'efficacité de l'action témoigne précisément d'une forme d'écart par rapport à l'intention dont elle serait censée résulter, une autre cause interférant (ce qui prouve bien, selon lui, que nous nous attendons à ce que l'intention elle-même puisse être cause, puisqu'elle peut légitimement être prise en défaut de causalité). Un tel schéma se veut absolument général, et la lecture davidsonienne de la psychanalyse consiste à l'étendre également à l'inconscient. Pour Davidson, la rationalité psychanalytique consiste non pas tant à sortir du registre de l'intention qu'au contraire à pluraliser ce registre et à envisager des conflits d'intentions, dissimulés à eux-mêmes sur le mode de la *self-deception*.

Nous ne nous prononcerons pas ici sur le point de savoir si, en général, les raisons peuvent être des causes. À vrai dire une telle analyse nous paraît reposer sur autant de présupposés problématiques en ce qui concerne ce qu'est une raison, et la causalité en général, que l'analyse inverse, dualiste, qui consiste à séparer et opposer absolument l'ordre des raisons et l'ordre des causes.

En revanche, ce qui nous paraît de toute façon gênant dans une telle analyse, en ce qui concerne son application à la psychanalyse, c'est qu'elle ne fait nullement droit à ce en quoi la découverte freudienne (de l'inconscient, et du caractère pulsionnel de l'inconscient), loin de simplement prolonger ou dédoubler l'ordre de l'intentionalité (en envisageant des séries de raisons différentes), vient le bousculer et en exhiber les limites – certaines limites que l'on pourrait dire constitutives. Il nous semble au contraire que c'est bien une clause de *limitation de la raison* que formule Freud, qui est aussi bien une thèse sur la raison.

Qu'il y ait, dans un premier état du freudisme, comme une tentation du monisme épistémologique, dans lequel il s'agit simplement, en un certain sens, de « trouver des raisons là où il n'y en a plus » (de colmater les lacunes de raison que nous observons dans nos comportements quotidiens, ou dans certaines situations privilégiées épistémologiquement, comme le rêve), ce n'est pas douteux. En ce sens, il n'est pas absurde de présenter un premier état de la psychanalyse comme caractérisé par la volonté d'étendre le domaine de la raison et, corrélativement, de l'intentionalité (de ce qui peut être fait en vertu d'une raison).

Mais ce n'est pas là le tout du message de la psychanalyse, qui est autrement complexe. Et la théorie des pulsions (la « métapsychologie », qui porte bien son nom, au sens d'une forme de *dépassement* de la logique même des catégories psychologiques habituelles) est le lieu de cette complexification. Il y a un point où Freud découvre un mode de fonctionnement qui n'est plus celui des raisons et des intentions au sens coutumier (« psychologique »), et qui pourtant a à voir avec elles, les éclaire d'un jour nouveau et, pour ainsi dire, à contrejour.

Considérons donc la seconde solution possible, *non nivelante* (qui ne prétend pas assimiler purement et simplement raisons et causes, sans rien retenir de la spécificité pulsionnelle), au paradoxe de la pulsion comme (pseudo-)raison qui en même temps est une cause. Une fois encore (comme pour l'inconscient, mais c'est le même problème), la solution consistera à *maintenir le paradoxe comme tel*.

Afin de comprendre ce que cela veut dire, il est nécessaire d'entrer dans le contenu de la théorie freudienne des pulsions.

D'abord, à l'époque de la *Métapsychologie* (1915), il faut faire un sort à la distinction faite entre « pulsions de conservation » (*Selbsterhaltungstriebe*) et « pulsions sexuelles » (*Sexualtriebe*). Cette dualité introduit une fêlure dans l'ordre de l'intentionnel, fût-il élargi (à l'inconscient), car elle indique une forme de *transcendance*, que rien ne saurait surmonter. Il s'agit bien d'une forme de différence absolue, qui vient contraindre et orienter l'ordre intentionnel. Ce dualisme n'est rien qui pourrait être réintégré lui-même dans l'ordre intentionnel sous la forme de cette espèce de commensurabilité de principe des raisons que celui-ci suppose.

De façon significative, qui renvoie toujours au statut de la pulsion comme réalité limite (entre le somatique et le psychique, le biologique et le psychologique), ce dualisme est présenté par Freud comme ayant un soubassement biologique :

> La biologie nous enseigne que la sexualité ne saurait être mise sur le même plan que les autres fonctions (*Funktionen*) de l'individu, car ses tendances (*Tendenzen*) dépassent l'individu et ont pour fin la production de nouveaux individus, c'est-à-dire la conservation de l'espèce [1].

À quoi nous renvoie normalement l'ordre intentionnel, si ce n'est à une forme d'économie téléologique qui, par définition, est sans transcendance ? L'intentionalité, c'est l'ajustement des moyens en vue des fins, selon la logique, par construction immanente, d'un *ordre*. De ce point de vue, le modèle de l'intentionalité, c'est toujours l'auto-conservation. Certes pas toujours au sens immédiat de la survie, mais au sens métaphorique du maintien de quelque chose. D'où le rôle d'étayage des pulsions de conservation dans la construction de l'ordre *quasi-intentionnel* qui est celui des pulsions selon Freud.

Le détachement que Freud postule des pulsions sexuelles par rapport aux pulsions de conservation sur lesquelles elles sont étayées pose certainement un problème du point de vue du modèle *téléologique* de l'intentionalité. Il pose le problème d'un *dédoublement* des ordres qui a un effet proprement anti-économique, et vient pour ainsi dire rompre l'immanence qui était celle, supposée, de l'ordre intentionnel.

S'il y a *deux* fins, alors l'intentionalité ne peut plus être lue comme simple économie par rapport à une fin. Quelque chose de contre-productif et comme un conflit constitutif – origine d'une forme de négativité – s'introduit en elle.

---

1. « Pulsions et destins des pulsions », p. 22.

Il est bien connu que les fins de l'individu confronté au problème de son auto-conservation et celles de l'espèce dont tout se passe comme si elle était confrontée au problème de se reproduire, ne sont pas les mêmes, et qu'elles peuvent aisément rentrer en conflit. Elles le font même inévitablement, fatalement : la survie de l'espèce, structurellement, passe par la mort de l'individu.

L'important ici ce n'est pas qu'une raison « de plus » (celle de l'espèce) est donnée au sujet, mais qu'il s'agit bel et bien d'*une raison d'un autre ordre*, qui n'est pas purement et simplement assimilable aux siennes et qui ne peut pas, comme telle, être faite raison d'un individu.

En effet, il faut bien peser ceci, qui est le nœud du problème : *comment pourrait-on vouloir quelque chose qui n'est pas « son propre intérêt »* (ce que la sexualité, certainement, pour Freud, en tant que principe de transcendance, nous conduit à faire)? Il y a là une première brèche faite à une certaine lecture de l'ordre intentionnel qui l'interprète suivant le principe économique d'un ordre téléologique. Cet ordre, par la sexualité, se voit traversé par quelque chose qui va contre sa propre fin. À ce niveau, il n'y a pas de « réconciliation » ou de compromis possible ; il n'y a que des ruses, des ajustements et des « couvertures » (le déguisement d'un ordre sous un autre). Les fins, clairement, ne sont pas les mêmes, et ne sont que marginalement – de ce détour qu'est la vie de l'individu par rapport à la poursuite et au maintien de l'espèce – compatibles. Les deux systèmes de fins dessinent à l'infini des séries divergentes, et non convergentes. C'est qu'entre les fins de l'individu et celles de l'espèce – qui œuvrent pourtant dans l'individu – il y a une différence d'échelle.

Il y a dans cette inconciliabilité, cette hétérogénéité, un véritable problème, qui manifeste aussi les limites de la perspective davidsonienne (*uniformément* intentionaliste) sur l'inconscient : le problème, c'est qu'il y a des raisons qui sont *réellement incommensurables*, pas de même ordre, qu'aucune conscience idéale ne saurait réunir sous le même toit (celui de quelque « principe de rationalité ») et synthétiser. *L'inconscient, c'est aussi la limite de la synthèse possible des raisons.*

Il y a là un point très important. En effet, si, avec la pulsion sexuelle, on a réellement affaire à quelque chose de non intégrable à la raison qui est celle de l'individu (à une finalité non intégrable à la finalité obvie de son action), si la pulsion sexuelle, en tant que telle, conserve bien cette forme de *transcendance* que lui attribue Freud, alors, il est logique que ce qui, dans son ordre propre, pourrait passer pour une forme de raison, agisse sur l'espace des autres raisons (des raisons homologuées et au fond acceptées tacitement par l'individu comme sa norme de vie), comme une forme de contrainte extérieure, et de *cause – une cause qui n'est pas une raison.* C'est alors le choc de deux ordres de raisons en décalage l'un par rapport à l'autre et incommensurables l'un à l'autre (une raison de l'un ne peut être une raison de l'autre) qui produit l'effet de causalité.

Une telle lecture nous semble beaucoup plus intéressante pour ce qui est de cerner la spécificité de la découverte freudienne que celle qui ne ferait que prolonger la psychologie populaire au-delà de ses propres limites. Surtout elle rend compte de *l'effet de transgression* associé au fait qu'une raison puisse fonctionner comme une cause, en vertu de son irruption dans un ordre de raisons qui n'est pas le sien, ce qui semble un constituant essentiel de la phénoménologie de la pulsion sexuelle. Le fait que certaines « raisons » (qui en vertu de cela, n'en sont pas vraiment) fonctionnent comme des causes est lié à une fragilité interne – parce qu'à une dualité – de l'ordre des raisons, à un défi au principe d'immanence (de mise en commensurabilité) qui est celui de la raison. Telle nous paraît être la véritable portée de l'invention freudienne : en premier lieu la mise en évidence du caractère non parfaitement unifiable, mixte et *clivé*, de l'ordre intentionnel, qui ouvre en lui, en tout paradoxe conscient, l'espace d'une causalité. Qu'est-ce qu'une raison qui ne peut plus ou pas entièrement fonctionner comme raison, qui ne parvient pas à s'intégrer complètement dans l'ordre intentionnel dans lequel elle est immergée ? Il y a gros à parier qu'elle devient alors une simple *cause*, ou tout au moins se réduit à être le vecteur symbolique de ce qu'il y a derrière elle, à savoir une cause – cette excitation biologique qui demeure et dont il faut bien gérer l'impact sur le psychisme.

L'empiètement de l'ordre des causes sur celui des raisons (ou la déqualification de certaines raisons comme « causes ») indique donc un problème interne à l'ordre des raisons, le fait que cela n'a pas de sens de traiter celui-ci comme un tout, en faisant abstraction de son clivage, et le fait que, plus généralement, on ne peut le traiter comme un empire dans un empire, qu'on doit le référer à sa base biologique, et à l'*ambiguïté* (dualité) ontologique de celle-ci.

C'est ce que nous pouvons tirer d'une analyse de la complexité du thème pulsionnel chez le premier Freud. Mais, de ce point de vue, la percée effectuée par le second Freud avec l'introduction de la « pulsion de mort » donne encore plus de force à l'idée d'une perméabilité, et d'une perméabilité non conciliante, de l'ordre des raisons et de celui des causes.

Dans son œuvre tardive, Freud regroupe en un certain sens les deux principes inconciliables que nous venons d'évoquer (le sexe et l'auto-conservation) sous un seul même titre, celui des pulsions de vie (*Lebenstriebe*), et dans une seule et même économie (ce qui paraît à vrai dire, compte tenu de ce que nous avons dit, impossible), celle du plaisir (*Lust*). Mais c'est que maintenant s'y oppose une nouvelle extériorité, autrement radicale : celle de ce qu'il a nommé, à partir de *Au-delà du principe de plaisir* (1920), *pulsion de mort* (*Todestrieb*).

Compte tenu de la définition finaliste donnée depuis le début de la pulsion, cette « pulsion de mort » paraît décidément bien paradoxale. Elle est radicalement *anti-économique*, semblant se caractériser par son absence de fin positive – sa fin, plus que tout autre, est incommensurable aux autres fins, puisqu'elle en est la négation ou l'anéantissement.

Pourtant, la pointe du paradoxe est que cette réalité déviante par rapport au modèle des autres pulsions et de ce qui avait d'abord été identifié comme pulsion, fournit en définitive pour Freud le paradigme même de la pulsion, la pulsion *par excellence*. Dans la pulsion de mort, qui referme le dualisme précédent pour introduire à sa place un dualisme absolument radical et irréconciliable dans l'ordre pulsionnel, *se révèle quelque chose de l'essence de la pulsion* (en général). On peut dire sans grand risque de se tromper que, pour Freud, il n'y aurait en fait pas de pulsions au sens qu'il privilégie, et qui constitue l'objet propre de la psychanalyse (donc au sens psychique, et prioritairement même si pas exclusivement sexuel), s'il n'y avait pas au fond, et d'abord, la pulsion de mort – par rapport à laquelle les autres pulsions se détachent et s'opposent, en tant que « pulsions de vie », ouvrant un ordre qui est potentiellement intentionnel (celui d'une économie finalisée), mais *dont elles se soutiennent aussi*.

Freud est le premier à remarquer et mettre en avant le paradoxe inhérent à la « pulsion de mort ». Celle-ci semble aller à l'encontre de ce qui semble constituer le fond de la pulsion au sens général, à savoir la fameuse «poussée» (*Drang*) qui nous met *en mouvement vers quelque chose* et en fait une réalité quasi-intentionnelle. La pulsion en général serait «le facteur qui pousse (*das drängende Moment*) vers le changement et le développement»[1]. Que reste-t-il de la pulsion sans cette poussée en avant, à laquelle renvoient minimalement à peu près tous les auteurs qui parlent de pulsion? Or, la mise en évidence de la pulsion de mort passe par la prise de conscience de l'existence de composantes pulsionnelles dans lesquelles la «poussée» est bien présente, mais sous l'espèce purement réactive (au sens d'une activité qui ne va plus de l'avant) du *retour à*.

Cette thèse a une portée générale, et éclaire l'essence même de la pulsion et la nature exacte de cette «poussée» dont nous avons parlé comme son trait universel. «*Une pulsion serait une poussée inhérente à l'organisme vivant vers le rétablissement d'un état antérieur*»[2]. À entendre Freud, dans toute «poussée» d'ordre pulsionnel il y aurait au fond cette dimension de retour, de régression. Cela ne veut pas dire qu'elle s'y réduise, sinon le dualisme maintenu et réinstauré fortement par l'analyse proposée alors de l'ordre pulsionnel serait inexplicable. Mais dans cette dimension de retour, ce que Freud nomme aussi «compulsion de répétition» (*Wiederholungszwang*), il y a un élément d'explication important de la dynamique de la pulsion une fois qu'elle devient psychique : à la pulsion est nécessaire un certain quantum d'énergie, emprunté au biologique, ou résultat de l'interaction du biologique et du psychique, mais également cette tendance fondamentale à évacuer le surplus d'énergie et à revenir vers une origine qui est celle de l'absence d'énergie, tendance qui rend raison de ce qui est fait de l'énergie en question dans la pulsion. En un certain sens, la dynamique de la pulsion, en son fond, est toujours compulsive : elle est mue par l'aspiration fondamentale au retour au niveau d'énergie zéro. Mais *ce niveau, c'est la mort*.

Il y a donc au fond de toute pulsion une forme d'aspiration à la mort, et c'est ce qui explique la fascination terrible que peut exercer sur nous l'ordre pulsionnel. Ce n'est pas par accident (parce que «trop violentes pour nous») que nos pulsions peuvent nous détruire, mais

1. «Au-delà du principe de plaisir», trad. fr. J. Laplanche et J.-B. Pontalis, dans *Essais de psychanalyse*, Paris, Payot, 1984, p. 80.

2. *Op. cit.*, *loc. cit.*

c'est exactement de notre destruction qu'il est question dans nos pulsions, il y a toujours cela en elles comme leur envers, et l'une de leurs finalités paradoxales, lorsque ce n'est pas (comme dans les cas, rares mais spectaculaires, où la pulsion de mort se manifeste à l'état pur) la seule.

Freud est tout à fait conscient du caractère paradoxal du but représenté par le « retour » au niveau zéro d'énergie, dont le pur et simple « retour » de quoi que ce soit *visé pour lui-même et en lui-même* devient la figure. C'est pourquoi il prend le plus grand soin d'en distinguer l'enjeu de tout cas où à ce retour est associé une autre forme d'intérêt, économique. Nous pouvons, comme l'enfant qui tente de maîtriser l'angoisse générée par le départ de sa mère, tirer de la répétition jouée une forme de compensation. Il n'empêche qu'au fond d'une telle forme de satisfaction, il y a autre chose : l'attrait, horrible et fascinant, de la *répétition pour elle-même*, là même où en fait, en toute rigueur, elle ne devrait apporter aucune satisfaction, et dans certains cas (rêve du traumatisé), elle ne peut et ne doit, de toute évidence, en apporter aucune. Cet attrait pour la répétition, le retour à l'identique, et au fond la cessation de tout projet (la cessation de la *vie* comme telle) est parfaitement anti-économique et intentionnellement inexplicable. En un certain sens, on ne voit pas ce qui est voulu par là, car en toute rigueur « rien » n'y est voulu – pour ne pas dire que « le rien » y est voulu, mais ce n'est pas là une forme d'« objet » et donc de volonté parmi les autres – *et pourtant c'est voulu.*

Là on rencontre de toute évidence les limites absolues de l'explication intentionaliste dont la psychanalyse, en un premier temps, aurait pu passer plus pour la généralisation (l'extension à des contrées inédites) que pour la critique. *On veut de toute évidence quelque chose qu'on ne peut pas vouloir* – là où il n'y a « rien » à vouloir. D'où d'ailleurs la difficulté du rationaliste de principe qu'est Freud (nul en un sens n'a poussé *plus loin* les limites de la raison, lui ouvrant une terre inconnue : l'inconscient) à accepter cette hypothèse. Et pourtant, la clinique de la guerre et de la mort, du suicide et du désespoir, celle que Freud découvre à l'issue du premier grand carnage de l'humanité moderne, nous pousse à l'admettre, par des arguments écrasants.

Evidemment l'ensemble de la vie pulsionnelle du sujet ne semble pas ressortir telle quelle à cette pulsion de mort. Là-contre, il faut reconnaître des « pulsions de vie », qui semblent être les pulsions au sens ordinaire du terme – celles de la théorie précédente. Dans « Au-delà du principe de plaisir », stade transitoire de la théorie freudienne des pulsions, on assiste à une sorte d'étrange échange de propriétés par rapport à la doctrine de la *Métapsychologie* : les « pulsions du moi » (qui auparavant portaient l'auto-conservation de l'individu) sont assimilées aux pulsions de mort, alors que les pulsions sexuelles, avec leur transcendance constitutive, sont placées du côté de la vie. L'idée est que les pulsions sexuelles, nous dépassant, conduisant à « des unités toujours plus grandes »[1], sont créatrices et jouent contre le retour à l'inertie première, contre la régression de principe qui est au cœur de la pulsion de mort.

Le seul problème est que, dans leur détermination comme pulsionnelles, ces pulsions *empruntent forcément quelque chose à la pulsion de mort*. En tant que pulsion de répétition, d'une certaine façon, la pulsion de mort est *pulsion de la pulsion*, principe général de la pulsionnalité. On peut certes apprivoiser la répétition et en faire le vecteur d'une pulsionnalité qui apporte une forme de satisfaction ; mais, pour cela, il faut qu'elle soit déjà là, qu'elle fournisse en quelque sorte son cadre vide à la pulsion. La pulsion de mort, comme tel, est *forme a priori de la pulsion*, en ce sens-là principe de la pulsionalité en général. Elle est forme *a priori* de la pulsion en ce qu'elle présente la figure, limite et fondatrice à la fois, d'une pulsion qui ne serait plus qu'une forme de pulsion : *une pulsion sans fin*, en un certain sens (ou qui se définit par l'exténuation de toute fin), renvoyant à un être purement formel de la pulsion, pure poussée à vide.

Au bout de l'ordre pulsionnel, on trouve donc quelque chose d'absolument réfractaire à la logique de l'intentionalité au sens le plus élargi du terme – celui où il y a intentionalité partout où il y a *fin*, et où la pulsion, en tant que mouvement vers, aurait pu paraître conserver quelque chose de la forme d'une intentionalité. Quelque chose qui, également, n'est pas une raison, mais en un certain sens une pure poussée, imbécile – celle de retour à l'inertie, dont on ne voit pas bien comment il pourrait avoir un « pourquoi ».

---

1. *Op. cit.*, p. 88.

Mais l'erreur serait de croire que cette contrainte en un sens absolument inintentionnelle (où vient se briser toute intentionalité) et profondément étrangère (antérieure) à l'ordre des raisons soit sans rapport avec lui. Elle a au contraire éminemment à voir avec lui et y interfère puissamment au point, c'est la thèse freudienne dans toute sa radicalité, qui est celle d'une critique de l'intentionalité et non d'une extension indue de ses pouvoirs dans l'amphibologie de deux règnes comme on l'entend souvent, d'en donner la clé. Il y a un *envers de l'intentionalité*, et c'est ce qui, avec la pulsion de mort, est ultimement découvert.

En effet, d'une part, si paradoxale soit cette « volonté », elle demeure bien pourtant une volonté : *on peut vouloir la mort*, plus : de fait cela arrive, il est en un sens très courant que nous voulions la mort, et cela indépendamment de toute raison. D'autre part, ce fondamental désir de mort joue un rôle dans la structuration d'ensemble de nos désirs : il rend compte de leur caractère globalement « compulsif » et du fait qu'ils aient à être mis en œuvre, précisément, sous la forme de pulsions. Dans la pulsion de mort réside la clé de la compulsivité de la pulsion, qui mime toujours un retour, comme trait général de la pulsion. Cette compulsivité, en effet, ne s'explique que de ce que nous avons un principiel *intérêt au retour*, qui est en lui-même inexplicable (que rien ne peut justifier économiquement).

La pulsion de mort est donc, dans son ordre propre, quelque chose comme une *quasi-raison*, une raison au-delà de l'ordre des raisons et qui joue pour ainsi dire contre la raison, *mais en même temps elle est aussi le principe actif de notre frénésie à nous donner des raisons, et de l'usage incontinent que nous avons de la raison.*

C'est qu'au-delà des différents ordres de sens que nous constituons, qu'ils soient conscients ou, si nous acceptons l'extension freudienne, inconscients, on trouve cette énigme qui est de savoir *pourquoi nous jouons au sens*. Toute économie intentionnelle est une forme de mise en ordre, dont résulte le sens, mais l'erreur serait de croire que ce sens final qui s'en dégage en soit l'ultime raison. Le sens est ici le produit, mais non pas l'objectif. Si nous entrons dans tel ou tel jeu de sens, c'est qu'il y a un motif plus puissant, plus radical et pour ainsi dire abstrait qui nous y pousse : la pure attraction de *l'ordre* qui produit ce sens, de l'ordre comme tel, en tant que celui-ci permet la répétition, n'est rien d'autre qu'une structure qui règle celle-ci et autorise sa mise en jeu. Tout ordre de désirs (et donc de raisons) est une machine à répéter et à faire l'épreuve de la répétition. Il y a là, certainement, un point d'ancrage très fort de la phénoménologie de la pulsion.

Or, techniquement, cela veut dire que derrière tout ordre de raisons, nous poussant à y jouer (pourquoi faisons-nous de la logique, écrivons-nous des œuvres dont aucune ne suffit et dont la suivante devra toujours être meilleure que celle que nous avons déjà écrite, ou jouons-nous le jeu, passablement mortifère, des rites en général ?), il y a quelque chose comme une cause, mais une cause pour ainsi dire *formelle : un attrait de l'ordre des raisons en tant que tel* (et non en tant que porteur de telle ou telle raison), en tant que celui-ci, d'une certaine façon, porte la mort, la pure répétition (ce à quoi nous sommes attachés, jusqu'à la nausée et à l'effroi de la jouissance dans toute forme de « formel »), en dépit de, voire *contre* la vie. *Cette cause, ce n'est rien d'autre que l'idée («formelle ») de la raison elle-même*, et c'est elle qu'il y a à l'envers de l'ordre pulsionnel. Par là-même, à ceux qui s'étonnent de ce que, chez Freud, les raisons puissent être des causes et crient à la confusion des deux grammaires, il faudra répondre que Freud, au bout de l'ordre des raisons (dont sa plus grande force est précisément de nous avoir fait découvrir qu'il a un envers), met en évidence une cause qui n'est certes pas une cause comme les autres, puisqu'au fond elle ne renvoie à rien d'autre qu'au *rôle de simple cause que peut jouer l'idée de la raison elle-même*. La quête freudienne s'accomplit en effet dans une interrogation sur le *pourquoi de notre entrée dans l'ordre des raisons*, et son ambiguïté, puisque notre intérêt pour la raison elle-même est fondé dans quelque chose qui n'a rien de rationnel, et est même en un sens le contraire de la raison – en tant qu'« économie ».

On peut bien sûr toujours prétendre fermer la porte à ce genre de spéculations comme « métaphysiques », ou, pour parler la langue de Freud lui-même, « métapsychologiques ». *Pourquoi l'ordre des raisons aurait-il à être fondé*, y a-t-il autre chose que mauvaise littérature à faire de son absence de fondement, et ne faut-il pas s'accommoder d'un rapport plus quiétiste (et immanent) à la finitude de la raison ? Le problème demeure alors cependant, au-delà de toute recherche du « fondement » impossible (de la « méta-raison », ce qui en effet n'aurait pas grand sens), du caractère énigmatique de ce *désir de raison* qui est un fait (le *fait même de la raison*), et dont l'*insistance* n'est pas le moindre trait phénoménologique – cette même *insistance* qui a toujours joué un tel rôle dans toute phénoménologie de la pulsion. Cela pousse alors derrière la porte que l'on a refermée – ce qui, au fond, pourrait être la définition minimale de la pulsion.

La pulsion n'est certainement pas réductible à un simple effet de symbolicité, si par là, comme trop souvent aujourd'hui, on veut entendre une simple «construction», sans ancrage dans le réel. En revanche, il est tout à fait certain qu'elle a à voir avec le fait que *le symbolique lui-même soit un effet – et que cette absence de sens, d'être un effet, fasse partie de ce qu'il est convenu d'appeler son «sens»*.

Jocelyn BENOIST
Université de Paris I-Panthéon Sorbonne

PULSION ET INTENTION
HUSSERL ET L'INTENTIONNALITÉ PULSIONNELLE

Dans un article de 1963, intitulé « Force et signification », Jacques Derrida constate à regret :

> On chercherait en vain dans la phénoménologie un concept qui permette de penser l'intensité ou la force. De penser la puissance et non seulement la direction, la *tension* et non seulement le *in* de l'intentionnalité [1].

Ce jugement n'est-il pas trop sévère ? Husserl ne conçoit-il l'intention que comme une *direction* vers l'objet et non comme une *tendance* à le rejoindre ? Est-il vraiment aveugle à la dimension dynamique de l'intentionnalité ? Il est clair que son œuvre exotérique (les livres et articles publiés de son temps, comme les conférences publiques) met très souvent en avant le simple caractère directionnel de l'intentionnalité (l'*être-dirigé-sur*), à savoir la liaison de l'acte de conscience (noèse) et de son objet intentionnel (noème). C'est le cas

1. *L'écriture et la différence*, Paris, Seuil, 1967, p. 46. Ce constat est aussi celui de D. Franck, dans « La chair et la constitution temporelle », *Phénoménologie et Métaphysique*, Paris, PUF, 1984, p. 155-156, il soulignait à son tour, non sans reprendre le fond de l'analyse derridienne : « Sans entreprendre ici et maintenant l'interprétation de cet état de fait qui relève d'une analyse de l'incarnation, remarquons seulement que la constitution de la *hylè* implique celle de la force et que rien dans la phénoménologie husserlienne, fut-elle génétique et historique, ne permet de décrire les forces, l'intensité et l'intentionnalité ». Soulignons que l'auteur de ces lignes est récemment revenu sur cette position, en donnant à l'intentionnalité de pulsion un rôle central dans son interprétation de la phénoménologie husserlienne, cf. *Dramatique des phénomènes*, Paris, PUF, 2001, p. 69, 73, 120-123.

dans le tome I des *Idées directrices* où l'intentionnalité est seulement analysée de manière pour ainsi dire statique comme une corrélation *noético-noématique*. Néanmoins l'œuvre ésotérique (les cours non publiés et surtout les innombrables manuscrits de recherche) ne méconnaît absolument pas la nature énergétique de l'intention, la force qui l'anime, la tension qui la constitue. Husserl a même reconnu dans ses premiers travaux, c'est-à-dire dès les premiers textes de 1894 qui introduisent explicitement la notion d'intention, le rapport constitutif qui existe entre intentionnalité et force, visée et tendance. Tout au long de son œuvre, il ne cessera de s'interroger sur le caractère dynamique de l'intention, sur son origine conjointement affective et cinétique. Loin donc de constater dans la phénoménologie husserlienne une absence préjudiciable des concepts relatifs à la force, on assiste plutôt à leur présence massive et proliférante. Cette prolifération est d'ailleurs problématique. Décrivant la vie de la conscience perceptive et motrice, Husserl multiplie les différents termes philosophiques qui renvoient à cette force de l'intention : « aspiration » (*Streben*), « tendance » (*Tendenz*), « instinct » (*Instinkt*), « excitation » (*Reiz*), etc. Or il prend rarement le temps de distinguer clairement tous ces concepts et de leur assigner une fonction précise. Ils interviennent à divers degrés dans l'élucidation phénoménologique de la constitution originaire (à savoir cette constitution passive, antérieure à la constitution de l'objectivité par la conscience rationnelle de l'*ego cogito*), mais sans relation systématique entre eux. Pourtant, de cet ensemble flou, se dégage peu à peu un terme destiné à occuper un rôle primordial. C'est celui de pulsion. À partir de l'automne 1921 (précisément de la rédaction à Sankt-Märgen du manuscrit de recherches A VII 13), Husserl conçoit une « intentionnalité pulsionnelle » (*Triebintentionalität*) comme la pièce centrale d'un « système pulsionnel » (*Triebsystem*). La pulsion apparaît alors comme cet élément originel de la vie subjective qui confère à toute intention consciente ou préconsciente sa force d'attraction vers l'objet. Elle décrit, non l'orientation vers l'objet, mais le penchant involontaire et obscur à se diriger vers lui. Le concept de pulsion est donc le plus à même de nous aider dans l'éclaircissement des couches originaires de l'intentionnalité et de sa dynamique préconsciente.

Il faut tout de suite faire remarquer que ce dévoilement du caractère pulsionnel de l'intentionnalité ne laisse pas cette dernière tout à fait intacte. Il modifie profondément le sens phénoménologique qu'elle avait acquis entre les *Recherches Logiques* de 1901 et les *Idées directrices* de 1913. C'est que la pulsionnalité remet en cause la double détermination canonique de l'intention comme acte objectivant et comme représentation consciente. Une intention pulsionnelle, tels qu'une perception, un mouvement corporel involontaire, une attirance physique, ne pose pas son objet comme existant avec une position d'être et un sens déterminés. Elle ne s'accomplit pas non plus sous le regard bienveillant et transparent de l'*ego cogito* qui en connaîtrait immédiatement tous les desseins. Les pulsions, comme les tendances instinctives et les affections originaires, appartiennent à la sphère passive de la subjectivité la plus profonde qui se déroule *en moi sans moi*, c'est-à-dire dans une vie préconsciente mue par des motifs obscurs.

C'est la raison pour laquelle Husserl repère tout d'abord cette intentionnalité pulsionnelle dans tous les domaines de la vie subjective soustraite à la maîtrise d'une conscience égoïque. Tout ce qui excède le champ de la détermination active du sujet relève peu ou prou de la vie pulsionnelle. Aussi le phénoménologue fait-il intervenir la pulsion à différents niveaux de la constitution originaire pour expliquer la naissance de l'intentionnalité antérieurement à sa prise en main par la conscience constituante : la temporalité du présent vivant, la formation des premières unités objectives dans la sensibilité, l'attirance sexuelle et intersubjective (celle par exemple de l'enfant pour sa mère), la tendance obscure à la sociabilité, le penchant téléologique de l'humanité vers la raison et le bien commun, etc. Tout ce qui relève d'une transitivité originelle de la vie sensible vers des buts indéfinis mais qui ne cessent pas pour autant d'exercer avec force leur attirance appartient à la pulsion. Là où l'*ego cogito* ne règne plus, il cède sa place à une vie pulsionnelle foisonnante. C'est que l'intentionnalité pulsionnelle parcourt toutes les strates de la vie subjective passive ; elle est en quelque sorte leur lien substantiel et dynamique, leur fil d'Ariane invisible, à la fois ce qui les associe et ce qui les met ensemble en route. Dès qu'il est, par conséquent, question dans la phénoménologie husserlienne d'une *tendance vers* qui n'appartient pas à un acte thétique et thématique de la conscience, la pulsion joue un rôle central. Bref, la constitution originaire est essentiellement une production pulsionnelle.

ORIGINE ET GENÈSE DE L'INTENTIONNALITÉ PULSIONNELLE

Intention et tendance dans les textes pré-phénoménologiques

Husserl n'a pas toujours décrit la vie intentionnelle comme une vie pulsionnelle. Il lui a fallu, après la première guerre mondiale, la mise en œuvre d'une phénoménologie génétique (à savoir d'une phénoménologie qui ne s'intéresse pas à la constitution subjective de l'objet, mais à la genèse temporelle lle-même de cette constitution subjective à partir de couches constituantes pré-conscientes) pour opérer ce rapprochement. Pendant longtemps, le philosophe allemand a hésité à décrire l'intentionnalité de la conscience en se référant aux tendances. Le rôle constituant de l'intention lui interdisait en quelque sorte de reconduire cette dernière à des éléments aussi empiriques et indéterminés que les pulsions. Toutefois son premier geste philosophique a d'abord été de mettre directement en relation intention et tendance. Lorsqu'il introduit, pour la première fois, le concept-clef d'intentionnalité dans quelques travaux «pré-phénoménologiques»[1] des années 1893-94, il le réfère immédiatement, de manière significative, à l'idée d'une tendance et d'une tension internes de la conscience.

Dans ces textes courts (l'ensemble se compose du texte de 1893 «Intuition et re-présentation, intention et remplissement», de ses deux appendices de 1894, et des appendices de 1893 aux *études psychologiques pour la logique élémentaire*, notamment l'appendice II, «Intérêt (tension) et satisfaction (résolution). À la racine du couple de concepts : intention – remplissement»[2], Husserl tente, d'après son maître Brentano, une détermination plus précise de la relation intentionnelle entre la conscience et ses objets, et ce, indique-t-il, à partir d'une nouvelle «classification des représentations». Il remarque ainsi que, dans toute «représentation» (*Vorstellung*) de conscience, il existe des moments proprement intuitifs qui possèdent leur objet (le contenu objectif est donné intuitivement dans la représentation) et d'autres moments qui, au contraire, restent à l'état de simples «re-présentations» (*Repräsentation*); ces derniers ne possèdent pas en effet

---

1. Le terme est de Husserl lui-même. Sur la couverture de la chemise où il a conservé ce texte, on peut lire : «Anciens manuscrits, encore préphénoménologiques».

2. Ces textes ont été traduits par J. English dans l'ouvrage *Husserl-Twardowski, sur les objets intentionnels*, Paris, Vrin, 1993, p. 215-273.

directement leur objet, mais indirectement à l'aide d'un *substitut* indicatif qui le re-présente. Une représentation intuitive, ou «représentation propre», est non seulement tourné vers son objet, mais elle le saisit en personne en tant que contenu «présent dans la conscience». Or, indique Husserl, toute conscience n'est pas qu'intuitive. La perception ordinaire d'un objet se compose de moments intuitifs *et* représentatifs. Pour avoir une appréhension complète de l'objet perceptif, il est nécessaire que les intuitions partielles renvoient à l'intuition générale et totale qui n'est pas encore donnée. Ce «renvoi» (*Hinweisen*) caractérise spécifiquement les re-présentations, dans la mesure où elles ne possèdent pas leur objet en propre dans une intuition présente, mais le visent simplement («*bloss intendieren*»). Ceci ne veut pas dire que les représentations re-présentatives soient dénuées de contenu, mais qu'elles ne sont pas tournées vers leur contenu comme vers un objet réellement présent et immanent. Si l'intuition est *tournée vers* son objet, la re-présentation est *renvoyée à* son objet par l'intermédiaire d'un contenu objectif. Aussi ce contenu objectif de la re-présentation a-t-il seulement une valeur représentative ; il fonctionne comme substitut, signe ou indice [1].

C'est au cours de l'examen de cette différence «non ontologique» [2] entre représentation intuitive et représentation représentative que Husserl élabore, pour la première fois, l'idée d'une intentionnalité générale de la conscience. Dans sa première acception historique, *intentionner* signifie pour lui, à la fois *re-présenter*, à savoir posséder indirectement son objet comme non-présent à partir d'un signe le représentant, et *viser*, à savoir ne pas cesser de pointer («*Abzielen*»)

---

1. Je renvoie ici à l'analyse éclairante de K. Schuhmann dans son article «Husserls doppelter Vorstellungsbegriff : die Texte von 1893», *Brentano Studien* 3 (1990-1991), p. 119-136. Dans ce texte dense, Schuhmann procède en quelque sorte à une généalogie du concept d'intention chez le premier Husserl en montrant précisément son origine affective comme «sentiment négatif» né d'un «intérêt tendu» ; cependant je ne partage pas entièrement la thèse générale de Schuhmann, selon laquelle «dans les textes de 1893, l'intentionnalité comme marque distinctive des actes psychiques n'est absolument pas en vue» (p. 121). En effet, si Husserl effectivement n'emploie pas le terme d'intentionnalité, il utilise abondamment ceux d'*intention*, d'*intentionnel*, d'*intentionner*, et la structure formelle de la relation intentionnelle, à savoir le rapport dynamique entre une visée et une intuition qui remplit et satisfait cette visée ne connaîtra par la suite, dans l'œuvre ultérieure proprement phénoménologique, que peu de modifications.

2. *Cf.* K. Schuhmann, p. 126.

cette présence intuitive de l'objet à venir. Comme on le voit, dans cet éclaircissement de l'intentionnalité naissante, Husserl insiste surtout sur le fait que l'intention se caractérise comme un « intérêt tendu » vers l'objet, comme un effort de rapprochement et de saisie. C'est cette visée vers l'objet absent que définit principalement l'intention. Toute représentation est bien sûr dirigée vers un objet, même la représentation intuitive. Mais si, dans l'intuition, elle est tournée vers un objet donné de manière immanente en elle, dans l'intention, elle est tournée vers un objet absent intuitivement. Cela signifie de manière plus générale que l'intentionnalité que conçoit ici Husserl n'est pas équivalente à la direction de la conscience vers l'objet (puisque toute représentation consciente n'est pas intention, au sens re-présentatif du terme, par exemple la représentation intuitive). Elle ne décrit que la visée indirecte de l'objet absent à partir d'un certain indice. Par conséquent, pour le Husserl pré-phénoménologue, *être-dirigé vers* l'objet et *viser* cet objet sont deux choses différentes. L'intention ne désigne pas toute représentation consciente, mais seulement la classe des représentations impropres qui ne possèdent pas en personne leur objet. Ce n'est donc que dans le cas particulier de la « re-présentation » que l'intérêt de la conscience est tendu (« *gespannt* »[1]), renvoyé au-delà de lui-même, c'est-à-dire qu'il est véritablement *in-tentio* (de son côté, la représentation intuitive ne connaît pas cet *effort* interne de la conscience pour s'approprier l'objet, puisqu'elle est déjà comblée par sa présence immanente). Dans l'intention, le mouvement continu vers l'objet s'accompagne ainsi d'une « tension » (*Spannung*) du sujet, tension qui ne se relâchera que grâce à la satisfaction éprouvée en présence de l'objet.

Au reste, Husserl n'omet pas de remarquer que cette conscience intentionnelle provoque aussitôt un « *Gemütsaffekt* »[2], un certain affect de la conscience. Celui-ci n'est autre qu'un *sentiment négatif* d'insatisfaction et de vide. L'intention vise l'objet pour combler le vide intuitif qui l'irrite. Là où la représentation intuitive vit dans la satisfaction que lui procure la donation intuitive de l'objet, la représentation re-présentative, c'est-à-dire, dans le langage de 1894, rien d'autre que l'intention, éprouve de la peine à cause de la carence

---

1. *Husserl-Twardowski, op. cit.*, p. 294.
2. *Ibid.*, p. 295.

même de ce qu'elle cherche à obtenir. C'est avec cette conscience désagréable de manque que le caractère dynamique de l'intention ressort avec le plus clarté. Non seulement l'intention est une tendance, avec tout ce que cela comporte de mouvement et d'effort, mais une tendance nourrie d'affects; elle n'est même, écrit Husserl, que l'expression d'un «sentiment d'insatisfaction»[1]. Or cet affect n'est pas ici à comprendre comme la conséquence de la tendance, sa simple répercussion émotionnelle; il ne l'accompagne pas, il en est la source. C'est l'affect du manque qui pousse en quelque sorte l'intention à viser l'objet et à mettre tout en œuvre pour le posséder intuitivement. C'est parce que la conscience ressent en elle le défaut de l'objet qu'elle le vise. Toute visée a pour origine une privation pénible. De ce fait, l'intentionnalité désigne la tendance dynamique de la conscience à se transcender elle-même dans des représentations intuitives plus achevées et plus parfaites, c'est-à-dire aussi, du point de vue affectif, plus satisfaisantes. Par sa double insistance sur la tension et les affects de manque, Husserl entrevoit le caractère pulsionnel de l'intention. Il devine que la force de l'intention trouve sa source dans la puissance de la tendance à remplir le vide objectif qui l'affecte. Toutefois, peut-être effarouché par les conséquences philosophiques d'une telle découverte, Husserl va s'attacher à minorer dans ces travaux ultérieurs ce caractère tendanciel, voire pulsionnel, de l'intentionnalité.

Sentiments, sensations affectives et pulsions dans les Recherches Logiques

Dans la Ve des *Recherches Logiques* (1901) qui étudie spécifiquement la conscience intentionnelle, Husserl prend bien soin de décrire l'intentionnalité, en dehors de tout cadre naturaliste, comme une simple fonction de la conscience. À présent, méfiant vis-à-vis de toute idée d'activité psychique comprise comme effort et tendance, il

---

1. *Husserl-Twardowski, op. cit.*, p. 293. L'exemple donné par Husserl est celui d'un processus perceptif habituel (l'audition d'une mélodie connue, etc) qui s'interrompt brusquement et laisse la conscience tournée vers elle dans un état de frustration. La conscience de manque naît en fait de cet empêchement (*Hemmung*) du déroulement habituel de la vie représentative, du défaut d'un ou de plusieurs éléments intuitifs attendus, et le mouvement intentionnel lui-même vers une donation intuitive qui pourrait supprimer ce manque n'est que le résultat immédiat de la conscience de manque.

s'intéresse avant tout au rôle structurel de l'intention dans le rapport à l'objet. Si le Husserl des *Recherches Logiques* passe sous silence ce caractère quasi pulsionnel de l'intentionnalité générale[1], c'est parce que l'analyse statique de la psychologie descriptive – d'une psychologie non psychologiste qui met plus en avant le «caractère d'acte» des intentions que leur activité psychique proprement dite – élimine tous les traits dynamiques et génétiques des relations intentionnelles. Seule compte à présent la pure fonction intentionnelle (le caractère d'appréhension des contenus sensoriels non intentionnels) et ses divers modes (perception, imagination, souvenir, conscience d'image, simple signification). Les actes intentionnels sont eux-mêmes appréhendés, non comme des vécus empiriques d'activité, mais comme des propriétés eidétiques de la conscience d'objet. Toutefois la question du caractère tendanciel des intentions se pose tout de même pour la classe des vécus affectifs. Si, dans leur ensemble, les intentions sont à présent dépouillées de toute pulsionnalité, certains vécus intentionnels possèdent encore les traits dynamiques et affectifs des tendances.

Dans le § 15 de la *Ve Recherche Logique*, Husserl se demande en effet si, à tous les vécus de conscience, appartient la relation intentionnelle, et si cette relation intentionnelle leur appartient directement ou seulement en raison de leur lien avec des vécus véritablement intentionnels; à cet égard, il remarque que cette «controverse»[2] concernant l'attribution de la relation intentionnelle à tous les vécus de conscience a porté plus spécifiquement sur les «sentiments». En effet les sentiments ne semblent posséder la relation intentionnelle que de manière indirecte. Cela ne signifie pas qu'ils ne sont pas intentionnels. Bien au contraire. L'intentionnalité des vécus affectifs que nous nommons sentiments est «absolument indiscutable»[3]. Tout sentiment, d'agrément ou de peine, vise quelque chose comme son objet

---

1. Dans l'addendum du § 15 de la *Ve Recherche Logique*, Husserl insiste sur cette absence de tension dans la relation intentionnelle : «Les intentions d'acte, ces moments dépendants qui, seuls, confèrent aux actes leur propriété essentielle en tant qu'actes, qui les caractérisent spécialement comme jugements, sentiments, etc., *seraient en elles-mêmes dépourvues d'intensité*», cf. *Recherches Logiques* (dorénavant cité *RL*), t. II, 2e partie, trad. fr. Elie, Kelkel, Schérer, Paris, PUF, 1961, p. 201. Toutefois, faisons remarquer que Husserl émet son jugement au conditionnel.

2. *Ibid.*, p. 192.

3. *Ibid.*

propre. « Le plaisir sans une chose qui plaît n'est pas concevable » [1]. Si le sentiment est un état, un vécu passif qui reçoit de son objet son caractère affectif (plaisir ou peine), c'est aussi un véritable acte de conscience qui se rapporte de manière intentionnelle à son objet. Mais reste à savoir si cette relation intentionnelle est directe ou indirecte. Sur ce point, Husserl adopte la thèse de Brentano sur le caractère fondé des représentations affectives. Un sentiment n'est pas une représentation simple de l'objet, mais a toujours pour base une telle représentation, et c'est « seulement par son unification avec une représentation qu'il acquiert une certaine relation à l'objet » [2]. Autrement dit, l'intentionnalité du sentiment se manifeste comme une intentionnalité *secondaire* et *fondée*, ayant pour base préalable l'intentionnalité primaire et fondatrice de la simple représentation. Tout sentiment repose sur une représentation d'objet sous-jacente, de sorte que vaut la formule brentanienne que Husserl reprend ici à son compte :

> Ou bien ils sont des représentations, ou bien ils reposent sur des représentations qui leur servent de base [3].

Un sentiment de joie à la vue d'une matinée ensoleillée présuppose la représentation pré-affective du ciel bleu. Et c'est la représentation simple de l'objet qui procure par avance au sentiment sa relation intentionnelle. Sans elle, il resterait un vécu purement non intentionnel, une simple modification de l'affectivité interne. En un sens, le vécu de joie n'ajoute en soi aucune intentionnalité spécifique à

---

1. *RL*, p. 194.

2. *Ibid.*, p. 193. Auparavant, Husserl a démontré la nécessité de cette relation fondée : « nous ne pouvons nous rapporter affectivement qu'aux objets qui nous ont été présentés par le moyen de représentations entremêlées aux sentiments », p. 192. Husserl semble soutenir ici la thèse de Brentano selon laquelle il n'y a pas simplement une seule intention pour la représentation simple et le sentiment qui serait basé dessus, mais « *deux* intentions superposées », celle de la représentation et celle du sentiment, qui entretiennent un rapport de fondation non réciproque, puisqu'il ne peut y avoir d'intention *sentimentale* sans intention de représentation, alors que l'inverse reste possible, *cf.* p. 193. Ce rapport de fondation n'est pas un rattachement entre deux vécus psychiques par simple *association*, car c'est « l'essence même » du sentiment qui exige la relation intentionnelle, et non sa *connexio* fortuite avec une représentation objectivante. Reste que Husserl n'explicite pas véritablement ce rapport de fondation. Il remarque simplement que ce n'est ni le produit d'une « association », ni celui d'un « rapport causal extérieur », p. 165.

3. Brentano, *Psychologie du point de vue empirique*, trad. fr. M. de Gandillac, Paris, Aubier, 1944, p. 111.

la représentation simple, ni ne constitue par là un nouvel objet intentionnel. Il recouvre l'objet intentionnel de la représentation simple par une certaine coloration affective.

C'est pourquoi, tout en étant intentionnelle, l'affectivité ne l'est pas vraiment, puisque la relation intentionnelle ne lui advient que de l'extérieur, par son union avec des représentations simples. Un sentiment ne constitue pas un nouvel objet intentionnel, à savoir l'objet sentimental[1]. En somme, l'affectivité ne possède qu'une intentionnalité d'emprunt. Est-ce à dire qu'en elle-même, au cœur de ce qui est réellement ressenti par le sujet affecté, elle est non intentionnelle? Husserl ne va pas jusqu'à l'affirmer, puisque, même fondée, l'intentionnalité affective maintient réellement pour lui la relation essentielle du sentiment à son objet (encore une fois, il n'y a pas de haine sans objet haï, de joie sans objet aimé). Mais il remarque toutefois que tous les sentiments ne sont pas intentionnels. Il existe en effet certains états affectifs qui sont, à première vue, dépourvus de toute relation intentionnelle: « dans la sphère très vaste de ce qu'on appelle les sensations affectives, on ne peut trouver de caractères intentionnels »[2]. Mais de quels types de sensations s'agit-il là? Husserl prend l'exemple de la sensation d'une brûlure ou d'une piqûre. Dans ce cas, ce qui est ressenti ne se rapporte pas immédiatement à un objet, comme le vécu de sentiment le fait (car, précisons ce point, si son intentionnalité est « fondée », elle n'en est pas moins, du point de vue de la conscience affectée, directe et immédiate). C'est l'affect qui prime, et ce qui le provoque n'est pas en lui-même vécu affectivement.

---

1. Ce n'est que dans le tome I des *Idées directrices* (trad. fr. P. Ricœur, Paris, Gallimard, 1950) que Husserl reconnaît aux intentions affectives la constitution d'un objet intentionnel spécifique. Il serait trop long de se lancer dans une analyse du statut du sentiment dans les *Ideen I*, mais on peut noter simplement au passage le fait que les actes affectifs sont à présent décrits comme des actes axiologiques, c'est-à-dire comme des vécus de conscience porteurs d'une valeur qu'ils constituent comme objectité particulière, ce qui a pour conséquence de renforcer ainsi le caractère prédicatif et judiciaire de la doctrine des sentiments. Ainsi l'analyse de la structure intentionnelle est-elle identique aux jugements comme aux sentiments. Cf. *Ideen I*, § 95. Au § 117, on peut lire: « Il ressort de toutes ces considérations que tous les actes en général – y compris les actes affectifs et volitifs – sont des actes objectivants, qui constituent originellement des objets », p. 400. Ces actes objectivants affectifs et volitifs constituent plus spécifiquement « un type nouveau d'objectité: l'objectité axiologique », p. 401.

2. *RL*, § 15, p. 196.

Ce qui m'indispose n'est rien de précis, un quelque chose d'indéterminé. À cet égard, ce n'est que par un certain effort d'objectivation supérieure que je peux rapporter cette sensation affective, pure expérience sensorielle immanente, à l'objet qui la provoque. Mais, par elle-même, elle ne possède pas de relation intentionnelle, puisqu'elle est vécue comme une simple irritation inobjective. Loin de se rapporter à un objet, la sensation affective ne se rapporte donc qu'au sujet qui l'éprouve. Il s'agit donc là de quelque chose de très différent du sentiment intentionnel, au point que Husserl mette son lecteur en garde contre leur rapprochement. Pour éviter toute équivocité entre ses deux modes de l'affectivité [1], il convier de bien les différencier et de ne pas leur donner un nom commun :

> Nous ne pouvons songer sérieusement à soutenir qu'il y a ici l'unité d'un genre véritable [2].

Il existe ainsi au sein du *Gemüt*, comme une fracture interne et irrémédiable entre les sentiments intentionnels qui sont des actes fondés et les sensations affectives dépourvues d'intentionnalité.

Mais qu'en est-il de la pulsion ? Où la situer ? Nous y venons. Husserl poursuit son analyse de la conscience affective par les vécus qui appartiennent « à la sphère du désir et du vouloir » [3]. Là encore la méthode d'analyse est la même : il s'agit de savoir si la relation intentionnelle appartient en propre à ces vécus. Si la réponse ne fait aucun doute pour les vécus de la volonté qui visent un objet déterminé, elle est plus réservée concernant les désirs. En effet, indique Husserl, le désir ne paraît pas « exiger une relation consciente à une chose désirée » [4]. Un désir peut être vague, imprécis, ne sachant pas trop ce

---

1. Cf. *RL*, p. 197 : « on pourra cependant mettre en doute que les "sentiments" de l'une et l'autre espèce appartiennent réellement à un seul et même genre ».

2. *Ibid.*, p. 198.

3. *Ibid.*, p. 200.

4. *Ibid.*, p. 200. E. Levinas a été le premier à repérer dans l'intentionnalité de connaissance un élément qui tranche sur toute *thématisation*, à savoir le fait que toute intention vise une satisfaction affective. C'est cette affectivité de l'intentionnalité qui permet de penser la relation intentionnelle en dehors du cadre objectiviste. « Intention encore, certes, mais dans un sens radicalement différent de la visée théorique, quelle que soit la pratique propre que la théorie comporte. Intention comme Désir, de sorte que l'intention, placée entre déception et *Erfüllung*, réduit déjà l'« acte objectivant » à la spécification de la Tendance, plutôt qu'elle ne fait de la faim un cas particulier de la

qu'il désire. Afin d'expliciter cette visée floue d'un quelque chose d'indéterminé, Husserl rapporte le désir à une «obscure tendance ou pulsion», tendance et pulsion qui elles-mêmes font partie de la sphère des «instincts naturels»[1]. La distinction préalable des sentiments et des sensations affectives devient ici utile. La pulsion, comme désir vague, est-elle un affect intentionnel ou non intentionnel? Toute pulsion est-elle dépourvue d'objet comme la sensation affective (simple irritation du désir) ou fondée sur une représentation d'objet comme le sentiment? Manifestement Husserl hésite et ne donne pas sa préférence à l'une ou à l'autre des deux solutions : «Naturellement, il se peut aussi que l'une de ces deux interprétations convienne pour certains cas, l'autre pour d'autres»[2]. Toutefois, la manière même dont il décrit la pulsion nous incite à penser qu'il existe en fait une troisième solution.

Tout d'abord, il est clair que la pulsion est très différente d'une sensation affective. Elle ne se limite pas à une irritation sensible, mais vise quelque chose, si indéfini soit-il. D'une certaine manière, la pulsion est intentionnelle, car elle est toujours tendue vers un objet, et c'est cette tension qui en fait une pulsion. Est-elle alors un sentiment intentionnel? Pas tout à fait, et c'est là que Husserl jette les bases d'une authentique phénoménologie des pulsions. La pulsion ne vise pas son objet comme le sentiment peut le viser. Expliquons ce point capital. D'une part, l'objet intentionnel du sentiment est objet d'une représentation simple, explicite, précise. Cet objet est posé par la conscience objectivante comme existant. L'intentionnalité des pulsions semble être différente; elle ne repose pas sur une conscience thétique et thématique qui pose son objet comme thème exclusif de sa représentation. Son orientation intentionnelle est imprécise. Autrement dit, l'objet de la pulsion est absolument indéterminé, drapé dans les brumes d'un lointain incertain. La pulsion ne sait pas ce qu'elle vise, elle existe seulement dans cette tension déplaisante vers un quelque chose d'absolument indéfini pour elle qui, peut-être, s'éclaircira et se déterminera au cours du déploiement pulsionnel. L'intentionnalité

"conscience de" », *Autrement qu'être ou au-delà de l'essence*, La Haye, Nijhoff, 1974, p. 107-108.

1. *RL*, p. 200.
2. *Ibid.*, p. 200.

pulsionnelle est donc non objectivante, c'est-à-dire qu'elle ne vise pas un objet défini, ni ne le pose comme existant. Cette indétermination objective n'est pas ici à comprendre comme une privation d'objet, un défaut rédhibitoire, mais, souligne Husserl, comme le « caractère descriptif » spécifique des intentions pulsionnelles. Il s'agit là visiblement d'une nouvelle classe d'intentions où la visée intentionnelle se rapporte à des objets indéfinis. D'autre part, cette intentionnalité *a priori* indéterminée ne présuppose pas comme base une représentation simple, sinon elle ne serait pas indéterminée. La pulsion est une intention orientée vers un quelque chose, mais elle ne possède pas en elle-même une *représentation préalable* de ce quelque chose. Tel est le cas, signale Husserl, dans les représentations vagues du type : « quelqu'un sonne », « quelque chose remue », « ça bruisse »[1]. Le caractère fondé des intentions pulsionnelles pose donc problème, puisqu'une pulsion ne paraît pas s'appuyer directement sur une représentation d'objet fondatrice. Aussi les intentions désirantes ou pulsionnelles ne peuvent-elles être ramenées au genre, que nous avons examiné précédemment, des sentiments comme intentions secondes. En résumé, dans les *Recherches Logiques*, nous avons affaire, concernant la sphère affective, à trois classes distinctes de vécus : les sensations affectives non intentionnelles, les sentiments intentionnels comme actes fondés sur une représentation simple d'objet, et les pulsions intentionelles sans objet. Cependant cette solution provisoire va très vite s'avérer insatisfaisante.

Pulsion et représentation vide dans la phénoménologie statique

Dans de nombreux manuscrits inédits de la période de Göttingen (1901-1917)[2], Husserl s'interroge sur l'originalité prétendue des

---

1. *RL*, p. 200.
2. On peut lire en effet dans le manuscrit B I 21 I, p. 5 : « On pourrait dire : l'envie (le souhait) est dirigé de manière explicite, la pulsion instinctive l'est de manière implicite. Le souhait obscur, semblable à une pulsion, est dirigé de manière explicite, mais par une représentation obscure, la pulsion par une représentation implicite. On pourrait ainsi distinguer un acte de représenter implicite et explicite ». *Cf.* aussi Ms. B I 21 I, p. 1 : « cela n'exclut pas, disons-nous, que l'intention qui agit de manière instinctive (l'intention pulsionnelle) soit fondée sur une intention représentante, non cependant sur une intention qui comme telle viserait au préalable quelque chose de déterminé (…) ou de connu, mais sur une intention qui, de ce point de vue, serait pleinement indéterminée ». Pour une

intentions pulsionnelles. Il cherche en fait à les annexer tout simplement aux sentiments intentionnels, en leur donnant pour base des
représentations simples. Cette stratégie vise à penser l'intentionnalité
de la pulsion sur le modèle des intentions simples, et donc à soumettre
la pulsionnalité au régime normal de la vie intentionnelle. Même si
l'objet de la pulsion est indéterminé (nul ne conteste ce fait), cette
dernière doit avoir pour base une représentation simple, à savoir un
acte objectivant. Dans ces conditions, son intentionnalité ne lui est pas
propre, mais provient de sa dépendance vis-à-vis des représentations
simples. Mais comment la pulsion peut-elle reposer sur une « représentation simple », puisqu'elle ne vise pas un objet déterminé, et que
c'est là précisément ce qui constitue la spécificité de sa relation intentionnelle. Il faut donc admettre, propose Husserl, des représentations
simples d'objet indéterminé, à savoir des « représentations vides ».
Cette solution astucieuse, qui était déjà à mots couverts celle des
Recherches Logiques, permet de maintenir la fondation des intentions
affectives sur les intentions perceptives, et de penser la pulsion
comme un simple cas particulier de l'intentionnalité objectivante.
Ainsi, selon cette nouvelle théorie, les pulsions sont fondées sur des
actes proprement objectivants, dont l'objet reste latent, indéterminé,
implicite. Il faut que quelque chose soit visé, même à vide, pour que la
pulsion puisse s'y référer et tendre vers lui. Et si, grâce à une modification de la conscience, la pulsion se porte progressivement vers un
objet défini, lorsque la représentation qui la sous-tend passe du mode
implicite au mode explicite, elle devient alors un simple sentiment.

Cependant, après le *tournant* génétique de la phénoménologie,
aux environs de 1917-1918, Husserl abandonne de manière définitive
cette théorie de la fondation des pulsions sur des représentations vides,
obscures ou latentes, abandon qui implique, d'une part, la remise en
cause du primat des actes objectivants et, d'autre part, la libération
d'une intentionnalité autonome caractérisant les actes non objectivants comme tels, à savoir les désirs, les tendances, les instincts et les
pulsions. Bref, l'intentionnalité non objectivante n'est plus systématiquement ramenée à l'intentionnalité objectivante théorique et
logique, et elle n'a plus pour unique *Untergrund* « les formes pures de

analyse plus détaillée de ces textes, *cf.* Nam-In Lee, *Phänomenologie der Instinkte*,
Phaenomenologica 128, Dordrecht, Kluwer, 1993, p. 43-47.

la synthèse prédicative »[1]. La théorie de la représentation vide, qui était en quelque sorte l'ultime parade de l'intentionnalité objectivante, est mise au rancart. Ce « revirement » apparaît notamment dans un texte éloquent tiré du volume XIV des *Husserliana, Zur Phänomeno-logie der Intersubjektivität*, où Husserl analyse la pulsion instinctive de la faim et la modalité intentionnelle qui lui est propre : « Mais ici des représentations vides ont-elles déjà lieu ? »[2]. À cette question, qui relève spécifiquement de la fondation des intentions pulsionnelles sur les intentions représentatives, et donc de la phénoménologie statique, il répond par la négative. Dans la faim, il y a bien la présence effective d'une conscience vide, mais, dit-il, « la conscience vide en tant que conscience instinctive non remplie n'est pas encore une conscience qui représente à vide »[3]. La vacuité de la pulsion est ici affranchie de la vacuité de la conscience objectivante. La conscience de la représenta-tion vide, qui demeure encore et toujours une conscience objectivante, ne constitue plus le soubassement logique des pulsions. Ce qui anime la pulsion ne réside pas en elle comme un représenté, comme un noème objectif, si vacant soit-il. L'objet de la pulsion n'est pas un objet de connaissance, il n'est pas non plus le corrélat d'une représen-tation théorique ou d'un jugement doxique. Peut-on encore ici parler d'objet ? L'intentionnalité pulsionnelle non objectivante ne déborde-t-elle pas le cadre transcendantal de l'objet pris précisément comme *index* ou *guide*, non seulement parce qu'elle ne poserait pas préalable-ment à sa visée un objet ni même une structure objective, mais aussi parce que ce qu'elle viserait ne pourrait absolument pas être converti en objet et excèderait le cadre objectif ? Cette question est prématurée tant que nous n'avons pas encore plongé notre regard dans les profondeurs de la vie pulsionnelle elle-même.

---

1. Cf. *Ideen I*, § 147, p. 493. Husserl montre en particulier que tout acte affectif peut s'exprimer sous la forme d'une proposition prédicative, et que l'axiologie formelle n'est qu'une discipline parallèle de la logique formelle « au niveau de la raison théorique ».
2. Cf. *Husserliana XIV*, p. 334.
3. *Ibid.*

La découverte de l'intentionnalité pulsionnelle dans le manuscrit
A VII 13 (1921)

C'est dans ce contexte qu'apparaît pour la première fois en 1921 l'idée d'une « intentionnalité pulsionnelle ». La remise en cause de la fondation des pulsions sur les représentations objectivantes a permis en quelque sorte la révélation de leur intentionnalité propre. Mais Husserl va tout de suite beaucoup plus loin. Il ne se contente pas de reconnaître une intentionnalité pulsionnelle à côté de l'intentionnalité objectivante, il va inverser le rapport de fondation, en faisant à présent dépendre la seconde de la première. Par là il retrouve son intuition de jeunesse (celle de 1894) : toute intention tire son intentionnalité de la pulsionnalité qui s'exprime en elle comme effort tendu vers un objet non donné. Le manuscrit A VII 13 représente le moment historique de ce retournement.

Mais avant d'étudier le « système pulsionnel » présenté dans ce manuscrit, il faut faire retour vers les cours sur la logique génétique du semestre d'été qui le précèdent. Dans ces cours, Husserl tente de mettre au jour ce qu'il nomme la « formation d'unité »[1] dans la sensibilité, à savoir la constitution passive de l'objectivité au sein des affections et des synthèses associatives avant toute entrée en lice de la conscience égoïque et thétique. L'affection représente le premier moment où un quelque chose d'objectif se détache dans la sensibilité. En tant que saillance, elle représente le stade initial de toute objectivation. Néanmoins Husserl remarque que le monde sensible semble organisé avant ce stade de l'affection. Ainsi il suppose l'existence de « synthèses pré-affectives »[2] qui constituent déjà une certaine unité objective de la sensibilité. Ce n'est pas lors de l'impact de l'affection, et par lui, que les premières unités objectives de la sensibilité se forment. Car l'affection ne fait, en quelque sorte, que rapporter, sur le mode de l'excitation, ces unités au sujet sensible, elle ne les constitue pas. Dans ce cours, Husserl indique par ailleurs que les affections, à savoir le moment où un certain contenu objectif affecte le sujet

---

1. Ce cours sur la logique génétique a été publié dans les *Husserliana*, vol. XI, *Analysen zur passiven Synthesis*, trad. fr. B. Bégout et J. Kessler, *De la synthèse passive* (dorénavant cité DSP), Grenoble, Millon, 1998, p. 225.

2. *DSP*, p. 221, 232.

sensible, sont très souvent accompagnées par des sentiments et des pulsions :

> Nous considérons donc les fonctions de l'affectivité qui se fondent purement sur la sphère impressionnelle. De la sphère de l'affect (*Gemüt*), nous ne devons prendre en compte que les sentiments originairement unis avec les data sensibles et dire : l'affection naissante est d'un côté fonctionnellement co-dépendante de la grandeur relative du contraste ; mais elle est aussi, de l'autre, dépendante de sentiments sensibles privilégiés, comme un sentiment de volupté fondé dans son unité par ce qui se détache. Nous devons également admettre des préférences pulsionnelles, originairement instinctives [1].

Mais il ne donne pas à la pulsion un rôle essentiel dans le détachement affectif lui-même. Elle s'ajoute simplement à l'affection comme expression d'une préférence affective du sujet affecté. En outre, les synthèses pré-affectives qui précèdent manifestement les affections ne sont pas elles-mêmes conçues sur le modèle d'une intentionnalité pulsionnelle. La distinction de l'affectif et du pré-affectif se joue donc en dehors de toute référence aux pulsions. Or cette distinction est problématique à plusieurs titres (notamment par le fait qu'elle place la phénoménologie aux limites de son projet descriptif, puisque le pré-affectif échappe à toute expérience subjective, seul mode d'attestation phénoménologique) car elle présuppose qu'antérieurement aux affections sensibles se constitue une organisation hylétique autonome. Cela s'explique pour une bonne raison : « il n'y a pas toujours d'affection effectivement perceptible » [2]. Or, des objets se détachent, forment contraste, se lient entre eux et produisent des paires, des groupes, des ensembles déjà cohérents, bref un pré-monde se constitue dans la *hylè* sensible avant même d'affecter le moi passif. Les lois de la formation d'unité relèvent donc plus de l'association que de l'affection. En un sens, les affections sont séparées des synthèses passives, puisque la formation de l'unité de la sensibilité peut s'effectuer en dehors de toute affection. Pour que quelque chose se détache affectivement, à savoir touche le moi et le force à se tourner vers lui pour y faire attention, il doit être déjà par avance formé avec

---

1. *DSP*, p. 218.
2. *Ibid.*, p. 228.

une certaine unité objective. Ce qui veut dire que l'affection en elle-même ne possède aucune propriété formatrice (elle est simple excitation du moi), et qu'elle s'en remet à des synthèses passives antérieures qui ordonnent la sensibilité en un champ de pré-objets déjà unifié. Il y aurait donc dans la vie hylétique de la subjectivité un stade pré-affectif, comme l'ordonnancement inconscient d'un champ objectal. La *hylè*, à savoir la couche sensible de la subjectivité, serait coupée en deux, en une *hylé* synthétique et une *hylè* affective, entre la forme et la force.

L'avènement d'une intentionnalité pulsionnelle dans le manuscrit A VII 13, rédigé à l'automne 1921[1], donc juste après le cours du semestre d'été, remédie à cette séparation quelque peu dangereuse de l'affectif et du pré-affectif[2]. Husserl ne cache pas l'importance de ce manuscrit. Dans une feuille libre, insérée sans doute peu après dans le manuscrit F I 38 (qui n'est autre qu'une partie du cours sur la logique génétique de l'été 1921), il a noté :

> Importants pour l'association et l'aperception constituée à travers elle, les manuscrits de St. Märgen de l'automne 1921 (donc immédiatement après le cours présent) sur la constitution de la choséité spatiale. En particulier aussi l'association de pulsion. Différence entre prédonation inauthentique de l'immanent et prédonation authentique de ce qui est constitué de manière égoïque-pulsionnelle par association[3].

La grande innovation de ce travail, directement lié, comme on le voit ci-dessus, à une réélaboration des thèses du cours de logique génétique, est, à ce titre, de concevoir une vie affective originelle et graduelle sur le modèle de l'instinct. En effet, Husserl y développe l'idée d'une « affection originaire »[4] qui est déjà en elle-même une pulsion. Il n'y a plus dès lors la formation pré-affective d'une certaine unité sensible, puis son affection du moi passif, mais une formation

---

1. Ce manuscrit, enregistré sous la côte A VII 13, a été rédigé pendant le mois d'octobre 1921. C'est surtout la deuxième partie du manuscrit noté πρ (ce qui indique chez Husserl un manuscrit important) qui contient les thèses sur l'intentionnalité de pulsion.

2. Sur ces conséquences problématiques de la distinction du pré-affectif et de l'affectif, nous nous permettons de renvoyer à notre travail, *La généalogie de la logique. Husserl, l'antéprédicatif et le catégorial*, Paris, Vrin, 2000, p. 167-198.

3. *Husserliana XI*, p. 445.

4. Ms. A VII 13, p. 138.

affective originaire qui est, d'emblée, et sans conteste, pulsionnelle. Aux sources de l'objectivation dans la sensibilité originaire se trouve une pulsion, laquelle n'est plus conçue comme ce qui accompagne l'affection, sa répercussion affective et émotionnelle, mais comme ce qui la meut, comme ce qui en constitue la transitivité originelle vers le monde. C'est dire que les pulsions assument à la fois la fonction de première formation de l'objectivité en relation avec les associations et les fusions sensibles et celle du détachement affectif originaire. Elles ordonnent et affectent en même temps, sans que l'on puisse isoler, comme c'était encore le cas dans le cours de logique génétique, un moment synthétique et un moment affectif, l'ordre et l'intensité. L'introduction d'une intentionnalité pulsionnelle propre à la *hylè* la plus profonde réunifie par conséquent les moments de la « constitution originaire ». La pulsion apparaît comme le trait de liaison entre toutes les strates de la formation de l'objectivité, et c'est pourquoi elle est, à partir de ce manuscrit A VII 13, sans cesse associée aux opérations fondamentales de la genèse passive comme l'association, la fusion, l'affection. Comme *renvoi*, elle est en effet association originaire ; et comme *tension*, elle s'avère affection originaire. L'intentionnalité de pulsion apparaît donc comme la passerelle sensible entre les synthèses passives et les affections, en permettant de penser une formation pré-égoïque et instinctive de l'objectivité. C'est ce système pulsionnel qui gouverne l'ensemble de la constitution originaire du monde que nous nous proposons à présent d'étudier.

LE SYSTÈME PULSIONNEL ET LA CONSTITUTION ORIGINAIRE

Le caractère pulsionnel de la perception externe

Partons tout d'abord des couches supérieures de la vie intentionnelle avant de régresser vers les profondeurs de sa constitution originaire. Dans la perception externe, forme princeps de l'intentionnalité, la pulsion se révèle déjà à l'œuvre. Ce point est clairement mis en évidence dès le cours sur la logique génétique de 1921. La « survisée » (*Mehrmeinung*)[1] que comporte toute intention perceptive, en tant qu'elle vise toujours plus que ce qu'elle saisit intuitivement, signale le travail caché de la pulsionnalité sous la forme de tendances d'approximation. Étudiant la « donation en personne » (*Selbstgebung*) dans la perception, Husserl indique que « la perception externe est une prétention permanente à effectuer quelque chose qu'elle est de par son essence hors d'état d'effectuer »[2]. Comme la perception ne saisit en propre qu'un aspect unilatéral de l'objet, elle est sans cesse complétée par une volonté de saisir tous les autres aspects dans une seule et même intuition entièrement donatrice. Toute perception, comme le laissaient déjà entendre les textes de 1894, est donc un « mélange » (*Gemisch*) entre « présentation effectivement intuitive » et « acte indicatif vide [*leerem Indizieren*] »[3]. Or cette visée extra-intuitive qui creuse la représentation vers le non-encore-donné manifeste la tendance constitutive de toute intention perceptive à saisir l'objet dans des données plus satisfaisantes. Sans cette tendance à percevoir plus que ce qui est donné, la perception ne saisirait pas un objet dans son unité et son identité perceptives, mais de simples fragments de chose. Dans toute perception de chose opère sans relâche un élan mi théorique mi affectif vers une saisie intégrale et définitive. Dans le cas de l'intention perceptive externe, on a donc affaire à une sorte de double transcendance : l'intention se transcende vers son objet, qu'elle aspire à posséder en entier, mais également vers de nouvelles intentions mieux remplies et plus approchantes de cet objet ; et cette nouvelle transcendance ne renvoie pas simplement au pôle objectal de la visée, mais aussi à l'acte même de la visée. Tout acte de perception désire de nouveaux actes de perception. Il existe ainsi une visée, non de l'objet transcendant, mais des visées immanentes de cet objet transcendant, une sorte de désir interne de la perception de toujours percevoir encore et mieux. C'est cette prétention transcendante, et ce constant « renvoi au-delà » (*Hinausweisen*) de l'acte perceptif, que Husserl décrit à présent comme tendance : « ces renvois sont en même temps des

---

1. *Méditations Cartésiennes*, trad. fr. M. de Launay, Paris, PUF, 1994, p. 92. Cette *survisée* déploie immédiatement la dimension infinie et téléologique de l'intentionnalité comme tâche vivant dans l'inadéquation radicale à soi.
2. *DSP*, p. 95.
3. *Ibid.*, p. 96.

tendances de renvois qui entraînent vers les apparitions non-données »[1]. Cette tendance est tout d'abord présentée comme une sorte d'appel, d'« attrait » (*Zug*), émanant de la chose même :

> Le perçu dans son mode d'apparition est ce qu'il est à chaque moment du percevoir <en tant> qu'il forme un système de renvois avec un noyau d'apparition dans lequel ceux-ci trouvent leur point d'appui. Et dans ce renvoi, il nous appelle d'une certaine manière : il y a encore plus à voir, tourne-moi donc de tous les côtés, et parcours-moi ainsi du regard, approche-toi, ouvre-moi, dissèque-moi. Toujours à nouveau, regarde autour de moi et tourne moi dans tous les sens. Ainsi tu apprendras à me connaître dans tout ce que je suis, dans toutes mes propriétés superficielles, mes propriétés sensibles internes, etc.[2].

Cette attirance de l'objet révèle une espèce d'impulsion passive à viser ce qui est inaccessible en tant que tel. Husserl n'hésite plus alors à décrire ce mouvement de l'intentionnalité comme la mise en marche de « tendances progressives [*Fortschrittstendenzen*] » vers un dévoilement intuitif plus parfait de l'objet visé, c'est-à-dire vers une « mise en intuition »[3] (*Veranschaulichung*) complète de ce qui, pour l'instant, n'est donné que comme la préfiguration d'un sens encore vide, fonctionnant comme une « idée située à l'infini ». Aussi les tendances sont-elles directement liées à des « aspirations » à la fois théoriques et affectives (*Streben*)[4] qui se comportent, quant à elles, comme un « vouloir aller au-delà » (*Hinauswollen*). Ce *Streben* ne doit pas être identifié à un effort volontaire du moi, car il relève avant tout d'un processus passif. Certes il émane du moi, mais du moi des affections et des sentiments, c'est-à-dire du moi passivement réceptif.

C'est dans le chapitre 20 des *Analysen zur passiven Synthesis* que l'on trouve la détermination la plus éclairante de ce caractère essentiellement « tendanciel » de la perception.

---

1. *DSP*, p. 96.
2. *Ibid.*, p. 97. Même idée, quelques pages plus loin : « L'appel : approche-toi plus près et toujours plus près, considère-moi et fixe-moi alors en changeant ta position, ton regard, etc., tu trouveras en moi-même encore bien du nouveau à voir... ».
3. *Ibid.*, p. 98. Ce concept de *Veranschaulichung* est ici lié à la possibilité de *parfaire* toute donation intuitive en une donnée optimale dans un remplissement lui-même exhaustif.
4. *Ibid.*, p. 162-163.

Ce qui s'est montré, ce n'est pas simplement qu'un *être-dirigé*, issu d'un éveil, appartient à toute intention véritable et ainsi à la synthèse proprement remplissante et vérificatrice. Mais ce qui apparaît également à présent comme appartenant à une intention vérificatrice, c'est que cet *être-dirigé* est tendanciel [*dieses Gerichtet-sein tendenziös ist*] et « veut » d'emblée, en tant que tendance, en tant qu'aspiration, aller au-delà vers une satisfaction qui n'est possible que dans une synthèse de mise en intuition d'un type particulier, une synthèse qui conduit l'objectal représenté à la donnée en propre [1].

En s'exprimant ainsi, Husserl cherche à montrer que l'aspect *tendanciel* de l'intention va de pair avec la relativité de son remplissement intuitif, lequel, toujours décevant (la donation intégrale est un idéal de type kantien qui réside dans le processus perceptif même, non comme un défaut accidentel, mais comme une propriété essentielle), laisse constamment subsister des « restes d'insatisfaction [*Reste von Unbefriedigung*] ». Le manuscrit A VII 13, qui suit chronologiquement le cours sur la logique génétique, va plus loin. Il se présente clairement comme une étude de la « genèse de l'intentionnalité de la perception transcendante en tant que genèse d'un système pulsionnel » [2]. La tendance n'est plus un aspect latéral de l'intentionnalité, son surplus, mais ce dans quoi elle prend racine. Le caractère tendanciel de la perception révèle ainsi l'accomplissement plus ou moins caché d'une intentionnalité de pulsion qui mêle à la fois, et confusément, désir de connaissance (une certaine curiosité perceptive), sentiments de manque (affects de déplaisir dans le besoin et de plaisir dans le remplissement intuitif) et élan vital (énergie cinétique de la subjectivité vivante). Husserl parle ainsi de « pulsion perceptive », de « pulsion vers la perception » [3] (*Trieb zur Wahrnehmung*). Mais, en réalité, c'est toute la vie intentionnelle qui est régie à présent par une « structure tendancielle » (*Tendenzstruktur*) générale. La tendance perceptive elle-même n'est, d'une certaine façon, que la face émergée

1. *DSP*, p. 162, et également p. 168. Toute intention perceptive veut être une « bien propre » (*Selbsthabe*) de son objectité visée, mais elle ne veut pas simplement « toucher » ce qui est objectal, elle veut plus ; elle veut toujours aller au-delà dans une « détermination plus précise [*Näherbestimmung*] », plus satisfaisante.
2. Ms. A VII 13, p. 20.
3. *Ibid.*, p. 15, 23.

de l'iceberg. Sous la surface de la vie consciente, tout un système pulsionnel s'anime :

> Il s'agit ici de systèmes généraux de pulsion, de systèmes d'intentions pulsionnelles qui s'expriment dans une intentionnalité pulsionnelle continue, mais qui ne s'accomplissent pas effectivement dans toutes les intentions pulsionnelles particulières [1].

Mais en quoi le concept de tendance modifie-t-il ici l'acception générale de l'intentionnalité? Plus que d'une modification ou d'un changement radical, il s'agit d'un approfondissement du sens de l'intention. La description tendancielle de l'intention montre tout d'abord que l'intentionnalité ne peut pas être restreinte à la seule propriété de l'«être-dirigé» (*Gerichtetsein*), mais qu'elle signifie aussi l'effort pré-volontaire d'un rapprochement avec l'objet jusqu'à l'obtention finale et idéale de la « saturation» (*Sattheit*) intuitive. En ce sens, le Husserl de la phénoménologie génétique de 1921 retrouve les intuitions philosophiques du Husserl de la psychologie empirique de 1894. Ce faisant, l'intentionnalité trouve sa raison d'être, non dans la simple motivation théorique d'une saisie intégrale de l'objet, mais aussi et surtout dans des motifs sensibles plus larges comme les affects de plaisir et de satisfaction, de mouvement corporel, d'élan avide vers le monde, etc. La détermination pulsionnelle de l'intentionnalité l'enrichit, la trouble; elle la révèle comme une modalité plus complexe de la vie subjective qui combine, dans ce halo flou et nébuleux de l'instinct, une certaine curiosité perceptive allant de pair avec des sentiments et des kinesthèses corporels.

Pulsion, affection et association originaires

Toutefois le caractère tendanciel de la perception externe n'est que l'aspect le plus visible, et le plus superficiel, de l'emprise de la pulsion sur le fonctionnement intentionnel de la conscience. Antérieurement aux intentions objectivantes, l'intentionnalité pulsionnelle fait déjà son œuvre. Même là où il n'y a pas, à proprement parler, une visée thétique et thématique d'un objet, les pulsions interviennent dans la formation des premières transcendances au sein de la *hylè* immanente

---

1. Ms. A VII 13, p. 20.

du sujet. Dans de nombreux manuscrits de recherche ayant pour thème la « déconstruction » (*Abbau*) de la constitution subjective du monde vers ses éléments originels, Husserl distingue la pulsion comme l'opération fondamentale d'élaboration des toutes premières formes d'objectivité et de transcendance. C'est dire que la structure noético-noématique de la conscience intentionnelle vaut en deçà même des actes intentionnels objectivants, et que la révélation des pulsions originelles ne remet pas en question sa domination sur toute la vie subjective. Bien qu'elle ne possède pas de relation à un objet parti-culier – c'est ce qui la rend « aveugle » (*blind*) et « sans but » (*ziellos*) [1], la pulsion est tout de même liée à l'objectivation. Son absence de but déterminé ne signifie pas par conséquent son absence de relation avec la transcendance du monde. Bien au contraire. L'intentionnalité pulsionnelle opérant dans la *hylè* originelle forme la première ouver-ture au monde ; c'est une sorte d'objectivation sans objet. En tant qu'irritation primordiale, elle désigne le proto-mouvement de la subjectivité vivante vers le monde, et ce dans un élan sans plan arrêté ni but précis. Une intention pulsionnelle, telle que Husserl la découvre dans le mouvement originel du présent vivant de la conscience tempo-relle, ne vise pas un objet en particulier (la faim, par exemple, n'est pas, à son stade pulsionnel, une faim d'un certain aliment, mais une faim générale et indéterminée), mais quelque chose du monde qui, peu à peu, sera effectivement rempli par des déterminations objectives. C'est la raison pour laquelle la pulsion n'est pas, pour Husserl, une auto-affection sensible, un simple affect subjectif dans l'immanence de la vie intérieure, mais une véritable intention, à savoir une transcen-dance du sujet dans le monde, même sous l'aspect indéterminé d'une finalité sans fin. À ce titre, il est étonnant de remarquer que jamais Husserl ne voit dans la pulsion une force de dissolution de l'objec-tivité, ou une autre forme d'objectivation du sujet dans le monde. Il n'y a pas pour lui de *hiatus* entre la vie pulsionnelle et la conscience intentionnelle. Seule une différence de degré les sépare. Selon sa

---

1. Tels sont les qualificatifs que Husserl donne fréquemment aux pulsions et aux instincts. Il ne veut pas souligner par là leur caractère déraisonnable, mais plutôt leur aspect latent, non encore dévoilé. À cet égard, la vie pulsionnelle n'est pas l'élément anti-rationnel de la subjectivité, mais « l'élément irrationnel qui rend possible la rationalité », *cf.* Ms. E III 9, p. 4.

vision des choses, les pulsions ne s'opposent pas aux formes supérieures de l'objectivation, par exemple celles de la représentation consciente. Tout se passe comme si l'absence d'objet de la pulsion ouvrait en quelque sorte l'horizon général de l'objectivité, comme si son indétermination objective rendait possible la déterminabilité future de l'intentionnalité dans le cadre défini de l'objet. Avec la mention d'une « objectivation originaire » [1] des pulsions et des instincts, Husserl apporte ici des précisions capitales au fait que l'œuvre constituante se joue dès le stade de la *Urhyle* instinctive. Par objectivation, Husserl n'entend pas bien sûr ici la transformation de la saillance hylétique, passivement prédonnée sous la forme d'une objectité vague, en un « objet de connaissance » constitué dans une position doxique ferme et définitive, mais pour l'heure le simple rapport originaire à l'objet, le *Gegenstandbezug*. En ce sens, l'objectivation n'est pas seulement le souci unique de la *hylè* impressionnelle, à savoir de la constitution du monde sensible spatio-temporel, mais elle a également partie liée avec la constitution originaire dans le flux du présent vivant. Dans son sens génétique, elle correspond à la constitution de la toute première transcendance d'un donné dans le présent vivant, celle de la temporalisation originaire d'une impression immanente, transcendance par rapport à laquelle la transcendance mondaine et perceptive apparaît comme « seconde » [2]. Elle n'équivaut pas initialement à l'objectivation positionnelle et doxique qui fait de tout objet prédonné un étant quelconque, substrat de propriétés ontiques et ne doit donc pas être confondue avec ce que Husserl nomme en général l'« ontification » [3] qui n'est, en fait, qu'une objectivation de second degré, mais toujours fondée sur elle.

Puisque l'objectivation devient, selon les mots de Husserl, « *weltlichende Objektivation* » [4], le remplissement effectif de l'« intentionnalité instinctive des monades » s'avère être, dans son ensemble, « orienté vers le monde » (*weltlich gerichtet*) :

> La tendance est pourtant instinctive et elle est orientée de manière instinctive, donc tout d'abord de manière non-dévoilée, vers les unités

1. Ms. E III 9, p. 5.
2. K. Held, *Lebendige Gegenwart*, La Haye, Nijhoff, 1966, p. 90.
3. Ms. C 10 (1930), p. 6.
4. Ms. E III 9, p. 34.

mondaines qui se constituent en premier lieu de manière dévoilée dans le futur [1].

De la même manière :

> Ce qui est premier dans la constitution du monde au sein de la primordialité, c'est la constitution de la nature à partir de la nature hylétique originelle, ou plutôt à partir de ses trois matériaux originels : noyau sensible, sentiment sensible, kinesthèse sensible. À cela correspond un « instinct originaire » [2].

L'intention pulsionnelle, qui, déployant l'instinct originaire d'objectivation, apparaît dès la *hylè* sensible, combine ainsi une affection de quelque chose (le noyau sensible) avec un affect et un mouvement corporel. La pulsion exprime ainsi l'excitation de ce quelque chose sur la sensibilité subjective, excitation qui implique simultanément un affect de plaisir ou de déplaisir et une kinesthèse. On voit pourquoi ici Husserl a donné une si grande importance aux pulsions dans la constitution originaire. C'est que la pulsion rend possible une compréhension plus profonde de la *hylè* selon sa triple constitution matérielle : sensation, sentiment et mouvement. La pulsion n'est plus ce qui accompagne de manière périphérique comme sentiment une affection, mais ce qui est, en même temps, affection, affect et impulsion corporelle.

On pourrait encore extraire du *Nachlaß* husserlien bon nombre de textes qui évoquent tous de manière quasi unanime cette orientation originairement intentionnelle des instincts et des pulsions vers la processus d'objectivation, et partant vers la constitution d'un monde objectif, et qui soulignent aussi avec force la présence, au sein de toute intentionnalité de pulsion, d'une « tendance instinctive noético-noématique » [3]. Un intérêt objectif parcourt la vie pulsionnelle originaire, et l'oriente, même sur le mode de la visée à vide, vers le monde. Que « les instincts originaires s'accomplissent, il faut comprendre cela comme le fait que la constitution du monde se produit de manière

---

1. Ms. A VI 34, p. 54 : « Das Streben ist aber instinktives und instinktiv, also zunächst unenthüllt "gerichtet" auf die sich "künftig" erst enthüllt konstituierenden weltlichen Einheiten ».

2. Ms. B III 9, p. 67.

3. Ms. E III 9, p. 5 : « die instinktive noetisch-noematische Tendenz ».

instinctive »[1]. Le monde apparaît ici comme l'horizon infiniment ouvert du quelque chose en général, horizon qui se déterminera progressivement avec l'entrée en scène des objectivations supérieures des actes objectivants et des intentions de connaissance (les représentations conscientes, les jugements, etc.).

De là il suit que la pulsion ne vient pas renverser l'édifice de l'objectivité, comme elle peut par exemple le faire chez Nietzsche (où elle en révèle le caractère simplificateur et falsificateur), pour lequel la vie pulsionnelle sauvage et brute affronte la vie consciente dans une guerre dont seules des trêves précaires garantissent la non extension dangereuse, mais elle vise déjà, sur un mode indéfini et préconscient, cette constitution de l'objectivité. Dans ses manuscrits de recherche, Husserl ne soupçonne presque jamais le rôle néfaste que pourrait jouer la pulsion dans la constitution de l'objectivité. Une seule fois, il s'interroge sur l'existence éventuelle d'«instincts négatifs »[2], mais écarte bien vite cette possibilité. De même qu'il associe ensemble intention et pulsion, de même il ne voit aucune antinomie entre instinct et raison. La pulsion n'est pas une énergie sans discipline, une expression chaotique et violente de la vie. Au contraire, en affirmant le lien constitutif entre pulsion et intérêt cognitif, Husserl ne cesse de montrer la continuité qui existe entre les intentions pulsionnelles originelles et les intentions supérieures de la vie théorique et judicative du sujet, au risque sans doute d'édulcorer la pulsion de ses propres potentialités énergétiques et affectives, en n'en faisant que l'antichambre tranquille des intentions objectivantes. Même dans la sphère inférieure de la passivité, les intentions pulsionnelles sont ainsi gouvernées par des «instincts originaires d'objectivation »[3]. Cette orientation vers le vrai s'est entièrement assimilée à la vie instinctive, de sorte que toutes les pulsions sans exception sont mises au service de la vérité et subordonnées à ses fins : la connaissance. La vie pulsionnelle est, dès le départ, asservie aux fonctions constituantes de l'objectivation, et rien dans la *Urhyle* ne peut aller vraiment à l'encontre de cette genèse passive de l'objectivité, pas même les pulsions sexuelles

---

1. Ms. E III 9, p. 19 : « Die ursprünglichen Instinkte wirken sich aus – wie ist es zu verstehen, daß da Konstitution von Welt statthat instinktiv ».

2. Ms. E III 10 (1930), p. 6.

3. Ms. C 13 I, p. 14.

qui y contribuent sur le mode d'une intersubjectivation originelle. C'est dire que, pour Husserl, chaque pulsion porte en elle, en tant qu'aspiration instinctive à la vérité (caractère qui est, pour Nietzsche, ne l'oublions pas, le comble même de l'erreur utile à la conservation de la vie), un intérêt pré-théorique à la constitution de la transcendance. Certes cette objectivité n'a rien à voir avec celle qui sera constituée dans la conscience thétique et thématique (lui fait défaut la détermination objective et la prise de position du sujet dans un jugement positionnel), mais elle n'en représente pas moins, même sur le mode mineur de la vie passive et instinctive, l'ABC de l'objectivation mondaine. Lecteur de Schopenhauer, Husserl considère ainsi que toute pulsion, *originelle* (le branle premier de la vie hylétique originaire) ou *dérivée* (par exemple les pulsions de conservation et de reproduction de l'être humain), est destinée à s'objectiver dans le monde sous la forme d'une satisfaction sensible à un quelque chose. Une même volonté d'objectivité s'exprime dans toutes les tendances hylétiques, perceptives, sentimentales, sociales. Rien, pour Husserl, ne peut dans la pulsion venir contredire la formation de l'objectivité, la brouiller ou l'empêcher, et c'est la raison pour laquelle il n'hésite pas à en faire le cœur de la vie intentionnelle. Même l'instinct d'auto-conservation est une expression, au niveau de l'individu constitué, de la force constituante de l'objectivation pulsionnelle. En résumé, la vie pulsionnelle ne constitue pas un domaine à part de la subjectivité, le champ des impulsions irrationnelles et instinctives, mais la première étape de la genèse subjective de l'objectivité.

Mais la pulsion ne représente pas simplement ce mouvement premier vers un quelque chose, le branle inconscient de la subjectivité vers le monde ; elle possède en elle-même une valeur ordonnatrice de la *hylè* sensible. Comme nous l'avons dit, l'intentionnalité pulsionnelle est la synthèse originale de l'affection et de l'association, de la saillance et de la synthèse. Elle est *affection*, en tant que première forme d'excitation de la sensibilité originelle du sujet passif, et *association* comme renvoi et liaison à un visé, même flou et indéterminé. La grande nouveauté philosophique qu'introduit la révélation de la pulsion dans la constitution originaire est de concevoir la formation de la sensibilité comme une impulsion ordonnatrice. Ainsi Husserl pense la *Urhylè* comme un champ pulsionnel instable d'affections et d'associations entremêlées où des transcendances minimales se font jour dans le brouillard impénétrable de la sous-conscience. Dès lors la pulsion reçoit une valeur transcendantale puisqu'elle apparaît comme la condition de possibilité même de la constitution originaire. Rien ne se produit dans la passivité la plus inférieure sans relation avec l'intentionnalité de pulsion, et tout ce qui s'y forme y renvoie directement ou indirectement.

Intéressons-nous tout d'abord à la détermination de la pulsion comme « affection originaire ». Celle-ci permet de montrer que l'affection première n'est pas celle d'un quelque chose en particulier, mais une vague impulsion de la sensibilité qui n'a pas encore livré son objet :

> L'affection originaire n'est-elle pas un instinct comme mode d'une aspiration vide, encore dénué de représentation de but, aspiration qui se remplit dans un acte dévoilant correspondant ? [1].

La réponse est affirmative. L'affection est bien pulsion, car l'excitation qu'elle produit sur la sensibilité traduit une sorte de tension vague du sujet vers un quelque chose indéterminé. Non seulement ce quelque chose indéterminé qui affecte agit sur le sujet comme une pulsion, une tendance à attirer son attention, mais la sensibilité elle-même affectée réagit aussi comme une pulsion, en s'inclinant vers cette affection. Le premier dialogue moi/non-moi au sein de la *hylè* est par là même structuré par un jeu de pulsions et de contre-pulsions. À l'impulsion du pré-objet répond l'attirance ou la répulsion du moi passivement affecté.

Mais la pulsion est tout autant association originaire. Elle n'est pas que simple excitation sensible sans objet ; elle produit d'entrée de jeu des liaisons et des combinaisons rendues possibles par le fait qu'en elle opère une structure constante de renvoi. C'est parce que toute pulsion vise un quelque chose, même sur le modèle de l'objet X, qu'elle possède des propriétés associatives. En tant qu'intérêt pour ce qu'elle n'est pas, elle représente la forme la plus originelle de synthèse des données hylétiques. Les formations originelles qui s'instaurent dans la *Urhyle*, à savoir avant la constitution de champs sensibles et d'une sensibilité ordonnée, sont donc le produit des pulsions associatives du semblable avec le semblable. L'association elle-même, qui

1. Ms. C 16 IV, p. 11.

régit de tout son poids la genèse passive, puise sa puissance unificatrice dans la force de la pulsionnalité qui l'anime.

Si Husserl pose de manière de plus en plus ouverte l'intentionnalité de pulsion comme le point de départ, dans la *hylè* originaire, du processus constitutif de l'objectivation, il doit pouvoir à présent rendre compte de la manière dont les pulsions originaires se lient aux synthèses pré-affectives de l'association que les *Analysen* avaient mises au jour. Or ce point est, à de nombreuses reprises, explicitement souligné dans le manuscrit A VII 13 : « les lois de l'association sont en première ligne et avant tout des lois de l'éveil, l'éveillé affecte ensuite le moi, et à la vérité il éveille en lui des pulsions à la conversion et à la quête sous la forme de la mise en intuition »[1]. Ou de manière plus explicite encore :

> Le système de l'intentionnalité est un système de pulsions entrelacées sous forme d'association, donc un système d'associations pulsionnelles, à travers des associations se modifiant en une capacité formée qui, dans des formes semblables, ne se forme pas nécessairement de manière mécanique, mais dans une légalité de la passivité pulsionnelle du moi constamment affecté et qui s'abandonne aux affections[2].

On comprend mieux pourquoi, à partir de 1921, Husserl ne cesse de décrire l'association, principe général de la synthèse passive, comme une pulsion. Si la *Triebintentionalität* des instincts originaires devient sans conteste « principe de l'association des affections »[3], c'est qu'elle possède en soi une fonction structurante dans la *hylè* originelle. La pulsion n'est pas seulement un renvoi à quelque chose d'autre, elle est aussi cette énergie intentionnelle qui lie ce qu'elle associe dans ce renvoi, et l'unifie en synthèses. Sans les instincts, et les pulsions qui les accomplissent, les affections n'auraient pas, indique

1. Ms. A VII 13, p. 23 : « Die Assoziationsgesetze sind in erster Linie und zunächst Gesetze der Weckung, das Geweckte affiziert dann das Ich, und zwar es weckt in ihm Triebe zur Zuwendung und zur Herbeiholung in Form der Veranschaulichung ».

2. *Ibid.*, p. 47 : « Das System der Intentionalität ist ein System von assoziativ verflochtenen Trieben, ein System von Triebassoziationen, durch Assoziationen sich modifizierend zu ausgebildeten Vermögen, die nicht mechanisch aber in Gesetzmäßigkeit der Triebpassivität des stetig affizierten und den Affektionen nachgebenden Ich sich notwendig in solchen Formen ausbildet ».

3. Ms. C 10, p. 20 : « Ergänzung : das Problem des Instinktes als Prinzip der "Assoziation" von Affektionen ».

Husserl, d'«unité synthétique particulière»[1]. La force unificatrice de l'association découle ainsi de la pulsion qui agit en elle comme mouvement et liaison. Partie de la simple tendance perceptive, la pulsion s'est répandue partout dans la genèse passive; comme un flot irrésistible, elle a circulé dans tous ses méandres les plus profonds et obscurs et s'est infiltrée au sein de chacune de ses opérations fondamentales (affection, association, fusion, habitus, etc.). Bref, rien de ce qui relève de la synthèse passive n'est étranger à la pulsion, tout en provient même, et s'y déploie.

Pulsion et subjectivité : le moi passif

L'intentionnalité de pulsion introduite dans le manuscrit A VII 13 révolutionne la conception phénoménologique de la vie intentionnelle en fondant cette dernière sur une objectivation instinctive qui est, d'emblée, affective et associative. Or cette modification spectaculaire de la théorie husserlienne de l'intentionnalité cache une métamorphose encore plus grande. Avec l'intentionnalité de pulsion, c'est la conception husserlienne du sujet qui est profondément changée. Avec elle, il y va en effet d'une toute nouvelle acception de la «participation du moi» (*Ichbeteiligung*) dans la sphère passive des affections et des associations. Mais en quoi le *Triebsystem*, dévoilé pour la première fois à St. Märgen, implique-t-il un repositionnement radical du moi dans les opérations passives qui, auparavant, lui échappaient?

En invalidant de manière quasi définitive, comme nous l'avons vu, la position autonome d'une pré-affectivité pure dans l'inconscient, c'est-à-dire en repensant les synthèses associatives, formatrices des premières unités hylétiques, comme des processus pulsionnels, l'intentionnalité pulsionnelle libère en fait la voie pour une réintroduction de l'ego dans la sphère passive. En effet, la description des toutes premières lois associatives sous la forme de l'«affection originaire» préside directement à une redécouverte du rôle central du moi dans les couches inférieures de la passivité, car il ne peut être question d'affection à proprement parler que s'il y a là un moi affecté pour l'accueillir. La doctrine des pulsions intentionnelles élargit la polarisation égoïque au-delà du cadre étroit des actes thétiques et

---

1. Ms. C 10, p. 20.

prédicatifs, de sorte que le domaine de la passivité n'excède plus désormais celui de l'égoïté, mais le recouvre parfaitement : «là où quelque chose se produit de manière passivo-pulsionnelle, là le moi peut aussi intervenir de manière active»[1]. Mais s'il peut entrer en ligne de compte de manière active dans les processus pulsionnels comme moi des actes volontaires (le moi actif répondant aux diverses motivations aveugles de l'instinct par un «laissez-faire» conscient ou par l'inhibition), c'est parce qu'il y est déjà *présent* sous la forme d'un moi passif. Bien que le moi passivo-pulsionnel ne soit pas «agissant» au sens fort du terme dans la pulsion, il reste un «moi qui se laisse pousser et qui est par là mû, actif en un sens inauthentique»[2]. Il ne devient véritablement *tätig* que lorsque, par le vouloir et l'effort, il «inhibe les déroulements pulsionnels [*es Triebverläufe inhibiert*]» et décide «librement des orientations [*frei die Richtungen wählt*]»[3] à donner, c'est-à-dire que lorsqu'il fait valoir ses propres intentions et réprime les visées confuses provenant de la vie pulsionnelle. Dans la vie passive, le moi est par conséquent sans cesse plongé dans «une aspiration qui s'accomplit de manière pulsionnelle dans laquelle il vit lui-même comme moi actif du point de vue pulsionnel»[4]. Là encore, il n'y a pas de séparation franche et tendue entre la vie pulsionnelle et la subjectivité consciente, comme si la seconde devait à chaque instant se méfier de la première et la tenir sous sa bride. Il existe plutôt une certaine continuité entre une subjectivité pulsionnelle, où le moi exprime déjà des intentions qui lui sont propres, et une subjectivité volontaire qui peut, soit *se laisser aller* à l'accomplissement pulsionnel (ce qui montre qu'elle y reconnaît sa marque et ses finalités), soit le freiner afin de le soumettre à une validation rationnelle. Le point important est évidemment ici le fait que l'activité instinctive de la subjectivité coïncide avec «un faire passif dans lequel quelque chose se produit avec le moi en tant que moi, comme dans tous les processus

---

1. Ms. A VII 13, p. 23 : «Wo etwas passiv-triebmäßig geschieht, da kann ich auch aktiv eingreinfern».

2. *Ibid.*, note 1, p. 32 : «Das Ich ist nicht "handelndes", es ist Ich das sich treiben läßt und darin bewegtes ist, tätig in einem uneigentlichen Sinn».

3. *Ibid.*

4. *Ibid.*

passifs pulsionnels » [1]. Or ce *faire*, même s'il est passif et involontaire, reste constamment attribué à une forme-moi dans une liaison de co-appartenance irrévocable. Le moi n'est donc pas réductible à la vie consciente et active, mais appartient déjà à la sphère passive et s'y trouve chez lui. Par là Husserl remet en cause l'identification classique dans la philosophie occidentale du moi et de l'activité (comme si tout ce qui relevait de la passivité ne m'appartenait pas vraiment, mais se rapportait au non-moi), en montrant que la vie passive des pulsions et des associations est aussi une vie, non seulement subjective, mais aussi égoïque, à savoir immédiatement référée à un pôle-moi qui centralise les actions et les affections.

Grâce à sa phénoménologie des pulsions, Husserl repense de fond en comble les modalités essentielles de l'*Ichbeteiligung* [2]. Le sens de la subjectivité se modifie de manière profonde et révolutionnaire. À présent, les opérations passivo-instinctives que nous venons d'étudier ne se déroulent plus simplement « sans moi », soustraites à toute polarisation égoïque, en dehors de la sphère subjective, mais seulement sans le moi actif. À ce titre l'activité volontaire (qu'elle soit pratique ou théorique) n'est plus l'unique critère de distinction et de reconnaissance de la présence de l'ego. Il y a un *sens* à parler d'ego dans le domaine de la passivité, alors même que celui-ci ne semble y jouer qu'un rôle relativement mineur. Affirmer, par ailleurs, que les diverses synthèses passives trouvent leur origine dans des processus pulsionnels qui se remplissent toujours en vue d'une objectivation plus déterminée, c'est également soutenir que le moi n'est plus le simple « spectateur » de ces pré-formations, mais qu'il y participe directement et sur un mode qui, en aucun cas, ne peut lui être retiré.

1. Ms. A VII 13, p. 31-32 : « Das Sichauswirken eines Ich-Triebes in dem das Ich sich fortziehen läßt und alles was geschieht in der Einheit einer sich auswirkenden (Intention?) und das Neue als motiviert aus dem Vorangegangen hervorströmen läßt ist nicht ein von selbst Geschehen, sondern ein Ich-Geschehen, es ist ein Tun, aber ein passives Tun in dem mit dem Ich als Ich etwas geschieht, wie in allem passiven triebhaften Geschehen ».

2. E. Holenstein a clairement mis en évidence (*Phänomenologie der Assoziation*, La Haye, Nijhoff, 1972, p. 219-222) ce retour en grâce de l'égoïté dans la passivité; mais même s'il met fort justement l'accent sur ce sauvetage tardif, il n'en attribue cependant pas la responsabilité directe à l'intentionnalité de pulsion. Aussi la révision du couple passivité-activité qu'il repère en 1921 reste-t-elle privée, à notre sens, de sa raison profonde.

Certes ce mode spécifique de participation ne se laisse pas ramener à celui de la prise de position active (dans la passivité, le moi n'est pas « *intellectus agens* au sens le plus haut »[1]), mais il se montre dans une instinctivité originaire. Ce faisant, le moi est totalement impliqué dans la genèse passivo-pulsionnelle comme support et agent (involontaire) des instincts constitutifs. Rappelons que pour Husserl « tout ce qui est pré-formé dans la passivité, se constitue donc non pas dans un arrière-fond passif sans moi, mais dans une participation permanente du moi, dans une passivité tout autre, dans une égoïté pulsionnelle... »[2]. Autrement dit, la subjectivité s'étend aussi loin que porte la passivité, et les pulsions, si aveugles et rudimentaires qu'elles paraissent, forment néanmoins des modes authentiques de l'ego sensible. La vie pulsionnelle n'est plus cet arrière-fonds anonyme qui met en danger la subjectivité en l'asservissant à des motivations irrationnelles et obscures, sortes de poussées soudaines d'une énergie brute et sans but, mais une manière déjà subjective de se rapporter au monde et à soi.

Toutefois, il convient de noter que les manuscrits de St. Märgen amorcent plus ce renversement de situation qu'ils ne l'établissent sur des fondements solides. Non pas que Husserl y remette en cause l'identification capitale de la genèse passive et de l'intentionnalité de pulsion – ceci *est* et *restera* un acquis définitif de l'analyse génétique – mais plutôt parce qu'il ne détermine pas encore de manière très claire ce mode nouveau de *participation du moi* à la constitution originaire. Aussi lui arrive-t-il de parler encore souvent l'ancienne langue de la phénoménologie de la passivité (celle encore toute fraîche des *Analysen*), en indiquant que « l'immanent se constitue dans une passivité la plus originaire, indépendante de toute participation du moi et existant avant elle »[3], ou en affirmant par ailleurs que la *formation de l'unité de la conscience* s'effectue, elle aussi, « avant toute partici-pation du moi »[4]. En dépit de la différence des contextes théoriques, on retrouve parfois, dans des textes des années trente, ces tours

---

1. Ms. A VII 13, p. 32.

2. *Ibid.*, p. 73 : « Das alles konstituiert sich also nicht in dem ichlosen passiven Untergrund, sondern unter beständiger Ichbeteiligung, in einer ganz anderen Passivität in der triebhaften Ichlichkeit (…) ».

3. *Ibid.*, p. 65 : « das Immanente konstituiert sich in einer ursprünglichsten von aller Ichbeteiligung unabhängigen und ihr voran liegenden Passivität ».

4. *Ibid.*, p. 66.

d'expression encore discriminatoires du début des années vingt qui réservent le sens d'ego au seul moi des actes et des prises de positions thétiques.

> Ma naissance transcendantale. Les instincts innés – les instincts qui s'éveillent dans le fluer dans la temporalisation «passive», «sans moi», constituant le sol originaire [1].

Mais il ne faut pas s'y tromper, Husserl souligne aussi soigneusement dans le même texte que les *Urinstinkte* relèvent de la *Ichseite* (de la «face-moi») et que le moi polaire est «pôle des instincts originaires»[2]. Cette remarque nous autorise à penser que l'*Ichlosigkeit* («l'absence du moi») se réfère ici uniquement au moi des actes, au moi *au sens fort du terme*, comme l'instance volontaire et libre qui peut prendre position, valider ou infirmer. Reste que nous avons affaire à une tension entre deux interprétations antagonistes qui coexistent dans le texte husserlien (l'interprétation *classique* de l'exclusion et l'interprétation *nouvelle* qui met au jour une participation pulsionnelle). Certaines formulations laissent encore penser à une *exclusion* absolue du moi dans la formation d'unité passive, d'autres au contraire affirment cette *participation* sur le mode obvie d'un *faire* pulsionnel. Qu'il s'agisse là d'une difficulté bien réelle, Husserl lui-même le reconnaît, puisqu'il indique, dès les analyses de St. Märgen, que, même si l'immanent se constitue en soi sans «participation du moi», il ne se constitue pas moins dans une vie la plus originaire de toutes «que nous nommons la vie originairement fluente du moi [*urströmendes Leben des Ich*]»[3]. Il y aurait donc une forme primitive du moi qui nicherait dans la constitution originelle, et en révèlerait le caractère subjectif.

Mais comment là encore l'immanent peut-il se constituer en dehors de tout rapport à l'ego, si par ailleurs il appartient à sa vie la plus profonde et la plus propre, à savoir au flux du présent vivant? Le concept de moi ne semble pas univoque. Si l'on étudie de plus près les textes en question, l'on s'aperçoit en fait que l'interprétation classique

---

1. Ms. E III 9, p. 3 : «Mein transzendantale Geburt. Die angeborenen Instinkte – die wach werdenden Instinkte im Strömen der "passiven", der "ichlosen", der Urboden konstituierenden Zeitung ».

2. *Ibid.*

3. Ms. A VII 13, p. 65.

est toujours celle qui ne prend pas directement en compte l'«intentionnalité pulsionnelle», ou qui ne considère encore celle-ci que comme une affection seconde par rapport à la formation d'unité préaffective. C'est notamment le cas, lorsque, dans le manuscrit A VII 13, Husserl invoque le fait que chaque déroulement pulsionnel «présuppose un élément déjà donné comme présent [*setzt voraus an ein schon als "da" Gegebenes*]»[1]; ou, lorsque, de manière plus explicite encore, et ici avec des expressions sorties tout droit des *Analysen*, il constate que l'*Einheitsbildung* se déroule «aussi avant toute orientation exclusivement pulsionnelle sur les unités préconstituées»[2], comme si la préconstitution associative pouvait avoir lieu en dehors de toute relation à un moi passivo-pulsionnel.

En revanche dès que Husserl considère de manière attentive l'intention pulsionnelle qui habite le moi passif originel, il ne peut que *relativiser* le degré de *séparation* entre passivité et égoïté, et reconsidérer de manière plus favorable la gradualité de l'*Ichbeteilgung*. En effet,

> lorsque nous laissons le moi être de la partie en tant que sujet des affections, des affections de l'intérêt à un *datum*, et en tant que sujet des affections pulsionnelles qui émanent de lui, nous obtenons du nouveau[3].

Ce «quelque chose de neuf», c'est évidemment la nécessaire requalification du moi dans les diverses opérations passives, sous la forme d'un sujet vivant de pulsions et d'instincts. Rien de surprenant donc à ce que Husserl parle, précisément à la suite même de cet extrait, d'une «participation permanente du moi» dans les divers échelons de la constitution passive. L'ingérence du moi est proportionnellement rattachée à l'actualisation de ses dispositions instinctives :

---

1. Ms. A VII 13, p. 38.
2. *Ibid.*, p. 66 : «Ein Einheitsbildung des Bewußtseins vor aller Ichbeteiligung, vor aller auch nur triebmäßigen Richtung auf vorkonstituierte Einheiten, vor ihrer tätigen Umgestaltung in verfügbare Identitätserzeugnisse, ihrer Auffassung als frei Identifizierbares».
3. *Ibid.*, p. 70 : «Erst wenn wir das Ich mit dabei sein lassen, als Subjekt von Affektionen, von Affektionen des Interesses am Datum und als Subjekt von daher entsprungenen Triebaffektionen, gewinnen wir Neues».

> Tout se constitue par conséquent non dans un arrière-fond passif sans moi, mais dans une participation permanente du moi, dans une tout autre passivité dans l'égoïté pulsionnelle (…) [1].

Soyons clair : à chaque fois que Husserl considère les pulsions comme des opérations passives originaires, et non comme de simples affections de second degré, à chaque fois il convie en pareil cas le moi à la formation passive graduelle et étagée. Bref, dans les couches les plus inférieures de la passivité, la pulsionnalité représente en quelque sorte le cheval de Troie de la permanence de l'ego.

Il faut attendre le début des années trente, période où Husserl reprend activement tout son travail sur la genèse passive, pour obtenir une explication plus sûre des rapports entre la vie pulsionnelle et le moi. C'est le manuscrit « Téléologie Universelle » qui va nous servir de point de départ. Relisons ici le passage capital où Husserl énonce la nécessité d'introduire dans l'analyse phénoménologique le concept d'intentionnalité de pulsion. Que dit-il à cette occasion ?

> Dans ma doctrine de la conscience intime du temps, j'ai traité de l'intentionnalité ainsi exhibée précisément comme d'une intentionnalité, dirigée vers l'avant comme protention et se modifiant comme rétention, mais conservant l'unité, mais je n'ai pas parlé du moi, je n'ai pas caractérisé cette intentionnalité comme égoïque (au sens le plus large du terme, intentionnalité involontaire). Ultérieurement, j'ai introduit l'intentionnalité égoïque comme fondée dans une intentionnalité non égoïque (« passivité »). Mais le moi des actes et des habitus d'actes qui en sourdent n'est-il pas lui-même en développement ? Ne pouvons-nous pas ou ne nous faut-il pas supposer une intentionnalité pulsionnelle universelle (…) [2].

Revenant, comme souvent, de manière critique et sans concession sur ses travaux passés, Husserl constate ici que son *ancienne* doctrine de la passivité, pour l'essentiel celle de la constitution de la temporalité interne, s'expose au grief d'une *autonomisation* problématique, en ce qu'elle se conçoit, en dehors de toute relation à une instance subjective susceptible d'en rendre compte – d'où le recours perma-

---

1. Ms. A VII 13, p. 73 : « Das alles konstituiert sich also nicht in dem ichlosen passiven Untergrund, sondern unter beständiger Ichbeteiligung, in einer ganz anderen Passivität, in der triebhaften Ichlichkeit (…) ».

2. « Téléologie universelle », trad. fr., J. Benoist, *Philosophie*, 1989, p. 4.

nent dans les *Analysen* à une méthode constructivo-abstractive qui avait pour tâche de combler ce fossé à la fois méthodologique et ontologique entre la sphère passive originelle et l'expérience du sujet. Ce qu'il y a de tout à fait remarquable ici, c'est que cette ré-évaluation du moi dans la passivité originelle passe nécessairement par la mise au jour d'une pulsionnalité intentionnelle. Le moi ne se réduit pas à une instance statique, le moi de la validation, il est lui-même une vie gouvernée par les tendances, les aspirations, les pulsions, un moi « en développement ». Inversement, le déroulement tout entier pulsionnel de la vie passive ne peut s'exercer que dans une « centration constante par le pôle égoïque de toute primordialité »[1]. La question principale n'est plus donc de savoir si cette centration égoïque est ou non admissible dans la sphère passive pré-formatrice, mais, celle-ci étant continûment avérée, de savoir comment il faut, dès lors, la comprendre « dans l'universalité de l'implication intentionnelle dans le présent vivant originaire »[2]. Le moi est donc originairement reconnu comme moi des instincts innés et acquis (*erworbene*). Mais cette nouvelle caractérisation, avec ce qu'elle implique de relativité du vouloir, ne risque-t-elle pas de saper les fondements mêmes du moi transcendantal? Comment envisager par conséquent l'articulation d'un moi soumis à ces tendances qu'il ne peut totalement contrôler ni contraindre, même si, par ailleurs, elles recouvrent un sens authentiquement rationnel et constitutif, au moi des prises de positions volontaires et libres?

Partons tout d'abord de ce simple état de fait, constamment affirmé par Husserl dans ses recherches du début des années trente, qu'« au niveau originaire, le moi est moi instinctif avec des buts instinctifs non-dévoilés »[3]. Qu'est-ce à dire? Premièrement ceci : que le moi soit dit ici instinctivo-pulsionnel ne renvoie pas seulement à une nouvelle manière de comprendre l'intentionnalité opérante de la subjectivité transcendantale, car l'intentionnalité de pulsion ne serait encore ici conçue que comme une nouvelle forme – plus profonde peut-être, mais simple forme tout de même – de l'auto-développement

1. J. Benoist, *Philosophie*, p. 4-5.
2. *Ibid.*, p. 5.
3. Ms. C 13 I, p. 6 : « Auf der Urstufe ist das Ich Instinkt-Ich mit unenthüllten instinktiven Zielen ».

du moi. Mais la pulsionnalité joue un rôle plus fondamental dans la constitution de la subjectivité transcendantale elle-même : elle permet en effet de décrire le moi passif et réceptif selon les trois composantes fondamentales de sa vie originairement hylétique, à savoir l'impression originaire, le sentiment de plaisir ou de peine, et la capacité kinesthésique, qui, sans elle, restaient quelque peu isolées et indifférentes les unes aux autres. La pulsion est donc directement partie prenante de cette *triade* hylétique, en ce qu'elle éclaire aussi bien le déroulement hylétique impressionnel (toute affection d'une saillance étant une excitation de type pulsionnel), que le processus sentimental (à tout *Gefühl* est liée une pulsion corrélative qui est motivée par le *Gefallen* ou le *Mißfallen*) ou que le mouvement kinesthésique (la pulsion étant ici impulsion). C'est elle qui sert en quelque sorte de point de passage entre ces trois moments de la vie hylétique originaire, qui en restitue l'unité cachée et profonde. « Le processus hylétique, conforme au sentiment, et kinesthésique est, en tant qu'il est instinctif, un processus d'aspiration » [1]. Par conséquent, non seulement la pulsion rend effectivement possible la réintroduction du moi dans la sphère passive antéprédicative, mais elle permet aussi, en tant que tendance et aspiration préconscientes, d'unifier fermement les trois éléments originaires de la *hylè* en une expérience unique et intégrale. Si donc elle réconcilie le moi avec sa vie hylétique originaire, c'est parce qu'elle réconcilie par avance la *hylè* avec elle-même. En reconnaissant aux trois moments hylétiques (impression, kinesthèse et sentiment) une signification pulsionnelle, Husserl dévoile par là même la structure égoïque originaire qui leur est sous-jacente. En effet, la pulsionnalité s'avère être le principal élément commun aux impressions, aux sentiments affectifs et esthétiques et aux élans kinesthésiques. Si, comme l'affirme Husserl dans le manuscrit C 3 III de mars 1931, « toutes les tendances ont une certaine unité synthétique de la tendance » [2], c'est à la pulsionnalité qui habite chaque tendance qu'elles le doivent et à elle seule.

---

1. Ms. E III 9, p. 34 : « Der hyletisch-gefühlsmäßig-kinaesthetische Prozeß ist aber als instinktiver ein Strebensprozeß ».
2. Ms. C 3 III, p. 4 : « Alle Tendenzen haben eine gewisse synthetische Einheit der Tendenz ».

C'est la raison pour laquelle Husserl insiste tant, dès le début des années trente, sur le rôle principiel que joue l'intention pulsionnelle dans la « constitution étagée » (*Stufenbau*) de la subjectivité transcendantale. C'est que celle-ci forme véritablement l'infra-structure cachée de la vie subjective passive. Du fait même que toute synthèse associative originaire dans le présent vivant fluent comme *proto-temporalisation* s'accomplit sous une forme avant tout pulsionnelle, à cette pulsion se lient immanquablement, dans la sensibilité hylétique du sujet expérienciel, une « résonance affective » (un *Gefühl* déterminé[1]) et l'amorce d'une tendance kinesthésique, d'un mouvement incarné qui cherche soit à se rapprocher de l'affectant, soit à s'en éloigner (si celui-ci provoque par exemple une sensation d'*Anstoßung*). C'est par conséquent à un moi simultanément affectif, pratique et kinesthésique, selon les trois déterminations principales de la *hylè* originaire, que nous avons affaire dans la description pulsionnelle des premières effectuations passives. Ce triple mouvement vital du moi éclaire la pulsionnalité tendancielle :

> La vie aspirant-à : I) La vie « jugeant », l'être-dirigé dans le jugement sur un étant, sur un étant véritable. II) La vie valorisant le bien, l'être-dirigé sur le bien (le beau, ce qui plaît). III) La vie agissante, réalisant un but, celle qui est dirigée sur le bien pratique[2].

En conséquence de quoi, le moi passivo-pulsionnel, le moi des tendances et des aspirations, équivaut au moi des sentiments éveillés par les affections originaires et des mises en mouvements axio-pratiques, c'est-à-dire dirigés par des valeurs affectives (plaisir, peine,

---

1. Le *plaire* a lui-même sa propre gradualité de perfectionnement, et comme tel, c'est une forme de la tendance pulsionnelle, c'est-à-dire de l'activité spécifique du moi dans le fait de sentir. Mêmes les sentiments, les intentions axio-pratiques et esthétiques sont mus par la tendancialité du « plus ultra » qui comporte une valeur beaucoup plus satisfaisante, c'est-à-dire, au premier chef, plus remplissante. Ce qui donc relie doxa passive, sentiment passif et tendance passive, c'est principalement la dynamique pulsionnelle qui les pousse à se transcender dans des formes supérieurement remplissantes. Là encore, le modèle de l'objectivation intention/remplissement détermine toute intention consciente qu'elle soit directement cognitive ou affective.

2. Ms. A VI 14, p. 52 : Et cette aspiration, indique plus loin Husserl dans le manuscrit, est « instinctive et instinctivement dirigée de manière par conséquent initialement non-dévoilée sur des unités mondaines qui se constituent avant tout de manière dévoilée *dans le futur* », p. 54.

joie, beauté, etc.). C'est ensuite le moi de la position de valeur qui, au contraire de la position d'être, peut être accomplie avant toute activité judicative et prédicative, c'est enfin le moi du *Fühlen* et du *Sich-bewegen*.

> La *hylè* kinesthésique n'est pas seulement un écoulement, mais un écoulement instinctif, un écoulement égoïque, un écoulement continuel dans l'*intention* et le *remplissement*... [1].

À chaque affection produite par une donnée impressionnelle correspondent donc un mode du sentiment et un écoulement kinesthésique corrélatifs qui, selon la valeur positive ou négative incluse dans cette affection, se meut vers elle ou s'en éloigne. Aussi le moi vivant dans la passivité originairement hylétique en tant que « corps vivant », le moi originairement fonctionnant, est-il trois fois *triebmäßig*, à savoir du point de vue impressionnel, du point de vue axiologique (valeurs affectives et esthétiques) et du point de vue pratique. Mais existe-t-il une racine commune à ces trois types de tendances pulsionnelles ? Il se pourrait.

Le caractère pulsionnel de la *hylè* primordiale du moi est en effet souvent présentée par Husserl comme une faim, de sorte que le sujet instinctif s'apparente à un « moi qui a toujours faim » [2], qui désire encore et toujours saisir de nouveaux « objets », porteurs de satisfaction objective et affective, et « s'en repaître » (*genießen*). Et, en tant qu'il est sans cesse affamé et insatiable, la faim devient pour lui comme une « habitualité » de vie. Le motif de la *faim* peut paraître ici étrange, voire déplacé, dans une analyse de la *constitution originaire* (comment fonder la genèse transcendantale sur ce qui semble être une donnée empirique, un fait anthropologique ?), tant il semble rabattre celle-ci sur une simple explication physio-psychologique du méca-

---

1. Ms. C 16 IV, p. 13-14 : « Die kinästhetische Hyle ist nicht nur ein Verauf, sondern ein instinktiven Verlauf, ein ichlicher, ein kontinuierlicher in "Intention" und "Erfüllung"... ».

2. Ms. E III 10, p. 4. Dans cette même page, Husserl parle même d'une « Hunger-intentionalität ». L'aspect le plus troublant de la phénoménologie génétique réside sans doute dans cette combinaison surprenante de la pensée transcendantale avec des soubassements en apparence les plus empiriques. Comme si la force de cette pensée pouvait se permettre de se commettre avec la vie dans ses aspects les plus naturels et physiologiques sans risquer de perdre son statut fondateur pour la connaissance.

nisme intentionnel. Mais ici il s'agit de comprendre avant tout la faim comme élément motivationnel de l'intention pulsionnelle, et non comme sa cause objective et naturelle. Loin d'être un simple besoin physiologique, la faim est ici clairement posée comme une faim *transcendantale*, qui s'accomplit en direction de l'objectivation primaire d'un *quelque chose* susceptible de la combler. Le sujet passif a faim de monde. En ce sens, l'objectivation relaie immédiatement l'instinct de conservation. Le vouloir-vivre est un vouloir-monde. Toutefois, il ne faut pas forcément prendre au pied de la lettre la référence à la faim ; le modèle explicatif *faim/objet mangeable*, souvent employé par Husserl dans l'analyse des instincts originaires, explicite le seul caractère dynamique de la pulsion intentionnelle et rien d'autre :

> Ce qui remplit, c'est l'objet, sur lequel il [le moi] est dirigé, et ce « ce sur quoi » se dévoile précisément dans le remplissement. Mais l'objet veut dire ici de manière purement phénoménologique un quelque chose qui remplit, en détendant la pulsion (en tant que « faim ») dans un faire qui se remplit dans l'approximation (…). Le quelque chose est, de son côté, une unité constituée, ce qui pourrait déjà être prédonné autrement mais toujours distingué, du fait que, en tant que le « ce sur quoi » ou le « contre quoi » de la pulsion, il s'annonce ou se montre dans la jouissance [1].

Or le moi est constamment dirigé vers ce « ce sur quoi », qui est non seulement « multiple » du point de vue du contenu hylétique mais n'« est pas pleinement déterminé », sur le mode de l'« avoir faim » (*Hungrigsein*).

Cette description de l'intentionnalité pulsionnelle sur le mode de l'« avoir faim » (description générale, puisque le remplissement intuitif est lui-même identifié au fait de manger, au *Geniessen* et l'objet intentionnel à un mets, à une *Speise*) n'est pas une nouvelle qualification intentionnelle dont l'importance pourrait sembler minime au regard de toutes les autres. La faim n'est pas une pulsion particulière, relevant de l'instinctivité corporelle et originaire des

---

1. Ms. E III 10, p. 5 : « Das Erfüllende ist der Gegenstand, worauf er gerichtet ist, und dieses Worauf enthüllt sich eben in der Erfüllung. Aber Gegenstand besagt hier phänomenologisch rein ein erfüllendes Etwas, den Trieb (als "Hunger") entspannend in erfüllend näherden Tun (…). Das Etwas ist aber seinerseits konstituierte Einheit, das, was vorgegeben sein mag sonst wie anderes, aber ausgezeichnet, daß es sich als das Worauf oder Wogegen des Triebs ankündigt oder bewährt – im Genuß ».

besoins vitaux, mais elle traverse à présent tous les registres de l'intentionnalité originaire. Elle rend, qui plus est, possible l'union des instincts de « conservation » proprement dits avec les simples instincts d'objectivation, et ce dans une intentionnalité pour ainsi dire affamée, puisque le moi a « toujours faim », de monde, de vérité, des autres. Or cette faim extrêmement diverse, qui s'étend aux stades supérieurs jusqu'à la *faim* de connaissances définitivement valables (toujours cette assimilation de la vie instinctive et de la volonté de connaissance qui aurait tant révolté Nietzsche), ne pourra jamais être rassasiée, du fait de l'irréalisabilité de ses objectifs. C'est l'instinctivité objecti-vante qui se fait elle-même instinctivité conservatrice du soi, de sorte que la tendance pulsionnelle qui gouverne de part en part la vie du moi passif et actif est à la fois un « vouloir persévérer dans son être » – une « volonté de vivre » (*Lebenwollen*) – et un « vouloir être vrai » (*Willen zu wahren Sein*) [1], associant par là même l'aspiration à la continuation de la vie dans la préservation de soi et l'aspiration à une vie *meilleure*, parce que *plus vraie*. Cette aspiration inférieure vers le vrai s'est fondue totalement dans la vie pulsionnelle, au point de ne faire qu'une avec elle. Ce qu'elle porte en elle (la position d'un monde vrai, pourvu d'essences univoques et de lois *a priori*, la conviction d'une donation intuitive totale de chaque objet mondain, la foi en une rationalité intégrale du réel) est devenu en quelque sorte une tendance invétérée de la vie elle-même. Faim corporelle et faim spirituelle se répondent dès lors, pour Husserl, dans le processus continu d'objectivation de la subjectivité constituante à partir de ses instincts fondamentaux cachés. Ce processus téléologique, qui naît dans les bas-fonds d'une pulsionnalité originaire entièrement subordonnée à l'objectivation, se poursuit selon deux orientations fondamentales et indissociables : la volonté de « véracité » et la « volonté de vivre, dans le vouloir confor-mément à l'idée du progrès, en tant que vouloir être pour l'éternité un nouvel homme [*als neuer Mensch sein zu wollen in ewiger*] » [2]. Ainsi

---

1. Ms. E III 9, p. 62. D'où l'on perçoit le caractère primordial de la *faim*, puisque celle détermine rien de moins que l'aspiration rationnelle la plus haute qui soit, à savoir celle qui prend pour fin la concordance universelle des subjectivités constituantes et l'avènement de la rationalité absolue. Il y a ainsi pour Husserl dans l'histoire humaine une *faim de la raison*.

2. *Ibid.*, p. 63.

Y A-T-IL UNE THÉORIE DE LA PULSION
CHEZ BERGSON?
PULSION ET ACTUALISATION

Il n'y a aucune occurrence du terme « pulsion » dans l'œuvre de Bergson. Ni dans les livres, ni dans les textes rassemblés dans les *Mélanges*, ni dans les inédits que nous avons pu consulter. Le terme « pulsion » était d'un usage récent, en France, au moment où Bergson écrivait, et Bergson n'aimait guère les néologismes. Ce terme fut forgé pour traduire l'allemand « *Trieb* », qui figurait dans les textes des psychanalystes; la réception bergsonienne de Freud, et de la psychanalyse en général, est assez modeste – on l'a souvent reproché à Bergson. Une mention de Freud comme théoricien de l'aphasie [1], une entrée dans la bibliographie qui précède *Le rire* [2], une note sur le refoulement ajoutée, en 1919, à la fin de la conférence intitulée « Le rêve » [3] et un renvoi aux « disciples de Freud » comme à ceux qui auraient confirmé la thèse bergsonienne d'une conservation intégrale du passé [4], voilà tout ce qu'on trouve, dans les livres de Bergson, sur Freud. Le lecteur des *Deux sources de la morale et de la religion* note qu'une pénétration des idées de la psychanalyse dans la pensée de

---

1. *Matière et mémoire*, p. 137, Paris, Édition du Centenaire, 1959 (dorénavant cité EC), p. 268.

2. Freud, *Der Witz und seine Beziehung zum Unbewussten*, 1905; 2ᵉ éd., 1912 » (*Le rire*, Préface, p. VII; EC, p. 384).

3. « Le rêve », dans *L'énergie spirituelle*, p. 107, note 1; EC, p. 896, note 1.

4. « De la position des problèmes », dans *La pensée et mouvant*, p. 81; EC, p. 1316.

Bergson a eu lieu entre 1907, date de *L'évolution créatrice*, et 1932 :
« Que l'attention à la science se laisse un moment distraire, aussitôt la
magie fait irruption dans notre société civilisée, comme profite du plus
léger sommeil, pour se satisfaire dans un rêve, le désir réprimé
pendant la veille »[1]. Et « à déranger les rapports habituels entre le
conscient et l'inconscient on court un risque »[2]. Mais il s'agit, du
moins à première vue, de remarques incidentes. Bergson, pourtant, est
celui dont on aurait toutes les raisons d'attendre une théorie de la
pulsion : avec Schopenhauer et Nietzsche, qui parlent fréquemment de
« *Trieb* », il forme la triade, si l'on peut dire, des grands philosophes de
la vie ; même, il caractérise comme « pur vouloir »[3] le principe de tous
les étants, le « principe de toute vie comme aussi de toute matérialité »[4], également déterminé comme « conscience ou supraconscience »[5]. Bergson est celui qui, dans la lignée de Schopenhauer
et Nietzsche, mais aussi de Ribot et Janet, Ravaisson et, plus ultimement, Fichte ou Schelling, aperçoit un fond volitif ou volitionnel à
toute conscience. Surtout :

> Si la vie réalise un plan, elle devra manifester une harmonie plus haute à
> mesure qu'elle avancera plus loin. Telle, la maison dessine de mieux en
> mieux l'idée de l'architecte tandis que les pierres montent sur les
> pierres. Au contraire, si l'unité de la vie est tout entière dans l'élan qui la
> pousse sur la route du temps, l'harmonie n'est plus en avant, mais en
> arrière. L'unité vient d'une *vis a tergo* : elle est donnée au début comme
> une impulsion, elle n'est pas posée au bout comme un attrait. L'élan se
> divise de plus en plus en se communiquant[6].

Un tel texte est remarquable en tant qu'il concentre, dans la plus
extrême concision, tous les éléments de ce qu'il faut bien appeler – tel
est, du moins, ce que nous entendons établir – une théorie bergsonienne de la pulsion. Il nous servira de fil conducteur. L'essentiel de ce
texte est le renversement qu'il établit entre une poussée (un Allemand
aurait dit : « *Drang* ») ou impulsion (*Trieb* ou *Antrieb*) et une aspi-

---

1. *Les deux sources de la morale et de la religion*, p. 181-182 ; EC, p. 1122.
2. *Ibid.*, p. 243 ; EC, p. 1170.
3. *L'évolution créatrice*, p. 239 ; EC, p. 697.
4. *Ibid.*
5. *Ibid.*, p. 261 ; EC, p. 716.
6. *Ibid.*, p. 104 ; EC, p. 583.

ration (*Streben*)[1]. La poussée vient de l'arrière, elle est une «*vis a tergo*», une «force dans le dos», tandis que l'aspiration se dirige vers l'avant, elle est mouvement vers un but ou une fin posés d'avance et représentés.

La question factuelle est celle de l'harmonie entre les espèces vivantes. Plus précisément, comment se fait-il qu'il y ait lutte entre les espèces, si toutes ont été rapportées les unes aux autres? Bergson est ferme sur ce point; au sujet de l'homme: «il est trop évident que le reste de la nature n'a pas été rapporté à l'homme: nous luttons contre les autres espèces, nous avons lutté contre les autres espèces»[2]. Ce fait n'exige-t-il pas de nous que nous réformions notre conception de la finalité? Ici, c'est la question de la finalité externe, c'est-à-dire de l'adaptation qui existerait d'emblée entre les espèces et leur milieu, d'une part, entre les espèces elles-mêmes, d'autre part, qui est posée. En tout cas, une compréhension de la vie comme lutte ou conflit est liée à une théorie de la pulsion. La question de l'harmonie universelle, en plus d'être leibnizienne, est schopenhauerienne; plus exactement, Schopenhauer pose, avant Bergson, la question de l'harmonie entre les vivants. Bergson commence par adopter, un instant, l'hypothèse selon laquelle la vie «réalise un plan». Telle est l'hypothèse du «finalisme radical»[3]. C'est, notamment, en précisant ce qu'il reprend – mais aussi ce qu'il reproche – à un tel finalisme que Bergson entend indiquer à quelle «philosophie de la vie»[4] (*Lebensphilosophie*) il s'achemine.

Le verbe «réaliser», tel qu'il est employé dans le texte que nous commentons, doit être compris en son sens le plus fort: il s'agit d'opposer le possible, qui se «réalise», au réel, qui en est la «réalisation». Il y va, ici, d'une théorie de la modalité au sens kantien, c'est-à-dire du rapport entre les catégories de possibilité, d'existence (*Existenz*) et de nécessité. La théorie bergsonienne de la modalité est

---

1. Nous nous permettrons, dans tout cet article, de proposer une transposition allemande de certains concepts bergsoniens; c'est que les discussions sur la pulsion, nous a-t-il semblé, sont d'abord allemandes. C'est donc en allemand que figurent les distinctions conceptuelles indispensables à ces discussions.

2. *L'évolution créatrice*, p. 266; EC, p. 720.

3. *Ibid.*, p. 50; EC, p. 537. La doctrine de la finalité externe est, avant tout, celle de Leibniz (sur ce point, voir p. 39-41 de l'ouvrage; EC, p. 528-529).

4. *Ibid.*, p. 41; EC, p. 529.

formulée, explicitement, dans «Le possible et le réel», dont la première version date de 1920; mais elle est déjà présente dans l'*Essai sur les données immédiates de la conscience*, le premier livre de Bergson[1]. Le cœur de cette théorie est la récusation du possible, à laquelle Bergson procède après Spinoza[2] : le possible n'existe pas ou, plus exactement, il est le «mirage du présent dans le passé»[3]. *Hamlet* n'était pas possible avant d'être réel[4]. Il y a un «mouvement rétrograde du vrai» : à la faveur d'une «illusion» qui «tient à l'essence même de notre entendement»[5], notre logique habituelle «ne peut pas ne pas rejeter dans le passé, à l'état de possibilités ou de virtualités, les réalités actuelles, de sorte que ce qui est maintenant doit, à ses yeux, l'avoir été toujours»[6]; comme si, s'exclame Bergson, «la chose et l'idée de la chose, sa réalité et sa possibilité, n'étaient pas créées du même coup»[7]. Bergson noue donc une théorie de la modalité et une théorie de la vérité; ces deux théories s'enracinent dans une doctrine du temps, et c'est sur cette question que Bergson se sépare de Spinoza. Le temps est ce qui comporte trois dimensions et, par conséquent, un avenir. Le terme contradictoire du possible, c'est l'avenir. S'il y avait des possibles, alors il n'y aurait pas d'avenir et, par conséquent, pas de temps. Si nous avons une expérience du temps, alors, nécessairement, le possible est à récuser. Dire de la vie qu'elle «réalise un plan», c'est affirmer qu'elle réalise un possible, qu'elle se dirige vers un but, une fin ou, plus radicalement, qu'elle se représente – ou que son principe se représente – un concept, s'il est vrai, comme le soutient Bergson après Kant, que la possibilité d'une chose est identique à son concept[8]; c'est, par conséquent, affirmer que la vie n'existe pas dans le temps ou, plus exactement, si le temps n'est pas un milieu «où»

1. *Essai sur les données immédiates de la conscience*, p. 137-142; EC, p. 120-124.

2. Spinoza, *Éthique*, I, prop. 33.

3. «Le possible et le réel», dans *La pensée et le mouvant*, p. 111; EC, p. 1341.

4. Pour cet exemple, voir «Le possible et le réel», dans *La pensée et le mouvant*, p. 112-113; EC, p. 1341-1342.

5. «Mouvement rétrograde du vrai», dans *La pensée et le mouvant*, p. 14; EC, p. 1263.

6. *Ibid.*, p. 19; EC, p. 1267.

7. *Ibid.*, p. 14; EC, p. 1263-1264.

8. Sur ce point, voir la *Critique de la raison pure*, trad. fr. Tremesaygues-Pacaud (1944), «Quadrige», Paris, PUF, 4ᵉ éd., 1993, p. 429; *L'évolution créatrice*, p. 284-286 et 289-290; EC, p. 735-737 et 739-741.

pourrait exister quoi que ce soit, que le temps n'existe pas. Bergson ne saurait donc souscrire au finalisme radical : celui-ci est une négation du temps. Voilà pourquoi il est erroné de dire que la vie « avance » de plus en plus « loin » : si Bergson recourt à une telle métaphore impropre, c'est, précisément, qu'il se place un instant au point de vue du finalisme radical pour le quitter ensuite [1].

De même que Heidegger, et avec la même dureté, Bergson est celui qui use de comparaisons pour tourner en dérision la position de ses adversaires ; telle est la fonction de la comparaison de la maison qui réalise progressivement l'idée de l'architecte – cette « idée » étant, très rigoureusement, la maison possible. Il ne s'agit pas, cependant, de polémique gratuite, loin s'en faut : Bergson entend montrer que toute doctrine qui nie le temps est, au même titre que les thèses de sens commun, par essence métaphorique, c'est-à-dire qu'elle n'est pas au fait de ses propres présupposés ; elle se représente, imaginativement, l'évolution de la vie comme la construction d'une maison, et c'est cette métaphore fondamentale qui commande toutes ses assertions. La construction d'une maison est une activité pratique : tel est le sens de la conception, d'apparence un peu faible et « pragmatiste », selon laquelle les pseudo-problèmes « tiennent à ce qu'on transporte dans le domaine de la spéculation un procédé fait pour la pratique » [2]. Il ne s'agit pas d'opposer, platement, l'action à la spéculation ; il y va d'une caractérisation de l'intelligence comme activité fondamentalement métaphorique, et d'une détermination de l'homme comme être de métaphores.

L'hypothèse selon laquelle la vie réalise un plan est rejetée ; l'unité de la vie demande à être conçue d'une manière nouvelle. Bergson oppose l'unité de la vie à la dysharmonie qui existe entre les espèces vivantes ; plus exactement, l'unité de la vie est l'antithèse de la lutte ou du conflit que mènent ces espèces les unes contre les autres. Or, selon Bergson, elle est « tout entière dans l'élan qui la pousse sur la route du temps ». C'est bien le concept d'« élan vital » qui est mobilisé ici. Cet

---

1. De même, c'est par commodité de langage que Bergson parle, dans le texte que nous commentons, de la « route du temps ».

2. *L'évolution créatrice*, p. 222 ; EC, p. 682. Par « pragmatisme », nous entendons, ici, la doctrine selon laquelle les facultés traditionnellement considérées comme théoriques – la perception, la mémoire, l'intelligence – sont, en fait, des facultés pratiques.

élan, remarquons-le, «pousse» la vie sur la route du temps: cela est
crucial pour notre propos. C'est la métaphore de la poussée, du *Drang*,
que Bergson utilise. La «poussée» appartient au réseau terminologique par lequel Bergson désigne, dans *L'évolution créatrice*, l'élan
vital: ainsi, il défend «l'hypothèse d'un élan originel, je veux dire
d'une poussée intérieure qui porterait la vie, par des formes de plus en
plus complexes, à des destinées de plus en plus hautes»[1]; en une
formule vertigineuse, il indique que les premières formes animées

> étaient sans doute de petites masses de protoplasme à peine différencié,
> comparables du dehors aux Amibes que nous observons aujourd'hui,
> mais avec, en plus, la formidable poussée intérieure qui devait les
> hausser jusqu'aux formes supérieures de la vie[2].

Enfin, la grande péroraison du troisième chapitre de l'ouvrage
contient: «Tous les vivants se tiennent, et tous cèdent à la même
formidable poussée»[3]. Si le terme «pulsion» reçoit son sens, pour
partie, de la métaphorique de la poussée, alors il y a bien, chez
Bergson, une pensée de la pulsion. Un autre terme récurrent est celui
d'impulsion: on le trouve dans le texte même que nous commentons et
dans sa suite immédiate[4]. L'adaptation renvoie à la «cause immédiate»[5] de la variation; en revanche, «La cause profonde est l'impulsion qui lança la vie dans le monde, qui la fit se scinder entre végétaux
et animaux»[6]; un peu plus loin, il est question de l'«impulsion vitale
commune aux plantes et aux animaux»[7]. L'identité de l'impulsion et
de l'élan est clairement marquée par le passage suivant: «dans son
contact avec la matière, la vie est comparable à une impulsion ou à un
élan»[8]. Enfin, en un texte définitif, Bergson affirme:

> De notre point de vue, la vie apparaît globalement comme une onde
> immense qui se propage à partir d'un centre et qui, sur la presque totalité

---

1. *L'évolution créatrice*, p. 103; EC, p. 581.

2. *Ibid.*, p. 100; EC, p. 579.

3. *Ibid.*, p. 271; EC, p. 724. Sur l'élan vital comme «poussée», voir aussi p. VIII (il
s'agit de l'Introduction), 120, 127 et 132 du livre (EC, p. 492, 596, 602 et 606).

4. *Ibid.*, p. 105-106; EC, p. 583-584.

5. *Ibid.*, p. 133; EC, p. 607.

6. *Ibid.*

7. *Ibid.*, p. 135-136; EC, p. 609.

8. *Ibid.*, p. 259; EC, p. 714.

de sa circonférence, s'arrête et se convertit en oscillation sur place : en un seul point l'obstacle a été forcé, l'impulsion a passé librement [1].

Ce point, c'est l'homme ; en lui, la vie, qui est conscience, se ressaisit elle-même [2]. Si Bergson insiste pour que la vie soit comprise à partir d'une poussée (*Drang*) ou d'une impulsion (*Antrieb*), c'est que toute autre conception implique une erreur sur le temps ; une des formes que prend cette erreur est la notion de possible. Tel est le sens du renversement bergsonien : il s'agit d'opposer l'« avant » à l'« arrière », l'« impulsion » à l'« attrait » ou, encore, l'« impulsion » à l'« aspiration » (*Streben*). L'opposition est entre une saine conception du temps et sa mécompréhension par toute la métaphysique [3]. C'est une théorie du temps qui contraint Bergson à parler de poussée et d'impulsion ; la leçon de Bergson, du point de vue de la notion de pulsion, serait donc la suivante : toute théorie conséquente du temps contient, comme un de ses éléments, une théorie de la pulsion [4].

---

1. *L'évolution créatrice*, p. 266 ; EC, p. 720.

2. Sur ce point, voir surtout *L'évolution créatrice*, p. 261-266 ; EC, p. 716-720.

3. Ainsi : « la vérité est que la philosophie n'a jamais franchement admis cette création continue d'imprévisible nouveauté » (sur ce point, voir « Le possible et le réel », dans *La pensée et le mouvant*, p. 115 ; EC, p. 1344).

4. *Les deux sources de la morale et de la religion*, tout en maintenant le vocabulaire de l'aspiration et de l'impulsion, distinguées l'une de l'autre, semblent redistribuer les cartes, si l'on peut s'exprimer ainsi. Dans *L'évolution créatrice*, l'aspiration et la cause étaient du côté du statique, tandis que l'impulsion se trouvait du côté du dynamique ; dans le livre de 1932, l'impulsion passe du côté du statique, et l'aspiration du côté du dynamique. Ainsi : « Pour déterminer l'essence même du devoir, nous avons en effet dégagé les deux forces qui agissent sur nous, impulsion d'une part et attraction de l'autre » (*Les deux sources de la morale et de la religion*, p. 64 ; EC, p. 1030 ; pour l'opposition entre impulsion et attraction, voir aussi les pages 67, 82 et 89 du livre ; EC, p. 1032, 1043, 1049). L'« attraction » est aussitôt mise en réseau avec l'« aspiration » : « Ce qui est aspiration tend à se consolider en obligation stricte. Ce qui est obligation stricte tend à grossir et à s'élargir en englobant l'aspiration » (*ibid.* ; sur l'identité de sens entre attraction et aspiration, voir aussi p. 92 et 93 de l'ouvrage ; EC, p. 1052). De son côté, l'« impulsion » est déterminée comme « pression » ; ainsi, « nous trouvons aux deux extrémités de cette morale unique la pression et l'aspiration : celle-là d'autant plus parfaite qu'elle est plus impersonnelle, plus proche de ces forces naturelles qu'on appelle habitude et même instinct, celle-ci d'autant plus puissante qu'elle est plus visiblement soulevée en nous par des personnes, et qu'elle semble mieux triompher de la nature » (*ibid.*, p. 48 ; EC, p. 1017 ; pour l'opposition entre pression et aspiration, voir aussi p. 48 à 49, ainsi que p. 102, du livre ; EC, p. 1017-1018, 1060). La « morale unique » est la morale intellec-

À vrai dire, le finalisme radical n'est pas la seule attitude philosophique incriminée par Bergson. Dans les pages que nous lisons, le
mécanisme et le finalisme sont rejetés pour les mêmes raisons. Tous
deux sont ce que Bergson appelle des intellectualismes, c'est-à-dire
que la vie, selon eux, se dirige vers un but ou réalise un possible. Le
mécanisme est, pour Bergson, la doctrine selon laquelle les phénomènes de la vie doivent être rapportés à leurs causes, le finalisme la
conception selon laquelle ils doivent être rapportés à leurs fins; il
s'agit, ici, de deux régimes d'intelligibilité. Or, selon Bergson, il
revient au même de s'adresser, pour comprendre la vie, à la cause ou à

tualiste. Comment expliquer cet apparent revirement terminologique? Dans *L'évolution
créatrice*, l'impulsion était élan; elle est, à présent, principe de clôture, c'est-à-dire
« habitude » ou « instinct », pression enfin. La pression et l'aspiration s'opposent comme
une force « sociale » et une force « supra-sociale » (*Les deux sources de la morale et de la
religion*, p. 65; EC, p. 1030). Bergson va jusqu'à dire que l'élan vital n'est « Ni impulsion,
ni attraction » (*ibid.*, p. 119; EC, p. 1072): le terme « impulsion » a donc changé de sens
entre les deux derniers livres de Bergson. La problématique des *Deux sources* est, tout
entière, une problématique de la volonté, ainsi qu'on le comprend à la lecture du passage
suivant: à sa placer sur le plan de l'intelligence, « nous perdons de vue la pression et
l'aspiration pures, agissant effectivement sur notre volonté » (*ibid.*, p. 64; EC, p. 1030).
La question est, très exactement, de savoir ce qui est susceptible de peser sur la volonté
humaine. La réponse de Bergson est double: on peut exercer une pression sur la volonté,
tout comme la volonté est le siège d'aspirations. On voit que la distinction est entre ce qui
agit de l'extérieur sur la volonté – c'est ici qu'on peut parler, littéralement, d'un « poids »
qui s'exerce sur elle – et ce qui lui est intérieur. L'aspiration, c'est le mouvement même
de la volonté; celle-ci subit la pression. Or, la volonté, comme nous le montrerons, est
l'élan même de notre conscience vers l'avenir. Elle est donc, de son essence, impulsion;
mais l'impulsion elle-même doit être spécifiée. Cette impulsion se fait pression – ou
impulsion au sens restreint –, lorsqu'il s'agit de conserver; elle se fait aspiration, lorsqu'il
s'agit de créer (sur ce point, voir p. 49 de l'ouvrage; EC, p. 1018). Le terme « aspiration »
possède donc, lui aussi, deux sens: dans *L'évolution créatrice*, il désigne la poursuite
intellectuelle d'une fin; dans *Les deux sources*, il renvoie au mouvement de la volonté
proprement humaine, c'est-à-dire de la volonté comme élan d'une conscience qui est
conscience de soi. Voilà pourquoi Bergson peut parler, forgeant un hendyadys, de « la
force d'une aspiration ou d'un élan » (*ibid.*, p. 53; EC, p. 1021). Notons que l'élan de la
volonté proprement humaine se nomme aussi, dans *Les deux sources*, « émotion »; or,
l'émotion se caractérise par sa « puissance propulsive » (*ibid.*, p. 47; EC, p. 1016).
Lorsque je suis ému, j'agis « Non pas contraint ou nécessité, mais en vertu d'une inclination à laquelle je ne voudrais pas résister » (*ibid.*, p. 45; EC, p. 1015). Une « inclination à
laquelle je ne voudrais pas résister », parce qu'elle est toute mienne, et qui se distingue de
la cause, c'est, exactement, ce que Bergson appelle, dans *L'évolution créatrice*, une

la fin; dans les deux cas, on suppose un plan donné au départ, c'est-à-dire un possible : on nie le temps.

L'essence des explications mécanistiques est en effet de considérer l'avenir et le passé comme calculables en fonction du présent, et de prétendre ainsi que *tout est donné*. Dans cette hypothèse, passé, présent et avenir seraient visibles d'un seul coup pour une intelligence surhumaine, capable d'effectuer le calcul [1].

Affirmer que l'effet ne contient rien de plus que la cause, c'est supposer que l'avenir entier de l'univers pourrait être prévu – ou, plus exactement, vu – par celui qui connaîtrait l'intégralité de son passé et de son présent; c'est, autrement dit, supposer que l'avenir est déjà là, déjà « donné ». C'est par une infirmité de notre esprit que nous n'en percevons pas le contenu, et c'est une autre infirmité qui nous empêche de connaître toutes les causes dont pourraient se déduire tous les effets à venir; un Dieu leibnizien ne souffre pas d'une telle infirmité. On le voit, c'est au nom d'une conception selon laquelle le temps comporte trois dimensions que Bergson repousse le mécanisme; et, d'après celui-ci, l'univers, en vieillissant, ne fait que rejoindre un état qui est déjà là, un possible; il ne fait que suivre, fût-ce aveuglément, un plan. Toute la nuance entre le finalisme et le mécanisme réside dans cet « aveuglément » : selon le finalisme, la vie elle-même ou son principe se représente le but à atteindre, lit le plan, considère le possible; pour le finalisme comme pour le mécanisme, « tout est donné ». Croira-t-on

impulsion (sur la question de l'émotion chez Bergson, nous renvoyons à l'article d'A. Bouaniche, « "La force qui transporte et qui soulève" : l'émotion dans la philosophie de Bergson », dans S. Roux (éd.), *L'émotion*, « Thema », Paris, Vrin, à paraître). Pour tout dire, le partage entre impulsion et aspiration n'est plus identique à celui de la vie et de la matérialité – aspiration et cause étant, dans *L'évolution créatrice*, deux notions intellectuelles, c'est-à-dire matérielles –; il s'établit au sein de la vie même. La vie est double, à la fois impulsion – ou pression – et aspiration – ou attraction –, tandis qu'elle est, dans *L'évolution créatrice*, tout entière du côté de l'impulsion. Les dualismes bergsoniens se superposent rarement les uns aux autres. L'intelligence elle-même change de signification. Tandis qu'elle est, dans *L'évolution créatrice*, la fonction de production de notions telles que l'aspiration ou la cause, elle est, dans *Les deux sources*, l'élément intermédiaire entre une pression qui est infra-intellectuelle et une aspiration qui est supra-intellectuelle (*ibid.*, p. 63; EC, p. 1029). Parler d'une aspiration supra-intellectuelle, c'est, s'il est encore besoin d'y insister, parler de tout autre chose que de l'aspiration comme poursuite d'une fin dont il était question en 1907.

1. *L'évolution créatrice*, p. 38; EC, p. 526.

que le percement d'un canal – telle est l'image que prend Bergson –
s'explique par un apport de terre qui en ferait les rives ?

> La thèse mécanistique consisterait à dire que la terre a été apportée
> charretée par charretée ; le finalisme ajouterait que la terre n'a pas été
> déposée au hasard, que les charretiers ont suivi un plan. Mais méca-
> nisme et finalisme se tromperaient l'un et l'autre, car le canal s'est fait
> tout autrement [1].

La terre, c'est le déjà-donné. Comprendre l'évolution du point de
vue du déjà-donné, c'est commettre le paralogisme ici dénoncé. Celui
qui s'en tient au point de vue des parties de terre, c'est celui qui
manque l'effort par lequel les charretiers les ont transportées d'un
point à un autre ; c'est cet effort qui est l'essentiel, dans le cas de la vie
comme dans celui du canal ; c'est par cet effort que le canal s'est fait.
On voit que se placer au point de vue du déjà-donné, c'est, littéralement, prendre les choses à l'envers ; on regarde le percement du
canal du mauvais côté, quand on le regarde du point de vue des parties
de terre ; de même, on considère l'évolution de la vie par le mauvais
bout, lorsqu'on adopte la perspective de la matière organisée.

Cette relation d'inversion est, très exactement, ce que Bergson
appelle, depuis l'« Introduction à la métaphysique », l'opposition du
« simple » aux « vues ». Chaque pas d'Achille peut être considéré
comme la juxtaposition d'une infinité de positions ; mais il est simple,
et les positions sont autant de « vues » prises sur lui. En ajoutant des
positions les unes aux autres, on ne fera jamais du mouvement [2]. De
même, il faut un effort pour que les parties de terre soient déplacées les
unes par rapport aux autres. L'adversaire philosophique de Bergson,
c'est toute philosophie de la reconstruction. La question bergsonienne
n'est pas : Comment obtenir, à partir de positions, le mouvement ?
Mais bien : Comment Achille s'y prend-il pour dépasser la tortue ?
Qu'est-ce que ce mouvement qu'Achille effectue, cette fois et cette
fois seulement, à chacun de ses pas ? Un tel mouvement est pris dans le
temps, il est le temps lui-même : dire qu'il est « pris dans le temps »,
c'est, encore, faire du temps un milieu et, par conséquent, un espace

---

1. *L'évolution créatrice*, p. 95 ; EC, p. 575.
2. « Introduction à la métaphysique », dans *La pensée et le mouvant*, p. 177-182 ; EC,
p. 1392-1396.

indéfiniment divisible. La question « Comment s'y prend-on ? » est la question du temps[1]. Les questions de savoir comment s'est fait le canal, comment évolue la vie ne sont que des déclinaisons de cette question qui est celle même de l'historien[2]. Mécanisme et finalisme prennent des « vues » sur le mouvement évolutif, ils se placent au point de vue du possible ; ils ne se demandent pas comment s'y prend la vie pour se déployer, mais comment elle aurait pu s'y prendre ou, plus exactement, ce qu'il faudrait se donner pour reconstruire ce déploiement. Des atomes suffisent-ils ? Ne faut-il pas, en plus, un plan selon lequel les assembler et, surtout, une intelligence pour lire le plan ?

Selon Bergson, l'alternative devant laquelle se trouve placée toute pensée de la vie n'est donc pas : Mécanisme ou finalisme ? Mais : Théorie de la pulsion ou intellectualisme ? Bergson, ici, est bien le philosophe de la position des problèmes. La double récusation du mécanisme et du finalisme est, en effet, une thèse sur la nature de la pulsion ou de ce que Bergson appelle, plutôt, « impulsion » et « poussée » : dire de la pulsion qu'elle est mouvement vers une fin ou dire qu'elle est cause, c'est manquer sa nature ; c'est, surtout, dire deux fois la même chose. Si le mécanisme et le finalisme peuvent être rejetés dans le même mouvement, c'est qu'ils sont de même essence. Bergson, ici, discute avec Aristote. Celui-ci, on le sait, distingue entre la cause finale – la santé est cause de la promenade – et la cause efficiente – le père est cause de l'enfant[3]. Bergson, en revanche, tient pour une position selon laquelle les causes efficiente et finale sont identiques : la représentation d'une fin cause, au sens efficient, ma décision, de sorte que la nécessité la plus infrangible lierait cette décision à l'acte qui s'ensuivra. Bergson, précisément, refuse de concevoir l'action dans la perspective de la décision. Les causes finale et efficiente sont des vues prises sur le mouvement – qu'il s'agisse du mouvement évolutif ou du mouvement par lequel j'agis –, et ce mouve-

---

1. Voilà pourquoi Bergson pose très souvent cette question. Sur ce point, voir par exemple « La perception du changement », dans *La pensée et le mouvant*, p. 160 ; EC, p. 1379.

2. De là, l'intérêt croissant de Bergson pour l'histoire : sur ce point, voir « Mouvement rétrograde du vrai », dans *La pensée et le mouvant*, p. 16-18 ; EC, p. 1265-1266. *Les deux sources de la morale et de la religion* constituent, à cet égard, un aboutissement.

3. Aristote, *Métaphysique*, Δ, 2, 1013 a 24-b 3.

ment est impulsion ou poussée. Il est donc impossible, selon Bergson, de concevoir la pulsion comme cause. C'est même tout le contraire : la notion de pulsion est la seule au nom de laquelle on puisse récuser celle de cause, en son sens à la fois efficient et final. Je ne suis pas causé à agir, précisément parce que j'y suis poussé. Une objection majeure contre la théorie de la pulsion tombe ici : faire droit à la notion de pulsion, ce n'est pas nécessairement adopter un schème causaliste du comportement humain ; bien au contraire, c'est récuser ce schème et concevoir le comportement humain à partir du temps qui est, probablement, son essence.

C'est toute une théorie du désir qui est impliquée dans la doctrine bergsonienne de l'impulsion ou de la poussée. On s'accorde, généralement, à dire qu'une pensée du désir est absente du bergsonisme. Bergson se serait maintenu sur le plan du besoin, en philosophe de la vie et de l'instinct. Pourtant, à la fois le désir n'est pas aspiration vers un but, à la fois il n'est pas cause d'un comportement, puisque je puis le reconnaître comme mien. Plus exactement, le désir m'est imposé, il m'advient comme de l'extérieur ; il possède la forme de la nécessité, je ne choisis pas l'objet de mon désir. Cependant, il s'agit d'une nécessité telle que je me l'approprie, telle qu'elle me paraît, même, le fond de mon être. Je n'éprouve pas le désir sur le mode de la servitude ; bien au contraire, c'est le désir qui donne son sens à ma liberté, une liberté qui ne serait pas liberté de satisfaire à un désir me paraîtrait abstraite et vide ; personne n'en voudrait[1]. Or, si l'objet du désir est posé là-devant, alors il est un but représenté mais, en même temps, il cause le désir au sens où, s'il ne s'était pas trouvé là, le désir n'aurait pas existé. Entre l'idée d'un but du désir et celle d'une cause du désir, il y a identité : telle est, en tout cas, la thèse qu'on peut tirer des analyses bergsoniennes. Et si la cause du désir est un but représenté, alors le désir peut être extirpé ; la suppression de l'objet du désir est, *ipso facto*,

---

1. Bergson lui-même souligne ce point, lorsqu'il parle de la passion amoureuse : « Analysez la passion de l'amour, surtout à ses débuts : est-ce le plaisir qu'elle vise ? ne serait-ce pas aussi bien la peine ? Il y a peut-être une tragédie qui se prépare, toute une vie gâchée, dissipée, perdue, on le sait, on le sent, n'importe ! il faut parce qu'il faut » (*Les deux sources de la morale et de la religion*, p. 35-36 ; EC, p. 1279). Le désir se présente sous la forme d'une nécessité acceptée, et non seulement acceptée – comme s'il s'agissait de résignation –, mais encore voulue et donatrice de sens. C'est dans ce type de textes qu'on peut chercher une philosophie bergsonienne du désir.

la suppression du désir lui-même – toute notre expérience nous apprend qu'il en va différemment. Une conception ascétique du monde découle de cette compréhension intellectualiste du désir. Le désir, s'il est aspiration vers un but, est contingent par rapport à celui qui désire; il n'en va plus de même s'il est impulsion ou poussée. Le désir est essentiel à l'être désirant : voilà quelle pourrait être, à notre sens, la position de Bergson à son sujet. Le désir se caractérise par sa mienneté essentielle, il est, peut-être, ce qu'il y a de plus mien [1].

Cette analyse, on l'aura remarqué, est exactement celle que produit Bergson, dès l'*Essai sur les données immédiates de la conscience*, au sujet de la liberté. Faire de l'homme un être de pulsions, n'est-ce pas le priver de ce qu'on a coutume d'appeler sa liberté? Telle est une objection, proche de la précédente, qui porte contre toute théorie de la pulsion. Bergson est celui qui, dans *L'évolution créatrice*, conçoit la poussée ou impulsion vitale exactement sur le même modèle que la liberté, dans l'*Essai*. Et si l'élan vital est désir, alors la liberté est, elle-même, désir. Selon Bergson, ce qui distingue l'acte libre est, en effet, son essentielle mienneté, rien d'autre : « Bref, nous sommes libres quand nos actes émanent de notre personnalité entière, quand ils l'expriment, quand ils ont avec elle cette indéfinissable ressemblance qu'on trouve parfois entre l'œuvre et l'artiste » [2]. Ce texte est célèbre; en parlant d'une ressemblance « indéfinissable », Bergson ne fait pas œuvre de poète, pas plus qu'il ne prône un irrationalisme; une telle ressemblance est indéfinissable, parce que l'acte libre advient une fois et aucune autre fois, il s'effectue dans l'exil des possibles, il est, très exactement, ce que Bergson appelle une « création ». Tenter de définir la ressemblance serait laisser un interstice pour le possible entre l'acte libre et le discours que nous tenons sur lui, ce serait imaginer qu'il aurait pu s'accomplir autrement, ce serait

---

1. Les virtualités d'une conception bergsonienne du désir nous paraissent s'être déployées avec *L'anti-Œdipe* de Deleuze et Guattari (sur ce point, voir Deleuze et Guattari, *L'anti-Œdipe. Capitalisme et schizophrénie* [1972], « Critique », Paris, Minuit, 1973, p. 32-36). Le désir, en tant qu'il se développe dans l'exil des possibles, est à distinguer du manque; il est plénitude de soi. Il est une force qui vient de l'arrière, non un mouvement vers l'avant. La théorie du désir comme production nous paraît analogue à la doctrine bergsonienne de la vie comme poussée. Le désir comme production du monde : ce point est, également, schopenhauerien.

2. *Essai sur les données immédiates de la conscience*, p. 129; EC, p. 113.

le reconstruire. Les seules questions valables, à propos d'un acte libre, sont : Qui ? Quand ? Comment [1] ? La suite immédiate du texte consiste en une réflexion sur le caractère : il n'y a rien d'étonnant à cela, si le caractère est, conformément à son étymologie, la marque, le sceau, l'empreinte du moi sur une action [2]. Bergson conduit, au troisième chapitre de l'*Essai*, une argumentation qui s'apparente à la double contestation du mécanisme et du finalisme qu'il mènera dans *L'évolution créatrice* : il s'agit de récuser tout modèle du choix, de la décision. Choisir, c'est toujours choisir entre des possibles. Parler de choix, c'est donc imaginer mon avenir comme autant de chemins sur lesquels il ne me resterait plus qu'à m'engager, c'est donc spatialiser le temps et, par conséquent, le nier; mais il n'y a jamais qu'un seul chemin ou, plus exactement, pas de chemin du tout, juste une évolution qui est, de son essence, temps. Les doctrines de la nécessité et de la liberté d'indifférence jouent les rôles mêmes qui seront impartis, dans *L'évolution créatrice*, respectivement au mécanisme et au finalisme. Selon la doctrine de la nécessité, je suis déterminé à choisir un chemin plutôt qu'un autre; selon celle de la liberté d'indifférence, j'ai le pouvoir de décider sur quel chemin je m'engagerai; dans les deux cas, on imagine, pour moi, plusieurs avenirs possibles. Mais on voit mal quel est leur mode d'existence [3]. Dès l'*Essai*, par conséquent, la liberté est comprise comme poussée ou impulsion, peut-être comme pulsion. Il n'y a aucune contradiction à cela. Au contraire, toute doctrine qui oppose la liberté à la pulsion repose, selon Bergson, sur une mécompréhension du temps. Voilà pourquoi, dans *L'évolution créatrice*, Bergson peut, d'une part, caractériser l'évolution de la vie comme « libre » [4], d'autre part utiliser les termes « poussée » ou « impulsion »

1. Nous nous inspirons, ici, de remarques de Deleuze qui comptent parmi les plus bergsoniennes, nous paraît-il, de *Différence et répétition* (« Épiméthée », Paris, PUF, 1968, 11ᵉ éd. 2003, p. 243-244).

2. Sur ce point, voir l'*Essai sur les données immédiates de la conscience*, p. 130; EC, p. 114.

3. Bergson, cependant, ne refuse pas toute signification aux notions de décision et de choix. On s'en aperçoit en lisant le compte-rendu du cours au Collège de France prononcé en 1906-1907 sur les théories de la volonté. Sur ce point, voir « Théories de la volonté », dans *Mélanges*, p. 7005 et 715 : la question posée par Bergson est bien celle « de la décision et de la délibération ».

4. Sur ce point, voir *L'évolution créatrice*, p. 248, 249 et 277; EC, p. 705, 706 et 730.

en des contextes psychologiques : « Notre passé se manifeste donc intégralement à nous par sa poussée et sous forme de tendance, quoiqu'une faible part seulement en devienne représentation »[1]. Lorsque nous agissons librement, « notre passé [...] se ramasse sur lui-même dans l'impulsion indivisible qu'il nous communique »[2]. Bergson n'aperçoit aucune difficulté à lier théorie de la pulsion – ou « impulsion » – et théorie de la liberté.

Comprenons bien, toutefois, de quoi il s'agit ici : Bergson noue une théorie des trois dimensions du temps et une théorie de la pulsion. C'est le passé lui-même qui exerce une poussée ou une impulsion, il l'exerce sur le présent et, surtout, sur l'avenir. La pulsion est immanente au temps lui-même ; non seulement on ne peut faire une théorie du temps sans faire une théorie de la pulsion : plus radicalement, la pulsion appartient à l'essence même du temps. Les assertions de Bergson sembleraient plus accessibles s'il était dit que notre mémoire agit sur notre présent – ou sur notre perception – et sur notre avenir – ou sur notre volonté – ; mais, précisément, le temps est identique à la conscience : telle est une des thèses les plus profondes, en même temps que les plus difficiles, du bergsonisme. La conscience ne dure pas, elle est durée ; et pour le temps, être, c'est être perçu[3]. Le temps bergsonien est, comme le temps merleau-pontien, « temps qui se sait ». « Mémoire » est le nom du rapport de notre conscience au passé, « volonté » celui du rapport de notre conscience à l'avenir, « perception » ou « matière » celui de son rapport au présent[4]. Ainsi, lorsque Bergson affirme que l'élan vital est poussée ou impulsion, il entend que c'est le passé de la vie, si l'on peut dire, qui la pousse vers des formes plus hautes. De même, l'élan lui-même est le rapport d'une supraconscience à l'avenir. Ce que Bergson nomme « poussée » ou « impulsion », c'est donc un certain rapport de toute conscience à

---

1. *L'évolution créatrice*, p. 5 ; EC, p. 498-499. Voir, également, p. 2 (EC, p. 496).

2. *Ibid.*, p. 202 ; EC, p. 666. Voici le texte exact : « au lieu d'agir, rêvons. Du même coup notre moi s'éparpille ; notre passé, qui jusque-là se ramassait sur lui-même dans l'impulsion indivisible qu'il nous communiquait, se décompose en mille et mille souvenirs qui s'extériorisent les uns par rapport aux autres ».

3. Sur ce point, voir l'*Essai sur les données immédiates de la conscience*, p. 89-90 ; EC, p. 80 ; *Durée et simultanéité*, p. 66, dans *Mélanges*, p. 119.

4. Sur ce point, voir *Matière et mémoire*, p. 153-154 ; EC, p. 281.

l'avenir. La théorie de l'élan vital doit être comprise comme une théorie des dimensions du temps. Ce point apparaît nettement à celui qui considère certains textes de psychologie rédigés après *L'évolution créatrice*.

Dans « Le souvenir du présent et la fausse reconnaissance », il est question d'un « *élan de conscience*, qui manifeste l'élan de vie » [1]. Cet élan est caractérisé comme rapport à l'avenir ; Bergson pense recréer expérimentalement les conditions de son affaiblissement en bouchant, pour ainsi dire, l'avenir du sujet : l'affaiblissement de l'élan de conscience est, identiquement, « sentiment que l'*avenir est clos*, que la situation est détachée de tout mais que nous sommes attachés à elle » [2]. Une conscience dont l'élan faiblit est une conscience qui cesse d'avoir un avenir comme tel – et élan, poussée et impulsion peuvent être, nous l'avons vu, considérés comme synonymes. Les trois dimensions du temps rentrent, si l'on peut dire, les unes dans les autres et il se produit ce paradoxe phénoménologique qu'est le souvenir du présent : une perception, c'est-à-dire le présent lui-même, est éprouvée comme du passé. C'est, selon Bergson, un « trouble de la volonté qui occasionnerait la fausse reconnaissance » [3] ; ce phénomène « aurait lieu à tout instant si la volonté, sans cesse tendue vers l'action, n'empêchait le présent de se retourner sur lui-même en le poussant indéfiniment dans l'avenir » [4]. Il n'est pas anodin que Bergson renoue, ici, avec la métaphorique de la poussée. Les formules que nous venons de citer encouragent à identifier élan et volonté ; par conséquent, poussée, impulsion et volonté auraient le même sens, et il faudrait ajouter, à cette vaste identification, le désir. L'élan vital est volonté. Le grand paradoxe est que c'est le passé, c'est-à-dire la mémoire, qui exerce une poussée sur la conscience, et cette poussée est volonté. Nous voulons et nous créons par notre mémoire, c'est-à-dire que le passé crée l'avenir. Nous reviendrons sur ce point capital.

L'explicitation de l'élan comme volonté, et de la volonté comme rapport de la conscience à l'avenir, est clairement effectuée par un

---

1. « Le souvenir du présent et la fausse reconnaissance », dans *L'énergie spirituelle*, p. 152 ; EC, p. 930.
2. *Ibid.*, p. 150 ; EC, p. 928.
3. *Ibid.*, p. 152 ; EC, p. 930.
4. *Ibid.*

cours professé au Collège de France sur la théorie de la personne, en 1910-1911; en même temps, ce cours fait un usage abondant du vocabulaire de la pulsion. Bergson médite sur les troubles de la personnalité; il distingue entre les troubles concernant le passé et ceux qui concernent l'avenir:

> Les désordres étudiés jusqu'ici témoignent d'une diminution de masse dans la personne: le sujet se trouvait dans l'impuissance de maintenir en contact avec la conscience la totalité de son passé; il en est d'autres qui paraissent altérer la vitesse de la personne ou son élan vers l'avenir [1].

L'élan est nettement déterminé comme élan vers l'avenir. Il n'est pas élan aveugle, simple force qui va; il a une intentionnalité, c'est-à-dire qu'il est tout entier rapport de la conscience à l'avenir; mieux, lorsque Bergson choisit d'employer le terme «élan», c'est pour caractériser le rapport de la conscience à une certaine dimension du temps. La suite immédiate du texte parle, d'une manière définitive, d'une «attitude vis-à-vis de l'avenir» [2]. Cette attitude est la volonté elle-même. Ce point apparaît plus nettement encore dans un conférence prononcée, en anglais, en 1914 à Édimbourg:

> Encore une fois, notre conscience du moi (*consciousness of self*) est aussi formée de ce sentiment (*feeling*) que nous avons d'un élan en avant (*impulse forward*). On voit cet *élan* [en français dans le texte] particulièrement dans ce que nous appelons Volonté [3].

Il est remarquable que le terme anglais choisi par Bergson pour traduire «élan» soit «*impulse*»: l'élan et, par là même, la volonté se déterminent comme impulsion. Bergson, toutefois, introduit une modalisation: la volonté n'est qu'un cas «particulier» de l'élan en avant. Il s'explique sur ce point:

> À proprement parler cependant, le mot «volonté» désigne seulement une partie ou un aspect de la fonction affectée dans les cas que nous

---

1. «Théorie de la personne», dans *Mélanges*, p. 859. Il s'agit, rappelons-le, d'un compte-rendu. Son auteur est thomiste, peu favorable à Bergson et fait preuve, parfois, de naïveté dans les objections qu'il lui adresse.

2. *Ibid.*

3. «Onze conférences sur "la personnalité" aux Gifford Lectures d'Edinburgh», Huitième conférence, trad. fr. M. Robinet, dans *Mélanges*, p. 1082. L'insertion est de nous.

mentionnerons; il serait plus exact de parler d'un *élan intérieur* (*impetus*). L'élan vers le futur (*impetus towards the future*) est un élément essentiel de la personne humaine, comme si la personne était déjà au point vers lequel elle se meut [1].

Si Bergson renonce à nommer « volonté » l'élan intérieur, c'est, semble-t-il, que ce terme possède trop de connotations métaphysiques et psychologiques. Bergson n'entend pas parler d'une faculté, encore moins d'une faculté qui serait pouvoir de décision et de détermination morale. C'est un rapport de la conscience au temps qu'il s'agit de désigner. Pour cela, il recourt à la terminologie classique de l'« *impetus* ». L'analyse de Bergson est, remarquons-le, d'une grande justesse phénoménologique : l'avenir n'est pas une sorte de lieu vers lequel on se mouvrait; celui qui se rapporte à l'avenir comme tel considère son présent du point de vue de son avenir. Toute autre conception est métaphorique. Posséder un avenir, c'est, pour ainsi dire, revenir vers son présent, non le quitter. Si le rapport de la conscience à l'avenir est volonté, son rapport au passé est mémoire; de cette façon se comprend la distinction entre deux types de troubles de la personnalité :

> Ainsi, les deux aspects essentiels de la personnalité humaine sont : d'abord la Mémoire, qui embrasse toute l'étendue du passé inconscient de manière à en rendre consciente toute la partie qui en peut être utilisée; et, secondement, la Volonté qui tend (*straining*) continuellement vers (*towards*) le futur. […] D'où les désordres de la personnalité. On peut les diviser en deux groupes, selon qu'ils concernent l'un ou l'autre des deux aspects essentiels de la personne : Mémoire ou Volonté [2].

Le rapport entre mémoire et volonté, c'est-à-dire entre passé et avenir, peut être formulé, par Bergson, de surprenantes manières : ainsi, « La force (*Force*) de la personnalité est la masse des souvenirs multipliée par l'élan vers le futur (*impulse toward the future*) » [3]. L'un

---

1. *Mélanges*, Neuvième conférence, p. 1083. M. Robinet insère « *impetus* ». Voici le texte anglais de la deuxième proposition : « it would be more accurate to speak of an internal *impetus* (*élan intérieur*) » (*ibid.*, Lecture IX, p. 1066).

2. *Ibid.*, Huitième conférence, p. 1082.

3. « Cours de Bergson à Columbia University », dans *Mélanges*, p. 987; nous traduisons. La même analogie est employée au Collège de France, dans le cours sur la personnalité (« Théorie de la personne », dans *Mélanges*, p. 859).

des sens de cette analogie est que le passé pousse la personne vers l'avenir : plus la masse du passé est importante, plus la poussée sera vigoureuse. L'essentiel est que la volonté demeure comprise en termes d'élan et d'impulsion, ces deux métaphores renvoyant, pour leur part, à la notion d'avenir comme dimension du temps. La métaphore de la poussée est, elle aussi, présente ; ainsi, dans le cours au Collège de France sur la théorie de la personne, au sujet des troubles concernant l'avenir : « l'examen du malade révèle un trouble et une diminution de l'élan qui pousse la personne du présent vers l'avenir »[1]. Ici encore, il semble que le passé est animé d'un élan, cet élan étant la volonté même.

Cependant – et telle est la grande thèse de tous les textes que nous commentons –, ni la mémoire, ni la volonté, ni leur somme ne se suffisent à elles-mêmes. Voici, à nouveau, le cours de 1910-1911 :

> Si la personne est la continuité d'un mouvement en avant qui pousse dans l'avenir le présent et le passé intégralement conservé, il sera fatigant d'être une personne ; il faudra en acheter le privilège au prix d'un effort continuel, auquel, dans certaines conditions physiologiques, le sujet refusera de se prêter[2].

L'« effort continuel » dont il s'agit ici n'est pas la volonté, puisqu'il en est la condition ; il faut nettement distinguer entre le « mouvement en avant », une nouvelle fois rapporté à une « poussée », et l'effort par lequel on est une « personne ». Cet effort fondamental est ce qui ouvre, pour moi, le passé comme passé et l'avenir comme avenir. Il est la condition à laquelle le temps possède trois dimensions. Je dois produire un effort pour qu'il existe, pour moi, un temps : voilà pourquoi « il est fatigant d'être une personne ». Ce n'est pas parce qu'il est fatigant de vouloir, c'est parce qu'il est fatigant de se donner, continuellement, l'avenir dans lequel je puis vouloir et le passé au moyen duquel je puis agir. Une nouvelle fois, les Conférences d'Édimbourg présentent la doctrine d'une manière définitive ; soient la mémoire et la volonté :

---

1. « Théorie de la personne », dans *Mélanges*, p. 862.
2. *Ibid.*, p. 849. Sur ce point, voir aussi « Théorie de la personne », dans *Mélanges*, p. 859, « Cours de Bergson à Columbia University », dans *Mélanges*, p. 987 et « Conférence de Madrid sur la personnalité », dans *Mélanges*, p. 1225.

c'est seulement par un effort (*effort*) que l'humanité en général a pu acquérir ces deux fonctions et que l'individu peut les exercer. Cet effort nous ne le remarquons pas parce qu'il est constant, mais il n'en est pas moins une tension (*strain*). Être un être humain est en soi-même une tension.

C'est même une tension que certains ne peuvent pas supporter. D'où les désordres de la personnalité [1].

Les désordres sont, d'une part, ceux qui concernent le passé, d'autre part, ceux qui concernent l'avenir. La notion de « tension » est centrale dans le bergsonisme. Elle est introduite par *Matière et mémoire* [2]. La durée n'est pas « le temps qui coule » en général, mais un acte, à chaque fois individuel [3]. Chacun fait le temps pour son propre compte. Cet acte peut s'accomplir à divers degrés de tension [4]. La tension, ici déterminée comme « *strain* » – *Streben* –, est la condition à laquelle se distinguent, pour moi, les trois dimensions du temps. Elle est, également, un effort. Cet effort est essentiel au temps ; il constitue le temps comme temps, il est, pour ainsi dire, l'en-soi du temps. C'est l'incapacité à fournir cet effort qui est cause des troubles de la personnalité, qu'ils concernent le passé ou l'avenir. Les maladies de la personnalité sont, fondamentalement, des désordres du rapport au temps. Bergson retrouve, ici, la thèse fondamentale de son contemporain Pierre Janet. La conscience psychologique est, avant tout, un effort ou une « tension », non une visée ou un voir. Les troubles psychologiques sont intelligibles pour celui qui se place au point de vue de cette « tension » [5]. Les troubles concernant l'avenir sont une modalité de l'affaiblissement de la tension fondamentale. Bergson se réclame lui-même de Janet : les désordres du rapport à l'avenir,

d'aspects très divers, constituent ce que l'on a appelé jusque-là le « désordre du doute », et ce que le Pr Pierre Janet propose d'appeler

1. « Onze conférences sur "la personnalité" aux Gifford Lectures d'Edinburgh », Huitième conférence, dans *Mélanges*, p. 1082.

2. *Matière et mémoire*, p. 232 ; EC, p. 342.

3. Ce point est au cœur de l'interprétation de Bergson par F. Worms (voir par exemple *Introduction à* Matière et mémoire *de Bergson*, « Les grands textes de la philosophie », Paris, PUF, 1997, p. 288-289).

4. Sur ce point, voir *Matière et mémoire*, p. 230-235 ; EC, p. 340-344.

5. Sur ce point, voir Janet, *Les obsessions et la psychasthénie*, Paris, Alcan, 1903.

«psychasthénie». Ils sont caractérisés par une incapacité ou une répugnance à l'action [1].

«Psychasthénie» signifie, littéralement, absence de force de l'âme [2]. Bergson poursuit :

> L'homme a sur les animaux l'avantage d'agir raisonnablement; mais en théorie on n'en finirait pas d'examiner toutes les raisons possibles, ou de considérer toutes les conséquences possibles d'une décision qu'il faut prendre, comme on n'en finirait pas de prendre toutes les précautions contre tous les risques qui pourraient en résulter. Si pratiquement on en finit, c'est parce qu'intervient quelque chose d'étranger à l'intelligence, à savoir une *poussée* (push) vers l'action [3].

Cette poussée est la volonté; elle a pour condition, toutefois, la tension-effort fondamentale. La psychasthénie est, notamment, disparition, pour la conscience, d'un avenir; elle trouve sa cause dans un affaiblissement de la tension psychologique. On trouve, dans le compte-rendu du cours sur la théorie de la personne, ce texte magnifique :

> La pensée d'avoir *autre chose à faire* est le grand stimulant de l'action qu'on fait. [...] Il n'y a pas d'action qui, théoriquement, ne puisse occuper un temps illimité, la nécessité de passer à autre chose pose la limite. Celui qui agit nous apparaît donc comme entraîné par le mouvement, immanent à l'âme humaine, qui fait qu'étant dans le présent on vit déjà dans l'avenir. Suivre cet élan qui donne d'enjamber continuellement le moment présent et le moment immédiatement postérieur est la condition essentielle de l'action.
>
> Diminuez cette poussée intérieure et la conviction qu'elle entraîne d'*une autre chose à faire*, ralentissez ce mouvement dans la durée au fond duquel et sous lequel il y a un élan, et vous réaliserez la maladie du doute [4].

---

1. «Onze conférences sur "la personnalité" aux Gifford Lectures d'Edinburgh », Huitième conférence, dans *Mélanges*, p. 1083.

2. Janet explique lui-même qu'il a forgé le terme «psychasthénie» à partir du mot rare «sthenos», qui signifie «force»; le «a» de «psychasthénie» est privatif (sur ce point, voir Janet, *Les obsessions et la psychasthénie*, p. 494-495).

3. «Onze conférences sur "la personnalité" aux Gifford Lectures d'Edinburgh », Huitième conférence, dans *Mélanges*, p. 1083.

4. « Théorie de la personne », dans *Mélanges*, p. 864.

L'« élan » et la « poussée » sont, comme toujours, mis en réseau ; ils caractérisent, très nettement, un rapport de la conscience à une certaine dimension du temps, l'avenir, dont la notion est déterminée avec la même précision phénoménologique que plus haut. Mais il faut distinguer entre cet élan et cette poussée, d'une part, et la tension qui les rend possibles.

Nous sommes, à présent, en mesure de saisir le sens exact de la métaphore de l'élan telle qu'elle apparaît dans *L'évolution créatrice*. Un double point est ferme dans tous les textes que nous venons de commenter : l'élan est volonté, et la volonté est rapport de la conscience à l'avenir. Dès lors, l'élan vital ne peut être que volonté, et rapport à l'avenir d'une conscience qui n'est pas conscience humaine mais, pour ainsi dire, conscience cosmologique ou, plutôt, supra-conscience, selon l'expression de Bergson. La matière serait le rapport de cette conscience au présent, s'il est vrai que « matière » est le nom d'une certaine dimension du temps, le présent[1]. Enfin, c'est le passé de cette conscience qui exercerait, sur son présent, la poussée ou l'impulsion que Bergson nomme « élan vital ». La cosmologie berg-sonienne est une théorie des dimensions du temps ; Bergson est, du début à la fin de son œuvre, le penseur d'un seul objet : le temps – loin qu'il ait produit, par exemple, un « vitalisme » parmi d'autres. Ainsi, dans *L'évolution créatrice*, on lit :

> Quand nous replaçons notre être dans notre vouloir, et notre vouloir lui-même dans l'impulsion qu'il prolonge, nous comprenons, nous sentons que la réalité est une croissance perpétuelle, une création qui se poursuit sans fin[2].

En des accents spinozistes[3], Bergson caractérise ici l'acte d'intuition. Notre vouloir est notre rapport à l'avenir ; il « prolonge » cet autre vouloir-impulsion qu'est le rapport de la supraconscience à l'avenir, à savoir l'élan vital. Et si la volonté humaine suppose, comme sa condition, une tension, alors il ne peut qu'en aller de même de la volonté cosmologique : Bergson, nous l'avons dit, parle d'un

1. *Matière et mémoire*, p. 154 ; EC, p. 281.

2. *L'évolution créatrice*, p. 240 ; EC, p. 698.

3. « *Sentimus experimurque nos aeternos esse* » (Spinoza, *Éthique*, V, prop. 23, scolie).

«pur vouloir»[1] qui serait «principe de toute vie comme aussi de toute matérialité»[2]. La distinction entre vouloir et volonté trouve son sens dans celle entre tension et volonté. Bergson, ici, atteint, si l'on peut dire, le point le plus élevé de sa doctrine, en nommant le principe de tous les étants. Le «pur vouloir» est principe de la vie et de la matérialité au sens exact où, au sein de la conscience humaine, la tension est condition de l'avenir et du présent comme tels.

Deux points, toutefois, restent à élucider: comme nous l'avons pressenti à plusieurs reprises, c'est le passé qui pousse le présent dans l'avenir; comment expliquer ce paradoxe selon lequel nous voulons par notre passé, si la volonté se définit comme le rapport de la conscience à l'avenir? Par ailleurs, quelle est l'essence de cet effort plus fondamental que la volonté elle-même, qui est la condition à la fois de la volonté comme telle et de la mémoire comme telle? Les deux questions, nous allons le voir, sont intimement liées; elles sont posées, discrètement, par la fin du texte qui nous sert de fil conducteur: «L'élan se divise de plus en plus en se communiquant.» La division de l'élan, c'est-à-dire de la poussée ou impulsion vitale, est spatialisation. En l'occurrence, les espèces, en évoluant, se séparent les unes des autres. Mais qu'est-ce que cette spatialisation, véritable individuation par la matière, à laquelle Bergson ajoute une individuation par la forme, plus essentielle[3]? Doit-on dire que l'élan vital se divise comme à regret, à la manière dont l'Un plotinien procède en un mouvement qui est pur déficit, pur moindre-être[4]? Bergson s'exprime parfois ainsi[5], et notamment dans une note qu'il consacre à Plotin; il rapproche la division de l'élan vital de la procession plotinienne[6]. Pourtant, une interprétation non mystique – selon laquelle le multiple ne serait pas une chute de l'Un – peut être donnée de la spatialisation de l'élan vital. La spatialisation, selon Bergson, est toujours actua-

---

1. *L'évolution créatrice*, p. 239; EC, p. 697.

2. *Ibid.*

3. Sur la double individuation chez Bergson, voir *L'évolution créatrice*, p. 99-101; EC, p. 578-580. Ces pages précèdent le passage que nous commentons.

4. Sur ce point, voir *L'évolution créatrice*, p. 211, note 1; EC, p. 673, note 1.

5. *Ibid.*, p. 248; EC, p. 705).

6. *Ibid.*, p. 211, note 1; EC, p. 673, note 1.

lisation; et l'actualisation est réflexion. Soit le texte séminal suivant, souvent oublié :

> Ainsi un sentiment complexe contiendra un assez grand nombre d'éléments plus simples; mais, tant que ces éléments ne se dégageront pas avec une netteté parfaite, on ne pourra pas dire qu'ils étaient entiè-rement réalisés, et, dès que la conscience en aura la perception distincte, l'état psychique qui résulte de leur synthèse aura par là même changé [1].

Il est question, dans ce texte, d'un acte d'introspection : la conscience vise à obtenir la « perception distincte » de son propre contenu. Or, cet acte d'introspection est réflexion : l'acte de percevoir change la nature même de ce qui est perçu. C'est le « subjectif » [2] qui est pris en considération ici, et il y a une théorie bergsonienne du subjectif et de l'objectif. La durée est sujet. Affirmer le contraire, comme on le fait souvent, est foncièrement erroné. La conscience bergsonienne est réflexive. L'acte de réflexion est, identiquement, spatialisation : dans le geste même par lequel le sujet scrute son propre contenu, il le rend « distinct »; les éléments « se dégagent avec une netteté parfaite » [3]. Enfin, la réflexion-spatialisation est actualisation : en se distinguant les uns des autres, les états de conscience se « réali-sent ». L'opposition lexicale entre actuel et virtuel structure la page de l'*Essai* que nous commentons [4]. Ces analyses commandent la théorie de l'individuation telle qu'elle est présentée dans *L'évolution créatrice*. L'article de 1902 intitulé « L'effort intellectuel » opère, très clairement, la médiation. L'effort intellectuel est passage du virtuel à l'actuel, ainsi que spatialisation. Tels sont les deux traits que Bergson attribue, dans l'*Essai*, à l'acte de réflexion. Or, c'est sur le modèle de l'effort intellectuel que Bergson propose, cinq ans avant *L'évolution créatrice*, de comprendre la poussée ou l'impulsion vitale :

---

1. *Essai sur les données immédiates de la conscience*, p. 62; EC, p. 57; *Matière et mémoire*, p. 231-232; EC, p. 341-342. Sur ce point, voir Deleuze, *Le bergsonisme*, « Quadrige », Paris, PUF, 1966, 2ᵉ éd. 1998, p. 33-37.

2. *Essai sur les données immédiates de la conscience*, p. 62; EC, p. 57.

3. Sur ce point, voir F. Worms, « La conception bergsonienne du temps », *Philosophie*, t. LIV, juin 1997, p. 79; repris dans *Le temps*, A. Schnell (dir.), « Thema », Paris, Vrin, à paraître.

4. Ainsi : « cette aperception actuelle, et non pas seulement virtuelle de subdivisions dans l'indivisé est précisément ce que nous appelons objectivité » (*Essai sur les données immédiates de la conscience*, p. 63; EC, p. 57).

entre la cause « efficiente » et la cause « finale », il y a, croyons-nous, quelque chose d'intermédiaire [...] Cette opération, qui est celle même de la vie, consiste dans un passage graduel du moins réalisé au plus réalisé, de l'intensif à l'extensif, d'une implication réciproque des parties à leur juxtaposition. L'effort intellectuel est quelque chose de ce genre. En l'analysant, nous avons serré d'aussi près que nous l'avons pu [...] cette matérialisation croissante de l'immatériel qui est caractéristique de l'activité vitale [1].

Le double refus du mécanisme et du finalisme, qui conduira Bergson à parler de « poussée » ou d'« impulsion », est lié à une compréhension de l'activité vitale comme actualisation – il est question d'un « passage graduel du moins réalisé au plus réalisé » – et spatialisation – il s'agit d'un passage « de l'intensif à l'extensif, d'une implication réciproque des parties à leur juxtaposition » –, bref comme réflexion. L'élan vital est acte de réflexion[2] : il n'y a rien d'étonnant, par conséquent, à ce que l'homme en soit le point d'aboutissement, si c'est avec l'homme que cet élan se ressaisit lui-même[3]. La spatialisation ou matérialisation n'est pas un déficit ou un moindre-être : elle est « caractéristique » de l'activité vitale. Ainsi, l'élan vital est d'emblée mouvement de spatialisation ou d'actualisation ; il ne peut se continuer sans se diviser, parce que sa division est sa continuation même[4]. L'élan vital, en se spatialisant, devient ce qu'il est ; il ne se perd pas. Et la poussée vitale ou impulsion demande à être comprise comme actualisation : telle est, nous semble-t-il, son caractère le plus radical.

On voit que Bergson, loin de concevoir la pulsion comme un mouvement aveugle, saisit la conscience de soi comme réflexivité à même la pulsion : si celle-ci est passage du virtuel à l'actuel, alors elle

---

1. « L'effort intellectuel », dans *L'énergie spirituelle*, p. 190 ; EC, p. 959.

2. Telle est, du moins, la thèse qu'on peut tirer de l'article intitulé « L'effort intellectuel » et du cours au Collège de France sur les théories de la volonté, largement inspiré de cet article et contemporain de la parution de *L'évolution créatrice* (« Théories de la volonté », dans *Mélanges*, p. 685-722). Nous reconnaissons volontiers, pour notre part, que l'intérêt porté à la notion de réflexion ne représente qu'une tendance du bergsonisme.

3. *L'évolution créatrice*, p. 261 et 265 ; EC, p. 716 et 720.

4. Ce point est central dans l'interprétation deleuzienne de Bergson, qui apparaît extrêmement cohérente (Deleuze, *Le bergsonisme*, p. 92-119 ; le chapitre s'intitule : « L'élan vital comme mouvement de la différentiation).

ne fait qu'un avec l'acte réflexif. C'est, ainsi, une troisième objection courante à toute doctrine de la pulsion qui tombe. Parler de l'homme comme d'un être de pulsions, c'est gommer sa dimension d'être conscient de soi, dit-on ; il en va tout autrement, selon Bergson. L'acte par lequel la conscience scrute son propre contenu, dans l'*Essai*, possède exactement la même structure que la poussée vitale : il est actualisation. L'actualisation possède une double signification : elle est à la fois une réalisation – ce terme étant pris en un sens non téléologique –, à la fois un se-porter-à-la-conscience-explicite. Il y a, chez Bergson, l'idée d'une réflexivité ou, peut-être, d'une intentionnalité pulsionnelle.

Mais à quoi tend Bergson, lorsqu'il forge les notions de virtuel et d'actuel ? Cette question est explicitement posée par Deleuze ; il y répond de la manière suivante : « C'est que le "virtuel" se distingue du "possible" » [1]. Autrement dit, lorsque Bergson parle d'« actuel » et de « virtuel », il élabore une nouvelle théorie de la modalité, concurrente de celle de Kant. Il substitue à la dualité leibnizienne et kantienne du possible et du réel celle, qui lui est propre, du virtuel et de l'actuel. Deleuze poursuit : « le possible n'a pas de réalité (bien qu'il puisse avoir une actualité) ; inversement le virtuel n'est pas actuel, mais *possède en tant que tel une réalité* » [2]. Pour développer un exemple bergsonien, l'enfant bien doué n'est ni un mathématicien actuel, ni un musicien actuel ; mais il est un mathématicien virtuel et un musicien virtuel, puisqu'il fait preuve, lorsqu'il résout un problème de mathématiques ou qu'il exécute un morceau de piano, d'un talent que ne possèdent pas les autres enfants [3]. Le réel, notamment, ressemble au possible qu'il réalise ; l'actualisation, en revanche, est création : « Car pour s'actualiser, le virtuel ne peut pas procéder par élimination ou limitation, mais doit *créer* ses propres lignes d'actualisation dans des actes positifs » [4]. Le virtuel ne peut que créer, parce qu'il n'existe pas de possibles ; tel est le sens fondamental de la notion bergsonienne de création : la création est la seule manière de concevoir l'action dans

---

1. Deleuze, *Le bergsonisme*, p. 99.
2. *Ibid.*
3. Pour cet exemple, voir *L'évolution créatrice*, p. 100-101 ; EC, p. 579-580. Comparer avec *Le rire*, p. 127-129 ; EC, p. 467.
4. Deleuze, *op. cit.*, p. 100.

l'exil des possibles. Et si l'évolution est créatrice, c'est parce qu'elle est actualisation. La théorie du virtuel et de l'actuel est donc le pendant de la récusation bergsonienne du possible, sur laquelle nous insistions en commençant.

La théorie du virtuel et de l'actuel est présente dès l'*Essai*. Or, dans cet ouvrage, Bergson détermine l'actualisation comme effort. Ce point demeurera inaltéré, croyons-nous, pendant toute la carrière de Bergson. Une nouvelle fois, c'est un débat avec Aristote qui est mené ; soit l'idée de l'action que nous nous apprêtons à accomplir :

> La réalisation de cette idée n'apparaissait d'ailleurs pas comme certaine, mais simplement comme possible. Toutefois, entre l'idée et l'action sont venus se placer des intermédiaires à peine sensibles, dont l'ensemble prend pour nous cet aspect *sui generis* qu'on appelle sentiment de l'effort. Et de l'idée à l'effort, de l'effort à l'acte, le progrès a été si continu que nous ne saurions dire où l'idée et l'effort se terminent, où l'acte commence [1].

Si la doctrine est en place, le vocabulaire ne l'est pas encore : Bergson parle de « possible » et de « réalisation », mais il ne donne pas leur sens kantien ou leibnizien à ces expressions, comme en témoigne la suite immédiate du texte [2]. Admettons que l'« idée » soit le virtuel, l'« action » l'actuel – nous ne voyons guère comment on pourrait ne pas l'admettre – : l'intermédiaire entre le virtuel et l'actuel, c'est-à-dire le procès même de l'actualisation, est ce que Bergson nomme, ici, « effort ». L'effort est donc, selon la doctrine rigoureuse de l'*Essai*, passage du virtuel à l'actuel. Aristote déterminait comme mouvement – *kinèsis* – le passage de la puissance – *dunamis* – à l'acte – *energeia* [3] – ; c'est la place de la *kinèsis* que prend l'effort bergsonien. Ajoutons, d'une part, que le mouvement est lui-même, selon Bergson, effort ou passage de la puissance à l'acte [4] ; d'autre part, tandis qu'Aristote plaçait l'idée ou forme au terme du mouvement – l'*energeia*, pour Aristote, est forme (*eidos*) –, Bergson la situe à son origine ; agir ne saurait être réaliser une idée, mais créer. Si l'effort est passage de la

---

1. *Essai sur les données immédiates de la conscience*, p. 158-159 ; EC, p. 138-139.
2. *Ibid.*, p. 159 ; EC, p. 138.
3. Sur ce point, voir Aristote, *Métaphysique*, Θ, 6, 1048 a 30-b 5.
4. Sur ce point, voir l'*Essai sur les données immédiates de la conscience*, p. 82-86 ; EC, p. 74-77.

puissance à l'acte ou, en termes bergsoniens, du virtuel à l'actuel, alors la tension fondamentale, que nous avons appelée « en-soi du temps », la condition à laquelle il y a, pour moi, un passé et un avenir, est, elle-même, un tel passage. L'essence du temps est d'être actualisation, c'est-à-dire effort. Ce caractère rejaillit sur l'élan vital comme poussée ou impulsion : il est, lui-même, actualisation. La notion de pulsion acquiert donc, chez Bergson, un sens à la fois conscientiel ou phénoménologique et un sens modal.

Mais ces deux sens se nouent en un troisième, qui est le principal. La distinction du virtuel et de l'actuel permet à Bergson, dans *Matière et mémoire*, de distinguer entre le passé et le présent comme dimensions du temps. Le passé, c'est, très exactement, le virtuel ; le présent est l'actuel. Pour un souvenir, redevenir présent, se rapprocher d'une perception, c'est, très exactement, s'actualiser[1]. Autrement dit, les notions de virtuel et d'actuel trouvent leur signification fondamentale dans une théorie du temps. « Virtuel » et « actuel » nomment deux dimensions du temps, le passé et le présent. Nous comprenons à présent les expressions étranges selon lesquelles c'est le passé lui-même qui pousse notre présent vers l'avenir ; Bergson entend, ici, que le virtuel se pousse lui-même vers l'actuel, autrement dit, qu'il tend à s'actualiser ; et si le passé tend, ainsi, à s'actualiser, c'est que le temps est, de son essence, effort, c'est-à-dire actualisation. La notion de pulsion trouve donc son sens ultime dans une théorie du temps : c'est, pourrait-on dire, le temps lui-même qui est pulsion, impulsion ou poussée. Et les métaphores de Bergson – la poussée ou l'impulsion – reçoivent leur sens exact lorsqu'on les interprète dans la perspective d'une théorie du temps. Bergson est celui, en philosophie, qui noue une théorie du sujet et une théorie de la modalité dans une théorie du temps.

Si Bergson n'écrit jamais « pulsion », c'est donc, très certainement, que le mot lui était, pour une raison ou pour une autre, antipathique, loin que la chose même lui ait échappé. Bien au contraire, Bergson peut être compté, nous espérons l'avoir montré, au nombre de ceux qui ont forgé une théorie considérable de la pulsion : ce que Bergson appelle « poussée » ou « impulsion » est, avant tout, un rapport de la conscience – fût-elle supraconscience – à l'avenir ; en ce sens,

---

1. *Matière et mémoire*, p. 150 ; EC, p. 178.

Bergson parlera, également, de «volonté». Mais cette volonté est, également, désir. La pulsion n'est pas cause: elle est, bien au contraire, le mouvement de la liberté. La pulsion n'est pas force aveugle: c'est elle, au contraire, qui rend pensable la conscience de soi ou le sujet. Ce qui permet, chez Bergson, l'articulation entre doctrine de la pulsion et doctrine du sujet, c'est la notion d'actualisation: l'actualisation est à la fois réflexion – voilà la théorie du sujet –, réalisation – voilà celle de la modalité – et devenir-présent, *Vergegenwärtigung* – voilà la théorie du temps. Le sens fondamental de la pulsion, chez Bergson, est: temps.

Arnaud FRANÇOIS
Université de Lille

LA PULSION CHEZ HEIDEGGER
LE STATUT TRANSCENDANTAL DU *TRIEB* DANS LA PENSÉE HEIDEGGERIENNE DE L'ANIMALITÉ

INTRODUCTION

La pulsion est un « concept opératoire » – certes rarement étudié – de la phénoménologie ontologique heideggerienne qui permet de jeter une lumière sur le sens du « retrait de l'être » dont il exemplifie la teneur sur le plan de la *vie* – le retrait de l'être désignant chez Heidegger le phénomène d'*occultation* qui caractérise toute *manifestation*. D'une manière générale, on peut distinguer entre deux acceptions fondamentales de la notion de pulsion (*Trieb*) : une acception positive selon laquelle la pulsion « entraîne » quelque chose, et une acception négative (s'exprimant en allemand à travers le verbe « *vertreiben* ») qui signifie « repousser » ou « faire passer » – « entraînement » et « répulsion » qui, telle est notre thèse, doivent être mis en rapport à la fois avec la désoccultation (ou le dévoilement) et l'occultation (ou le voilement) de l'être dans toute apparition de l'étant.

Dans son œuvre, Heidegger utilise ce concept de nombreuses fois et dans des acceptions très diverses, sans pour autant le thématiser *comme tel*, en son unité conceptuelle. Alors que, dans *Sein und Zeit*, il est mis en rapport avec le *souci* comme être de l'être-là (*cf.* en particulier le § 41 du chef-d'œuvre de Heidegger), il revient en force, après le « tournant métontologique » [1] de 1928, dans le cours de 1929-1930 intitulé *Les concepts fondamentaux de la métaphysique. Monde. Finitude. Solitude* (où nous trouvons une ébauche d'une « métaphysique du monde »). Heidegger y mobilise ces deux sens – négatif et positif – à des moments cruciaux de son argumentation.

Plus exactement, la pulsion y intervient à trois reprises : 1) dans la définition provisoire de la *métaphysique*, 2) dans l'analyse de la tonalité affective fondamentale – celle de l'*ennui* – qui nous ouvre au monde en son entièreté et 3) dans la première partie de l'analyse conceptuelle du monde lui-même (qui traite de l'*animalité*). Étant donnée l'importance de cette notion dans ce cours de 1929-1930, nous limiterons notre propos à cet ouvrage absolument capital de Heidegger.

LE RÔLE DE LA PULSION (*TRIEB*)
DANS LA DÉFINITION DE LA MÉTAPHYSIQUE

Le fragment de Novalis sur la philosophie – que Heidegger cite en guise de définition provisoire de la métaphysique (et dont notre traduction ne rend le sens que d'une manière peu satisfaisante parce qu'il n'y a pas de terme en français qui y correspond parfaitement) – décrit l'« élan » philosophique en terme de « pulsion » : « la philosophie est à proprement parler mal du pays, une *pulsion* (*Trieb*) qui pousse à être partout chez soi » [2]. Le terme clef ici est celui de « *Heimweh* (mal du pays) ». Dans ce fragment, Novalis exprime la tension – fortement teintée affectivement – qui existe entre une

---

1. Il convient en effet de souligner que la fameuse « *Kehre* » (« tournant ») des années 1930 est préparée par un premier tournant – qu'on peut donc appeler « métontologique » – qui substitue à la perspective ontologique (et, d'abord, « fondamentalo-ontologique ») de *Sein und Zeit* une perspective que Heidegger décide d'appeler « *métaphysique* ». Il est esquissé dans les *Fondements métaphysiques de la logique* de 1928 et mis en œuvre dans *Kant et le problème de la métaphysique* et les *Concepts fondamentaux de la métaphysique* (*cf.* aussi le petit traité de 1929 *Qu'est-ce que la métaphysique ?*). Nous avons traité en détail de ce « tournant métontologique » dans le quatrième chapitre de notre ouvrage *De l'existence ouverte au monde fini. Heidegger 1925-1930*, Paris, Vrin, 2005.

2. « Die Philosophie ist eigentlich Heimweh, ein Trieb überall zu Hause zu sein », Heidegger, *Concepts fondamentaux de la métaphysique. Monde – finitude – solitude* (dorénavant cité *CF*), Paris, Gallimard, tr. fr. par D. Panis, 1992, p. 21, cité par Heidegger dans Novalis, *Schriften*, J. Minor (éd.), Iéna, 1923, vol. 2, p. 179, fragment 21.

certaine tendance, une certaine « pulsion » (vouloir être chez soi partout) et le regret, la nostalgie, qu'il n'en soit pas ainsi, voire même l'impossibilité de pouvoir satisfaire cette tendance. On remarquera la contradiction patente entre le « *Heimweh* » (littéralement : le mal du *foyer*, du « *chez soi* ») et le « *zu Hause* » (le fait d'être *chez soi*, justement ; littéralement : le fait d'être « *à la maison* »). À partir de cette « définition », Heidegger peut extraire trois concepts fondamentaux : la finitude, le monde et la solitude (qui vont d'ailleurs assumer la fonction des notions d'être-à, de monde et d'être-là de l'analytique existentiale de l'être-là en terme d'*être-au-monde*, que Heidegger avait livrée en 1927).

Ce qui change en 1928-1930 par rapport à *Sein und Zeit*, c'est qu'il n'est plus question ici de l'être-là en sa *concrétude* mais en son essence *métaphysique*. Que faut-il entendre par là ? La référence à Novalis est ici tout sauf fortuite : elle ne sert pas simplement à Heidegger d'exemple, mais elle lui permet précisément de montrer que, désormais, son questionnement n'est plus centré sur l'être-là, mais sur un « événement historial fondamental *dans* l'être-là humain (*Grundgeschehen* im *menschlichen Dasein*) »[1]. La métaphysique n'a pas affaire à n'importe quel rapport ontique que l'être-là entretiendrait avec un quelconque étant, mais elle signifie l'« événement » ou mieux, peut-être : le « processus historial » relevant précisément de cette « métontologie » instituée depuis les *Fondements métaphysiques de la logique*. Et on comprend dès lors pourquoi Heidegger fait référence au poète : la « pulsion » dont parle Novalis « flotte » entre deux états : entre un manque d'être (le néant), un manque d'être-chez-soi, d'un côté, et le « chez soi », *partout*, de l'autre. Elle est l'expression de la *finitude* – il faut dire « la » finitude, et non pas « notre » finitude, puisque Heidegger souligne par là une « asubjectivation » qui est ici en train de s'opérer et qui illustre très précisément le sens de l'« événement historial » évoqué à l'instant. Et cette finitude, en tant qu'elle « flotte » entre deux états, se substitue ainsi à l'être-à de l'analytique existentiale : d'une analytique essentiellement centrée sur l'être-là dans son rapport *à* (son être-à) l'étant, on passe à une métaphysique de la finitude qui est autant celle de l'être-là, bien sûr, que celle du *monde*.

---

1. *CF*, p. 26 (c'est nous qui soulignons « dans »).

La pulsion du philosophe(r) tend à être *partout* chez soi. La totalité à laquelle Heidegger renvoie ici est en effet celle du *monde* – le seul terme de la triade de l'analytique existentiale conservée par Heidegger en 1929. Et ce n'est pas un hasard si Fink – qui a lui-même assisté à ce cours de 1929-1930 – a pour sa part élaboré une phénoménologie du *monde* dans laquelle il se réfère à de nombreuses reprises à l'enseignement qu'il a reçu de Heidegger. Quoi qu'il en soit, la métontologie passe par une considération de la *totalité* de l'étant – idée qui revient donc ici en terme de «monde» au commencement même de la réflexion heideggerienne sur la métaphysique[1]. Voyons maintenant comment Heidegger introduit plus concrètement la notion de «pulsion» dans ses interrogations concernant le rapport de l'être-là fini au monde. Nous rencontrons d'abord cette notion dans une acception négative qui est mise en jeu dans l'analyse de l'*ennui*.

LE RÔLE DU PASSE-TEMPS (*ZEITVERTREIB*) DANS L'ANALYSE DE L'ENNUI

Quelle est la fonction de cette analyse de l'ennui? Son objectif est de cerner la disposition affective fondamentale dans laquelle le monde s'ouvre à l'être-là humain[2]. En elle, la pulsion (*Trieb*) ne s'exprime en effet que *négativement* dans ce qui est censé *pousser* et *repousser*, c'est-à-dire chasser (*vertreiben*) le «temps qui devient long» (l'ennui se dit en allemand «*Langeweile*», littéralement: «longue durée») – une négativité qui, nous le verrons, touche à un aspect essentiel de la notion de pulsion.

---

1. Notons par ailleurs que pour que la finitude puisse parvenir au monde, il faut que l'être-là fini se singularise, s'individue – processus que Heidegger appelle l'«esseulement (*Vereinsamung*)» dans lequel chaque être-là est chacun pour lui-même, unique, face au tout de l'étant.

2. On pourrait se demander pourquoi l'ennui nous ouvre au monde: ce terme ne désigne-t-il pas par excellence une fermeture à l'égard du monde? Non, l'ennui nous *ouvre* au monde parce qu'il est la disposition affective fondamentale dans laquelle nous faisons l'expérience – à l'exacte opposé, d'ailleurs, de ce que *Sein und Zeit* avait mis en évidence en terme de caractère «soucieux» de l'être-là – de notre détachement, de notre perte d'initiative à l'égard du monde – condition nécessaire du fait que celui-ci puisse se donner dans son en-soi dénudé.

Heidegger analyse trois formes de l'ennui ainsi que le «passe-temps (*Zeitvertreib*)» qui correspond à chacune de ces formes. Pourquoi cette prise en compte du «passe-temps»? Parce qu'il exhibe la manière dont nous nous rapportons à l'ennui (ne mettant en jeu ni une analyse conscientielle, ni une objectivation indue) qui nous «sollicite» à chaque fois d'une manière spécifique – un rapport qui dévoile respectivement un mode temporel particulier. En effet, lorsqu'on s'interroge sur la *manière dont* on s'ennuie (sur le *comment* du s'ennuyer), on s'aperçoit que l'ennui «ne se montre jamais que tel que nous nous tournons *contre* lui»[1] – et ce, précisément, dans et à travers le «passe-temps». Quel est plus particulièrement le lien entre le passe-temps et l'ennui?

Dans la première forme de l'ennui, on est lié à une situation déterminée dans laquelle on est «tenu en attente» par un «temps hésitant» (par exemple lorsqu'on attend un train qui a quatre heures de retard dans une gare absolument insignifiante). Ici, le passe-temps doit consister à faire accélérer le temps qui, pourtant, résiste à se faire «repousser». La deuxième forme de l'ennui n'oppose plus une situation ennuyeuse et un passe-temps qui l'affronte pour combattre ce qu'il y a d'«inquiétant» en elle, mais elle exprime l'*identité* de la situation et du passe-temps (par exemple lors d'une soirée pour laquelle nous avons «pris» délibérément notre temps, mais où on *s'*ennuie quand même – ennui qui monte des profondeurs de l'être-là). Ici, l'être-là *est* à la fois l'ennui et ce qui le repousse. Dans la troisième forme de l'ennui, enfin, qui met l'être-là devant ses possibilités les plus propres, le passe-temps s'efface tout comme le *soi* lui-même[2]. Nous voyons ainsi que si l'ennui, dans sa première forme, fait apparaître et occasionne un passe-temps (et donc la pulsion (*Trieb*) dans son sens négatif d'une répulsion (*Ver-treiben*)), sa troisième forme l'occulte complètement. Ce premier volet de l'analyse une fois acquis, nous pouvons maintenant passer à l'acception positive de la pulsion.

---

1. *CF*, p. 148.
2. Pour tout ceci, cf. *De l'existence ouverte au monde fini*, *op. cit.*, p. 201-226.

LA PULSION (*TRIEB*) COMME CONCEPT CENTRAL
DANS L'ANALYSE DE L'ANIMALITÉ

Heidegger traite *explicitement* de la notion de pulsion à l'intérieur de la thèse – que Heidegger se propose de vérifier dans les chapitres 2 à 5 de la deuxième partie des *Concepts fondamentaux de la métaphysique* – de la « pauvreté en monde » de l'animal, thèse que Heidegger examine dans le but d'une clarification du statut *métaphysique* du monde. Cette thèse n'est pas tirée, par abstraction, d'un examen empirique de l'animalité, et elle n'est pas non plus une thèse spéculative à propos de cette dernière, mais elle exprime la *pré-compréhension*[1] de l'être de l'animal qui constitue le point de départ que Heidegger choisit, au début de la deuxième partie des *Concepts fondamentaux de la métaphysique*, à son analyse *conceptuelle*[2] du monde.

La thèse de la pauvreté en monde de l'animal doit à son tour d'abord être comprise négativement, c'est-à-dire en opposition à la manière dont l'*homme* se rapporte au monde. Alors que le monde constitue pour l'homme l'horizon d'un enrichissement qui pourrait croître à l'infini, d'une pénétrabilité lui ouvrant sans cesse de nouveaux étants (extension) et des horizons plus profonds (intension) de ces derniers, l'accessibilité est pour l'animal *restreinte* au monde environnant (*Umwelt*) qui le caractérise en propre. Tout se passe comme s'il y avait une différence à la fois *quantitative* et *graduelle* entre ce qui est susceptible (en droit) de se manifester à l'humain, d'un côté, et à l'animal, de l'autre. Or, en réalité, cette différence n'est *pas* une différence quantitative! Comment évaluer en effet quantitati-

---

1. Heidegger thématise cette pré-compréhension en étant parfaitement conscient du caractère insuffisant des explications « mécanistes » (principalement physiques et chimiques) de l'émergence de la vie, et de la nécessité, donc, de procéder à une refondation relevant d'une phénoménologie ontologique – et cela veut dire en 1929-1930 d'une *métaphysique* – de cette dernière.

2. La thèse de la pauvreté en monde de l'animal occupe une position intermédiaire entre la thèse selon laquelle « la pierre est privée de monde » et celle selon laquelle « l'homme est configurateur de monde ». En raison de cette position intermédiaire, elle se prête d'une façon particulièrement appropriée au déploiement de l'analyse conceptuelle du monde (dont le moment principal n'est certes développé que dans le sixième chapitre de la deuxième partie des *Concepts fondamentaux de la métaphysique*, *cf.* sur ce point *De l'existence ouverte au monde fini*, *op. cit.*, p. 226-241).

vement la différence entre ce que voit l'œil humain et ce que voit l'œil du faucon? Entre ce que sent le nez humain et le nez du chien? Le précepte de base de Heidegger (qui a la valeur d'un commandement éthique à l'égard des espèces animales) c'est qu'il n'y a pas de différence de degré de perfection (ni quantitative, ni qualitative) entre les espèces – qu'elles soient animales ou humaines. Et pourtant, l'animal est – par rapport à l'humain – « pauvre en monde ». Qu'est-ce qui va nous permettre de cerner le sens de cette « pauvreté » ?

La pauvreté en monde exprime une certaine *privation* (*Entbehren*). Cette privation signifie à la fois que l'animal « a » un monde (le chat qui cherche un rayon de soleil a un autre rapport au soleil que la pierre qui se trouve sur le chemin et que le soleil réchauffe) et qu'il n'en « a » pas – à le comparer avec l'homme qui peut approfondir, dans toutes les directions, le sens qu'a, pour lui, le soleil. Or, cette « contradiction » (qui, en réalité, n'en est pas une parce qu'il y va de deux acceptions différentes du monde) tient à la manière dont l'être humain peut *se transposer* (*versetzen*) dans l'animal : « l'animal témoigne en lui-même d'une sphère de transposition possible en lui, de telle sorte que l'homme, à l'être-là duquel il appartient d'être transposé, est même d'une certaine manière déjà transposé dans l'animal. L'animal témoigne d'une sphère de transposition possible en lui. Plus exactement, il est lui-même cette sphère, qui refuse pourtant un accompagnement » [1]. Cette coexistence d'un « avoir » et d'un « non-avoir », Heidegger l'appelle donc la *pauvreté en monde* de l'animal. Il cherche à clarifier le sens de cette thèse à partir d'une analyse de l'essence de l'animalité, et donc de celle de la *vie* de l'animal – préliminaire nécessaire à la compréhension du concept de *monde*.

Ce qui caractérise le vivant, c'est son « organismité », « tout vivant est *organisme* ». Et un organisme est un tout organisé qui possède des organes. Cet organisme doit être distingué des *machines* et de toute forme d'« outil » ou d'« instrument » (*Werkzeug*). Heidegger insiste sur ce point afin d'écarter toute conception *mécaniste* de la vie (et nous y reviendrons).

Heidegger fonde cette distinction sur celle qui existe entre l'essence de l'ustensile (*Zeug*) en général – les outils et machines étant

1. *CF*, p. 311 (traduction modifiée).

de tels ustensiles –, d'un côté, et l'essence de l'organe, de l'autre. L'ustensile a par essence une *utilité* (*Dienlichkeit*) : il est *utile* à quelque chose, il *sert* à quelque chose. Dans la terminologie plus technique de *Sein und Zeit* : il s'inscrit dans un « rapport de sens »[1] (*Bewandniszusammenhang*) caractérisant en propre les étants maniables en tant que ce rapport manifeste par là le *monde* (dans son mode d'être quotidien)[2].

L'organe, lui, « sert » aussi à quelque chose : l'œil est « pour voir ». Mais ce « pour voir » n'est pas une propriété de l'œil qui se rajouterait après coup à son matériau organique (comme c'est le cas du marteau, un bout de métal posé sur un bout de bois, servant à marteler ou à enfoncer des clous, etc.), mais l'œil n'est rien d'autre qu'un « pour voir ». Les organes ont en effet un être tout à fait spécifique : ils ne servent pas à quelque chose au sens où n'importe quel ustensile sert à accomplir des tâches déterminées (qui offre ainsi des « services » ou des « prestations » (*Fertigkeiten*)), mais ils *sont* une *aptitude* (*Fähigkeit*) à quelque chose. Ce n'est pas parce que l'animal a des yeux qu'il peut voir, mais au contraire il a des yeux parce qu'il peut voir – et cette « possession » des yeux est en réalité un abus de langage qui résulte du fait que les yeux se présentent dans la tête de l'être vivant comme n'importe quel attribut se présente à même une substance quelconque. Bien entendu, le « pour voir » requiert un support matériel déterminé (absolument inéluctable et irréductible) – l'organe, justement. Mais, comme nous venons de le voir, l'œil n'est pas au voir ce que le martèlement est au marteau. Une aptitude ne se réduit pas à une « prestation », mais « l'être-apte » est « un facteur constitutif de la façon dont l'animal *est* en tant que tel – constitutif de son être »[3].

Heidegger découvre ainsi une « possibilité », un « pouvoir-être », spécifique à l'organe qui le distingue de tout « autre » ustensile – et l'étant auquel doit pouvoir appartenir cette possibilité de pouvoir voir, de pouvoir entendre, etc., c'est précisément l'être vivant, l'animal.

---

1. Ce sens n'est pas n'importe quel sens en général (que Heidegger appelle le *Sinn*), mais le sens spécifique de l'étant maniable – qu'il appelle « *Bewandnis* » (que Martineau traduit par « tournure ») – et qui consiste dans un renvoi à d'autres étants maniables, lequel renvoi se réfère en dernière instance à l'être-là (*cf.* le § 18 de *Sein und Zeit*).

2. Cf. *Sein und Zeit*, Tubingen, Niemeyer, 1986 (16e édition), § 18. Voir en particulier p. 86.

3. *CF*, p. 344.

Voici quelles différences peuvent être mises en évidence entre les possibilités qu'offrent les ustensiles « *utiles* », d'une part, et les organes « *aptes* », d'autre part. 1) Ce à quoi sert l'ustensile est (en droit) à la portée de tous ceux qui sont susceptibles de s'en servir. En revanche, l'organe est un organe d'*un seul et unique* individu. Personne ne saurait voir avec *mes* yeux [1] (l'« organismité » met alors en jeu un certain « soi » [2]). 2) L'ustensile, une fois que sa fabrication a été accomplie, est dans l'état de servir (à quelque chose ou à quelqu'un) *tel quel*, il n'a pas besoin d'être intégré quelque part ou de rejoindre d'autres étants. L'organe, lui, n'a son aptitude qu'en tant qu'organe, c'est-à-dire qu'il ne l'a qu'*en tant qu'il appartient à un organisme*. Du coup, *stricto sensu*, ce n'est pas l'organe qui a des aptitudes, mais c'est l'organisme qui en a, et les organes se développent pour les accomplir. Le rapport s'inverse alors : ce n'est pas l'organe qui a des aptitudes, mais ce sont les aptitudes qui « ont » des organes. Ainsi, « dans l'apprêt, l'ustensile *a acquis* une certaine *prestation pour…*, et il la *possède*. L'*organe est*, à l'inverse, la *possession d'une aptitude*. Ce qui possède, en ce cas, c'est l'aptitude, pas l'organe. L'être-apte se procure des organes, ce ne sont pas les organes qui seraient équipés d'aptitudes (…) » [3]. 3) L'ustensile requiert un fabricant extérieur, différent de lui, tandis que l'organe est produit par l'organisme lui-même. La machine a besoin d'un « mode d'emploi » que doit respecter celui qui l'ajuste, alors que l'organisme est lui-même le principe de sa mobilité et de son adaptation à des changements de l'environnement. Enfin, en cas d'une défaillance ou d'un dysfonctionnement, l'ustensile doit être réparé – là encore – par quelqu'un d'autre, tandis que l'organisme se renouvelle tout seul. Bref, ce qui distingue l'ustensile de l'organe, c'est la différence *eu égard au mode d'appartenance* de la partie (ustensile ou organe) par rapport au tout (machine ou organisme).

---

1. Le fait qu'on procède effectivement à des transplantations d'organes n'invalide pas cette argumentation de Heidegger. Si l'on peut certes greffer les supports matériels (qu'on n'appelle qu'abusivement des « organes »), il n'en est pas de même des *aptitudes* à sentir, à digérer, à respirer, etc. lesquelles – en tant que cela même qui fait le caractère *vivant* des individus concernés – sont au contraire *supposées* ou *requises* pour toute transplantation.

2. *Cf.* plus bas.

3. *CF*, p. 325 (traduction légèrement modifiée).

Or, cela ne signifie pas pour autant que Heidegger emprunterait la voie du vitalisme qui oppose aux conceptions mécanistes de la vie une « entéléchie », une force vitale qui, en réalité, n'explique rien, mais – en faisant de cette force la cause des phénomènes de la vie sans que cette cause soit explicitée quant à son essence et à sa nature – pose un cran d'arrêt à toute tentative de rendre compte de la spécificité de la vie. Pour pouvoir cerner précisément la différence entre la prestation de l'ustensile et l'aptitude de l'organe, il faut clarifier le « *rapport essentiel (Wesenszusammenhang) entre l'aptitude de l'organisme et les organes* »[1]. Ce rapport, Heidegger le met en évidence en s'appuyant sur les travaux de J. von Uexküll qui a étudié, dans sa *Biologie théorique* (1928[2]), les animalcules protoplasmiques. On constate que, chez les amibes, les organes se forment, momentanément, en fonction du besoin. En effet, tandis que les organes qui leur servent à se déplacer sont « fixes », les organes végétatifs ne sont pas permanents. Heidegger de citer von Uexküll : il se forme à chaque fois « autour de chaque bouchée une poche qui devient d'abord une bouche, puis un estomac, puis un intestin, et enfin un anus »[2]. Il est donc évident que les aptitudes à manger, à digérer, etc. précèdent les organes correspondants. Et « l'apparition » de chacun de ces organes se distingue de la fabrication dans la mesure où 1) elle est tributaire et dépendante du processus de la vie et 2) dans la mesure où elle *a un rapport spécifique et réglé au TEMPS*. Pour l'ustensile, le rapport au temps est inessentiel, alors que, pour l'organe, il est structurant. Nous voyons donc que ce qui s'avère être décisif pour la compréhension du statut de la pulsion pour l'être de l'animal – à savoir, donc, le rapport spécifique au *temps* – rejoint sur ce point un aspect essentiel de l'analyse de l'ennui.

À partir de tout ce qui précède, nous pouvons désormais cerner précisément ce qui distingue, d'un côté, la manière dont l'organe « rend possible » ce en vue de quoi il est formé et, d'un autre côté, la manière dont l'ustensile le fait eu égard à ce à quoi il sert. Les deux « servent à… », sont « en vue de » quelque chose, mais on constate en effet une distinction importante : l'organe incombe positivement à l'aptitude, l'organe est au service de l'aptitude – Heidegger parle ici

---

1. *CF*, p. 327.
2. J. von Uexküll, *Biologie théorique*, 2ᵉ éd., Berlin, Springer, 1928, p. 98.

de « *Diensthaftigkeit* » (le fait d'être *au service* de quelque chose) par opposition à la simple utilité (*Dienlichkeit*) de l'ustensile. Cet être-au-service-de signifie – et c'est en cela que consiste ici le point décisif – que « l'aptitude *se déplace jusqu'à soi-même, elle se déplace jusque dans son "en vue de quoi" propre ; ce faisant, elle anticipe même ce déplacement* » [1]. Il y a dans l'organe une poussée, une tendance (*Drängen*) à... (l'œil tend à voir, le cœur tend à battre, etc.) – « pulsion » qui fait complètement défaut dans le cas des ustensiles. Les ustensiles apprêtés sont – dans leur utilité – achevés, terminés ; « on » s'en sert, et ce « on » est toujours quelqu'un d'*autre*, quelqu'un d'extérieur à l'ustensile. Dans leur être-ustensile, c'en est fini avec leur être – pour qu'ils deviennent utiles, d'une façon concrète, une *autre* action est nécessaire qui n'a évidemment rien à voir avec l'action grâce à laquelle ils ont été fabriqués. Le marteau n'est aucunement poussé à marteler. Pour les organes, les choses se présentent tout à fait autrement. L'œil, par exemple, se projette d'une certaine manière dans ce en vue de quoi il est, et toute « activité » des autres organes tire son sens du processus total de la vie au service duquel elle s'accomplit. Approfondissons maintenant encore davantage cet « être-au-service » des organes, ainsi que l'aptitude qui le fonde – et nous comprendrons alors le rôle que joue la *pulsion* dans la compréhension de l'être de l'animal.

Pour pouvoir être utilisé, l'ustensile apprêté, dans la mesure même où il a été fabriqué par quelqu'un d'extérieur, est subordonné à des directives ou des règles extérieures. On n'obtient pas ces règles à partir de l'ustensile, mais elles président déjà à sa fabrication. La régularité de l'organe, en revanche, s'apparente à la manière dont Proust avait caractérisé la spécificité de l'objet d'art moderne : celui-ci n'est pas, selon lui, subordonné à un code ou à une norme fixés d'avance, mais l'œuvre d'art apporte lui-même les règles et critères en fonction desquels il se laisse déterminer et évaluer. Et, de la même manière, Heidegger précise que l'organe n'est subordonné à aucune directive extérieure, mais qu'il apporte avec lui-même sa règle et se règle lui-même – une règle qui n'est pas découverte après coup, mais qui

---

1. *CF*, p. 332 (traduction légèrement modifiée).

traverse d'avance (« *a priori* ») les mouvements de l'organisme et qui « pousse » à travers eux.

L'être-apte n'est pas une qualité qui incombe à l'organe – nous l'avons compris –, mais l'organe « se pousse » d'une certaine manière vers son être-apte : l'organe est un se-pousser et un être-poussé dans son « en-vue-de (*Wozu*) ». Cela signifie qu'il a cette caractéristique très spécifique de réaliser, sur le plan de la vie elle-même, à la fois un acte et les conditions effectives nécessaires à cet acte. L'organe se projette dans son être-apte, et, en même temps, il *est réellement* apte. Il est ainsi la réalisation effective de cela même qui rend possible – ou, pour utiliser le terme technique de Heidegger, d'une « possibilisation (*Ermöglichung*) » [1]. Ou, pour le dire encore autrement, l'organe est la réalisation effective du transcendantal dans le domaine de la vie. Qu'est-ce qui permet d'affirmer ceci ?

Depuis les analyses relatives à la mort – qui sont très significatives d'un point de vue méthodologique et qu'on trouve dans le § 53 de *Sein und Zeit* –, nous savons que les conditions de possibilité d'un phénomène n'ont d'attestation phénoménologique, pour Heidegger, que si, en même temps, on est en mesure d'exhiber ce qui rend ces mêmes conditions *elles-mêmes* possibles. Dans ce même paragraphe de *Sein und Zeit*, le problème de cette attestation est posé en terme de « certitude » : en effet, la possibilité extrême de l'être-là (que dévoile le devancement de la mort) ne peut être *certaine* que si l'être-là rend pour lui-même *possible* cette possibilité en tant que pouvoir-être le plus propre. Le fait que le devancement de la mort soit le mode d'être propre de l'être-là lui-même implique alors une « possibilisation (*Ermöglichung*) » [2] devançante de l'ouverture de la possibilité. Et Heidegger d'écrire : « L'ouverture de la possibilité est fondée dans la possibilisation devançante » [3]. Dans son analyse de l'aptitude, nous

---

1. Pour cette notion importante de la « possibilisation », *cf.* notre ouvrage *De l'existence ouverte au monde fini*, *op. cit.*, p. 93, p. 232, p. 237 *sq.* et p. 246.

2. *SuZ*, § 53, p. 264.

3. *Ibid.* Comme nous l'avons déjà noté dans notre ouvrage *De l'existence ouverte au monde fini*, Heidegger achève par là la fondation du transcendantalisme esquissé dans ses analyses de l'existential du comprendre et du souci comme être de l'être-là. L'être-là comme être-possible rend lui-même possible son être-possible. Il y a sorte de *revirement* (caractéristique justement de l'attitude transcendantale) de ce qui rend possible en

retrouvons cette idée d'une possibilisation de ce qui rend possible : en effet, la poussée caractérisant l'organe est à son tour rendue possible par ce que Heidegger appelle la *pulsion* (*Trieb*) : « il n'y a jamais aptitude que là où il y a pulsion » [1]. C'est la pulsion qui pousse l'être vivant vers son propre être-apte, c'est elle qui ne le limite pas, comme c'est le cas de l'ustensile, à un être apprêté et prêt, mais qui lui donne le caractère d'une *dimension* au sens littéral du terme, c'est-à-dire au sens de ce qui arpente un espace – même si cette dimension n'a pas encore ici de connotation spatiale, bien entendu (tout en en étant la condition de possibilité).

Qu'est-ce qui caractérise alors plus exactement la pulsion ? Heidegger la détermine d'abord *négativement*. La pulsion, comprise dans son acception ontologique, n'a rien d'une dimension *biologique* qui répondrait des divers « mouvements de la vie » : elle ne cause ni n'occasionne l'alimentation, la reproduction, les mouvements, etc. Par ailleurs, si on la considère du point de vue *psychologique*, elle n'a rien de *conscientiel* ou de *psychique* en un sens large, c'est-à-dire qu'elle n'est pas l'indice de l'existence de l'âme ou de la conscience. Sur un plan *métaphysique*, enfin, Heidegger renvoie dos à dos, nous l'avons déjà indiqué, à la fois le mécanisme et le vitalisme : la pulsion n'a rien de « mécanique », ni de quantifiable en général, mais elle ne se laisse pas non plus interpréter dans le cadre d'un « finalisme » (en tant que « fin naturelle »). D'une manière générale, la pulsion n'est rien de *présent* (*vorhanden*), mais elle se met au service d'un *projet* qui *ordonne a priori* tous les comportements de l'être vivant. Ce projet *a priori* ordonnant, caractérisant la pulsion, « a la possibilité de l'aptitude » : s'exprime donc par là le statut transcendantal – évoqué à l'instant – de la pulsion : celle-ci *rend possible* l'aptitude comme ce qui est, à son tour, la *condition de possibilité* de l'organe (nous voyons ainsi que ce qui *rend possible* se redouble effectivement en cela même qui rend cette possibilisation à son tour possible). Le caractère d'organe de l'œil des abeilles par exemple est déterminé par l'aptitude visuelle spécifique de l'abeille (et non pas l'inverse : ce n'est pas l'organe qui rend possible la vision). Et la pulsion traverse de part en

une *possibilisation*, c'est-à-dire, donc, en ce qui rend possible cela même qui rend possible.

1. *CF*, p. 334.

part cette aptitude en l'ordonnant *a priori* en vue de ce à quoi elle est apte. Cela implique qu'il faut d'abord comprendre l'être-animal spécifique (et, plus fondamentalement encore, l'être-pulsionnel) de l'abeille, avant que l'on puisse statuer quoi que ce soit sur l'anatomie (c'est-à-dire sur les organes) de l'abeille. Et – peut-on dire en anticipant – pour pouvoir comprendre l'être de l'animal, il faut en comprendre l'environnement (c'est-à-dire le *monde*) spécifique.

Il résulte ainsi des développements précédents que la pulsion est déterminée par la « mise en ordre *a priori* » et le « projet ». Or, ce projet (ordonnant donc au préalable les comportements de l'animal) est toujours un projet *de soi* (« *sich* »). L'être-apte est toujours un être-apte d'un soi. Nous avons déjà mentionné implicitement ce « soi » lorsque nous avons opposé l'organe à l'ustensile. Que signifie-t-il plus précisément ?

L'approfondissement de ce soi dévoile une deuxième caractéristique fondamentale de la pulsion (à côté de l'« inscription » du transcendantal dans les processus de la vie), caractéristique qui jette une lumière décisive sur le statut « pré-conscientiel » de la « subjectivité » pulsionnelle (qui est en réalité « asubjective »). Nous disions plus haut que, originairement, la pulsion ne renvoie pas à une *conscience*. Selon cette même logique, le soi pulsionnel ne renvoie pas à une conscience de soi réflexive. Pourtant, il y va bien d'un « soi » – mais comment le concevoir, si ce n'est pas, justement, dans une perspective réflexive ? Le grand mérite des analyses heideggeriennes de la pulsion dans les *Concepts fondamentaux de la métaphysique* de 1929/1930 (qui s'avèrent ainsi une fois de plus être de premier ordre), c'est d'introduire un concept original et originel de la conscience *qui s'en tient à la teneur phénoménale de l'aptitude* : dans la mesure où le soi se projette et se déploie (« *sich vorlegen* ») en soi-même – dans son aptitude exprimée de manière pulsionnelle (« *triebmäßig* ») –, et dans la mesure où cette aptitude qui est la sienne se projette et se déploie – se poussant en soi-même en avant – dans cette dimension de ce à quoi elle est apte, le soi se projette et se déploie dans quelque chose vers lequel il est poussé, sans pour autant « se quitter »[1] : autrement dit, Heidegger décrit ici un

---

1. « La pulsion ne disparaît pas quand l'animal se tient dans un pousser ; au contraire, c'est dans son pousser que le pulsionnel est précisément ce qu'il est », *CF*, p. 348 (traduction modifiée).

mode de l'être-auprès-de-soi (qui est à la fois un être hors de soi) dans lequel l'aptitude devient et reste « propre à elle-même (*sich zu eigen*) » [1]. Cet être-propre, cette propriété (*Eigentümlichkeit*) est ce qui caractérise fondamentalement l'aptitude [2].

La propriété est donc un caractère ontologique fondamental de toute aptitude – celui, nous venons de le voir, d'être-propre-à-soi. L'animal « se maintient (…) dans la pulsion ; dans cette pulsion et sa poussée, il est, comme on dit, lui-même » [3]. Or, la *totalité* (à chaque fois spécifique) des pulsions forme précisément son *organisme*. Elles ne sont pas « présentes » (*vorhanden*), à même l'organisme, mais en tant que *modes d'être* de l'animal, elles expriment les aptitudes qui le caractérisent en propre. Nous pouvons maintenant prendre ensemble les différentes caractéristiques ontologiques de l'animal que nous venons d'analyser afin de déterminer le sens d'être spécifique de l'animal. Nous avons d'abord vu que ce sont les aptitudes qui « créent » les organes. Les aptitudes, quant à elles, expriment l'être-organisé de l'animal (son « organismité »). Tout comme l'être de l'être-là humain est un *pouvoir*-être, l'être de l'animal est aussi un pouvoir (mais pas extatique et donc pas ouvert au monde) : à savoir un pouvoir-s'articuler dans des aptitudes qui ne sont rien d'autre que des modes du pouvoir-être-propre-à-soi pulsionnel. Dans la mesure où les aptitudes ont en effet le caractère de la propriété, qui est la « condition fondamentale de la possibilité de ce qui rend apte à posséder des aptitudes et, de ce fait, de prendre en service des organes » [4], on obtient la définition de l'organismité comme sens d'être de l'animal : elle est « propriété apte et créatrice d'organes (*befähigte Organ-schaffende Eigentümlichkeit*) » [5]. Le sens de cette définition ne s'éclaircira complètement que lorsque nous aurons mieux compris comment un être vivant peut

---

1. *CF*, p. 340.

2. Notons en passant que tandis que l'animal est propriété, l'être humain, lui, est cette propriété spécifique qui est nommée « ipséité », qui a le caractère d'un moi ou d'une « personne » au sens large du terme et qui exprime lui aussi (mais d'une *autre* manière – parce qu'il est un pouvoir-être extatique) un être-auprès-de-soi *en deçà* de toute réflexion et de toute conscience de soi.

3. *CF*, p. 341 (traduction légèrement modifiée).

4. *Ibid.*, p. 343 (traduction modifiée).

5. *Ibid.* (traduction modifiée).

être «propre *à* soi» «avant» (dans un sens logique, non chronologique) d'être conscient *de* soi.

L'aptitude est toujours une aptitude *à* quelque chose. Les mouvements d'un être vivant, en tant que mis en œuvre par l'aptitude qui le caractérise en propre, font partie du *comportement* spécifique de l'animal. Ce terme traduit la notion de «*Benehmen*», notion que Heidegger introduit pour désigner la manière dont l'animal se rapporte à son environnement. Il faut en effet utiliser ce terme pour le comportement *animal* et non pas pour le *Verhalten* spécifiquement *humain* (qu'on traduit en général également par «comportement», mais qu'il vaut mieux traduire par «se rapporter»). L'homme se *rapporte* au monde, l'animal se com-porte : ce terme est plus approprié pour l'animal puisque le préfixe «com-» exprime le mieux la *retenue* spécifique de l'animal. Dans la manière dont l'homme se rapporte au monde, il n'y a pas, en droit, de limitation ; l'animal, en revanche, est singulièrement limité par son environnement, son «monde» spécifique (et c'est cela qui en détermine la «retenue»). Notons par ailleurs que le comportement animal concerne un mouvement qui ne se laisse pas *quantifier* ou réduire à un *mécanisme* quelconque. Et il est évident que seul l'être vivant peut se comporter de la sorte, une pierre par exemple ne se comporte d'aucune façon vis-à-vis de quoi que ce soit. Voici quel est le lien entre le comportement animal et son caractère pulsionnel : « L'être-apte à… est aptitude d'un comportement. L'être-apte est pulsionnel, c'est le fait de se pousser en avant et de se tenir poussé en avant dans ce à quoi l'aptitude est apte, dans un comportement possible (…). Le comportement animal n'est pas une façon *de faire et d'agir*, comme l'est le se-rapporter de l'homme, mais c'est un pousser (*Treiben*). Par là, nous laissons entendre que le pousser (*Treiben*) de l'animal caractérise pour ainsi dire l'être-poussé par le pulsionnel » [1]. On voit ainsi que l'organisme est une aptitude caractérisée par l'être-poussé et par le caractère «comportemental» du pousser. Essayons de saisir plus précisément ce «comportement (*Benehmen*)» de l'animal.

L'animal est caractérisé par le comportement parce qu'il est aptitude, et, à l'inverse, c'est parce qu'il se comporte (d'une manière

---

1. *CF*, p. 347 (traduction modifiée).

qui lui est propre) qu'il est apte à… En quoi le comportement nous permet-il de comprendre la « propriété » de l'animal ? Ou pour le dire d'une autre manière : en quoi ce à quoi l'aptitude est apte nous renseigne-t-il sur la manière dont l'organisme, en tant qu'il est apte à… et se comporte à…, est propre à soi (*sich zu eigen*) ? Ce qui caractérise spécifiquement le rapport à soi de l'animal, c'est que bien qu'il ne soit pas une « conscience de soi », il n'est pas non plus une « ipséité », à l'instar de l'être-là humain, mais il est d'une certaine manière « pris en lui-même (*eingenommen*) » (et ce, sans réflexion), état (qui n'est pas statique, mais *dynamique*) que Heidegger appelle l'« accaparement (*Benommenheit*) ». L'accaparement désigne très exactement deux choses : 1) l'être propre à soi de l'animal et 2) son état d'être pris dans son environnement spécifique, de sorte que – nous insistons sur ce point qui montre en quoi l'animal est donc distinct de l'être humain – il n'est *pas* ouvert au *monde*[1]. Et tout comportement (*BeNEHMen*) animal n'est justement possible que sur la base de l'être-pris (*EingeNOMMenheit*) ou de l'accaparement (*BeNOMMenheit*).

À partir d'une analyse très parlante du comportement des abeilles (qui « s'orientent » par rapport au soleil quand elles essaient de retourner à leur ruche et ce, sans se rapporter à la ruche comme telle), Heidegger établit que « l'accaparement (*BeNOMMenheit*) de l'animal veut (…) dire à la fois : essentielle *privation (GeNOMMenheit) de toute possibilité de percevoir (vernehmen) quelque chose comme étant quelque chose*, et : dans ce retrait précisément, *être entraîné (HingeNOMMenheit) par…* »[2]. L'accaparement signifie ainsi l'absence de possibilité pour l'animal de *se rapporter* à de l'étant *en tant qu'étant*, une absence qui justifie très précisément pourquoi cet étant peut l'entraîner de la sorte. En même temps, s'ouvre ici la possibilité du comportement de l'animal, c'est-à-dire de la « commutation – purement pulsionnelle – de l'être-poussé dans chacune des pulsions »[3]. Mais malgré, ou plutôt : en raison même de cette « ouverture » qui est la sienne propre, on comprend que ce qui délimite l'animal par rapport

---

1. « L'accaparement est la condition de possibilité pour que l'animal, de par son essence, *se comporte dans un environnement, mais jamais dans un monde* », *CF*, p. 349 (traduction modifiée).

2. *Ibid.*, p. 361 (traduction modifiée).

3. *Ibid.*

à l'être humain, c'est qu'il est fermé à toute *manifesteté de l'étant*. « En raison de son accaparement, et de la totalité de ses aptitudes, l'animal est tiraillé (*umgeTRIEBen*) au sein d'une multiplicité de pulsions, c'est pourquoi, par principe, il n'a pas la possibilité de s'impliquer dans l'étant, pas plus dans celui qu'il n'est pas que dans celui qu'il est lui-même. En raison de ce tiraillement, l'animal est pour ainsi dire suspendu entre lui-même et l'environnement, sans que l'un ou l'autre soit éprouvé *en tant qu*'étant » [1]. Reste enfin à savoir « à quoi » l'animal est « ouvert » et « vers quoi » il se comporte dans son accaparement.

À l'instar du renvoi mutuel des « significativités » au sein du « rapport de sens (*Bewandniszusammenhang*) » caractérisant les étants maniables, les pulsions et les « modes du pousser » ne sont pas isolés les uns des autres, mais ils possèdent un caractère *compulsionnel* (*Zugetriebenheit*). Cet être-poussé en tant que com-pulsion forme un anneau qui encercle l'animal : « l'animal est encerclé par le cercle de la compulsion mutuelle de ses pulsions » [2]. Cet encerclement s'avère finalement être la condition de possibilité du comportement de l'animal à l'égard des autres animaux [3]. Et comment expliquer que l'animal est seulement « ouvert » à *certains pans* du réel (que ce soient des objets, des êtres vivants, etc.), c'est-à-dire à *certains étants déterminés*? C'est parce que seuls ces étants concernent son *aptitude spécifique* ou, dans les termes de Heidegger, seuls ces étants *désinhibent* (*enthemmen*) les pulsions de l'animal en question. Tout le reste ne parvient pas à entrer dans la zone de cela même qui concerne cet animal, c'est-à-dire qu'il ne parvient pas à entrer dans le cercle pulsionnel (ou dans l'encerclement) qui lui appartient en propre. Approfondissons cet aspect.

Ce qu'il s'agit d'éclaircir, c'est le rapport entre ce qui est désinhibé (ou affecté) et ce qui désinhibe. Ce qui affecte – en le désinhibant – un être qui est pris dans l'accaparement, *se retire* d'une certaine manière : et la manière dont l'animal n'est pas ouvert (comme l'est l'être humain) à la manifesteté de l'étant n'est que le corrélât de ce retrait [4]. Il

---

1. *CF*, p. 362 (traduction légèrement modifiée).
2. *Ibid.*, p. 364 (traduction modifiée).
3. *Ibid.*, p. 369.
4. *Cf.* aussi *CF*, p. 372.

y a donc une corrélation spécifique entre l'encerclement et la désinhibition : « l'encerclement de l'animal par la compulsion de ses pulsions est, en soi, une ouverture à ce qui désinhibe »[1]. Voici comment il faut alors comprendre l'incapacité de l'animal à s'ouvrir à l'étant *en tant qu'étant* : l'animal ne s'entoure jamais que d'un cercle de désinhibition qui *prédessine* l'horizon de ce qui peut affecter son comportement. Ce cercle – de la compulsion des pulsions qui s'ouvrent – organise ainsi intimement et intrinsèquement la structure (ontologique) propre de l'animal.

À travers cette analyse, Heidegger parvient à rendre compte de l'« excitabilité » ou de l'« irritabilité » – comme ce qui a souvent été mis en avant pour caractériser l'essence de la « substance vivante » – des êtres vivants : la condition de possibilité de l'excitabilité, c'est l'encerclement et la désinhibition d'une pulsion. Ce qui excite et ce qui est affecté sont *au préalable en relation* (*bezogen*) l'un avec l'autre – relation qui est *pulsionnelle*. « C'est à la seule condition que cette *relation préalable de l'excitable* à ce qui peut exciter ait déjà le caractère de la pulsion et de la *rencontre pulsionnelle* qu'est possible, d'une façon générale, quelque chose comme le déclenchement d'une excitation »[2]. L'excitabilité est ainsi par rapport à la pulsion ce que, pour Kant, la réceptivité est, dans l'Esthétique transcendantale de la *Critique de la raison pure*, par rapport au temps et à l'espace[3] : le statut transcendantal de la pulsion s'atteste là encore à travers le fait qu'elle est la condition de possibilité de la rencontre, pour un animal, d'un étant au sein de son cercle d'accaparement et de désinhibition.

Essayons à présent de cerner le rapport entre la pulsion, l'encerclement désinhibant (l'accaparement) et l'organisme. Nous avons déjà vu que la pulsion est la condition de possibilité de l'aptitude. Par ailleurs, le fait d'être lié à l'environnement[4], de s'encercler en

---

1. *CF*, p. 371 (traduction légèrement modifiée).

2. *Ibid.*, p. 373.

3. Et il est tout à fait remarquable que Heidegger décrit la pulsion et le cercle de désinhibition auquel elle donne lieu dans des termes qui ne cachent pas leur provenance kantienne, alors que l'analyse du *temps*, qu'il avait livrée auparavant dans le chapitre sur l'ennui, abandonne précisément la perspective du transcendantalisme kantien (*cf.* notre ouvrage *De l'existence ouverte au monde fini*, *op. cit.*, p. 197).

4. Ce lien ne se réduit pas à la thèse – défendue par le darwinisme – de l'adaptabilité des organismes à leur milieu ambiant. En effet, Darwin, qui avait pris l'organisme

s'ouvrant aux désinhibitions, fait partie de l'essence interne du comportement, c'est-à-dire de ce à quoi l'aptitude est apte[1]. Dans la mesure où le fait de s'entourer d'un cercle de désinhibition (c'est-à-dire l'accaparement) est tributaire de la manière dont, pour toute espèce animale particulière, les pulsions renvoient les unes aux autres, les aptitudes et ce qui les rend possibles – à savoir, donc, les compulsions désinhibantes – structurent l'organisation même de tout organisme. « L'accaparement est l'essence fondamentale de l'organisme »[2].

Cette essence, Heidegger la récapitule en six points – et, compte tenu des explications données plus haut, nous pouvons les reprendre tels quels : 1) l'accaparement (*BeNOMMenheit*) prive (*nimmt*) l'animal de la manifesteté de l'étant. L'animal est incapable de percevoir (*wahr-NEHMen*) l'étant *en tant qu'*étant. 2) L'accaparement est emprise (ou « être-entraîné ») (*HingeNOMMenheit*) de l'impulsivité pulsionnelle (ce en quoi l'animal est « ouvert » à ce qui est susceptible de se présenter à lui). 3) L'accaparement est absorption (*EingeNOMMenheit*) dans la totalité des pulsions compulsées les unes vers les autres. Heidegger nomme la manière dont l'animal est propre à soi sa « propriété ». 4) L'animal apporte son cercle de désinhibition qui désinhibe (et rend par là possible) son être apte à… et son ouverture aux autres étants. 5) L'encerclement – caractérisé fondamentalement par les mouvements compulsionnels – constitue l'essence de l'être vivant. 6) L'accaparement est la condition de possibilité du comportement (*BeNEHMen*) – et, par là, de la « privation de monde », c'est-à-dire de la « pauvreté en monde »[3].

comme un étant *présent* (*Vorhandenes*), n'avait pas vu le véritable problème concernant le lien entre l'organisme et son environnement – qui ne se laisse donc comprendre qu'à travers la structure mise ici en évidence.

1. *CF*, p. 375.
2. *Ibid.*, p. 376.
3. *Ibid.*, p. 393.

CONCLUSION

Qu'est-ce que les différentes acceptions de la pulsion et de l'être-poussé, qui apparaissent à travers les analyses décisives des *Concepts fondamentaux de la métaphysique*, ont alors en commun? Les notions de pulsion et de l'être-poussé jouent un rôle déterminant dans l'ouverture au monde. Sous la figure du passe-temps (qui est dans un rapport intrinsèque avec l'ennui), elles contribuent à l'ouverture au monde pour l'être-là humain et, en tant qu'elles sont à l'origine du cercle de désinhibition, elles rendent possible, pour l'animal, le fait d'être affecté par les étants qui constituent son monde environnant. Or, la pulsion n'est pas quelque chose de présent, nous l'avons vu; plus encore, elle est caractérisée par une singulière tension entre le présent et l'absent. Entre la première et la troisième forme de l'ennui, elle s'estompe: d'une occupation cherchant à «pousser le temps» et à «repousser l'ennui» (première forme de l'ennui), elle se transforme en une occupation qui ne se laisse plus distinguer de la situation tout entière (deuxième forme de l'ennui), avant de s'effacer devant ce qui ouvre l'être-là à ses possibilités les plus propres (troisième forme de l'ennui). Et, quant à l'acception – positive – de la pulsion dans l'analyse de l'animalité, on retrouve cette même tension entre l'accaparement spécifique de l'animal et l'ensemble des aptitudes compulsionnelles qui le *rendent possible* (avec toutes les implications d'une telle structure transcendantale: ce qui rend possible *se retire* dans sa possibilisation).

Nous voyons ainsi ce qui justifie pleinement d'en faire un «concept opératoire» dans les *Concepts fondamentaux de la métaphysique*: en effet, qu'est-ce qui témoigne mieux de cette tension, que nous venons d'indiquer, que la pulsion qui caractérise la *philosophie elle-même* – entre ce qui pousse partout à être *présent* et ce qui exprime en même temps la nostalgie d'une inlassable et irréductible *absence* (qui n'est autre qu'un retrait)?

Alexander SCHNELL
Université de Poitiers
Archives Husserl – Paris

INDEX THÉMATIQUE

PRÉSENTATION DES AUTEURS

Bruce BÉGOUT : Maître de conférences à l'université de Bordeaux III. Auteur de *La généalogie de la logique. Le statut de la passivité dans la phénoménologie de Husserl*, Paris, Vrin, 2000 ; *Zéropolis*, Paris, Allia, 2002 ; *Lieu Commun, Le motel américain*, Paris, Allia, 2003 ; *L'éblouissement des bords de route*, Paris, Verticales, 2004 ; *La découverte du quotidien*, Paris, Allia, 2006.

Jocelyn BENOIST : Professeur à l'université de Paris 1-Sorbonne. Auteur de *L'a priori conceptuel : Bolzano, Husserl, Schlick*, Paris, Vrin, 1999 ; *L'idée de phénoménologie*, Paris, Beauchesne, 2001 ; *Intentionalité et langage dans les* Recherches logiques *de Husserl*, Paris, PUF, 2001 ; *Représentations sans objet : aux origines de la phénoménologie et de la philosophie analytique*, Paris, PUF, 2001 ; *Entre acte et sens. Recherches sur la théorie phénoménologique de la signification*, Paris, Vrin, 2002 ; *Les limites de l'intentionalité. Recherches phénoménologiques et analytiques*, Paris, Vrin, 2005.

Arnaud FRANÇOIS : chargé de cours à l'Université Lille III-Charles de Gaulle, agrégé et docteur en philosophie. Il est l'auteur d'une thèse intitulée *Bergson et l'ontologie de la volonté. Essai sur la structure du bergsonisme et sur sa relation aux philosophies de Schopenhauer et de Nietzsche*, ainsi que de divers articles sur ces trois auteurs.

Jean-Christophe GODDARD : Professeur à l'université de Poitiers, coordinateur du Groupe d'Études Fichtéennes de Langue Française, chercheur à l'ERRAPHIS de l'Université de Toulouse Le Mirail. Auteur de *La philosophie fichtéenne de la vie*, Paris, Vrin, 1999; *Mysticisme et folie*, Paris, Desclée de Brouwer, 2002; *Fichte (1801-1813), L'émancipation philosophique*, Paris, PUF, 2003; Fichte, *La philosophie de la maturité* (édité en collaboration avec M. Maesschalck), Paris, Vrin, 2003.

Yves-Jean HARDER : Maître de conférences à l'université Marc Bloch de Strasbourg. Auteur de *Histoire et métaphysique*, Paris, Éditions de La Transparence, 2006, et de nombreux articles de revues sur la philosophie allemande.

Alexander SCHNELL : Maître de conférences à l'université de Poitiers. Auteur de *La genèse de l'apparaître. Études phénoménologiques sur le statut de l'intentionalité*, Beauvais, Mémoires des Annales de Phénoménologie, 2004; *Temps et phénomène. La phénoménologie husserlienne du temps (1893-1918)*, Hildesheim, Olms, 2004; *De l'existence ouverte au monde fini. Heidegger 1925-1930*, Paris, Vrin, 2005.

Vincent STANEK : ancien élève de l'École normale supérieure, agrégé et docteur en philosophie. Auteur d'une thèse sur la métaphysique de Schopenhauer, il prépare actuellement la retraduction du *Monde comme volonté et représentation* de Schopenhauer aux éditions Gallimard.

Patrick WOTLING : Professeur à l'université de Reims. Auteur de *Nietzsche et le problème de la civilisation*, Paris, PUF, 1995; *La pensée du sous-sol*, Paris, Allia, 1999; *Le vocabulaire de Nietzsche*, Paris, Ellipses, 2001.

TABLE DES MATIÈRES

Achevé d'imprimer par Corlet, Imprimeur, S.A. - 14110 Condé-sur-Noireau
N° d'Imprimeur : 94169 - Dépôt légal : août 2006 - *Imprimé en France*